16	3	2	13
5	10	11	8
9	6	7	12
4	15	14	1

Luiz Meyer

RUMOR NA ESCUTA

Ensaios de psicanálise

Organização de Belinda Mandelbaum

editora 34

EDITORA 34

Editora 34 Ltda.
Rua Hungria, 592 Jardim Europa CEP 01455-000
São Paulo - SP Brasil Tel/Fax (11) 3816-6777 www.editora34.com.br

Copyright © Editora 34 Ltda., 2008
Rumor na escuta: ensaios de psicanálise © Luiz Meyer, 2008

A FOTOCÓPIA DE QUALQUER FOLHA DESTE LIVRO É ILEGAL E CONFIGURA UMA
APROPRIAÇÃO INDEVIDA DOS DIREITOS INTELECTUAIS E PATRIMONIAIS DO AUTOR.

Imagem da capa:
A partir de pintura de Antonio Lizárraga, Haikai, 1996,
grafite e acrílica s/ tela, 100 x 100 cm, coleção particular.

Capa, projeto gráfico e editoração eletrônica:
Bracher & Malta Produção Gráfica

Revisão:
Alberto Martins
Fabrício Corsaletti
José Ferreira
Mell Brites

1ª Edição - 2008

CIP - Brasil. Catalogação-na-Fonte
(Sindicato Nacional dos Editores de Livros, RJ, Brasil)

	Meyer, Luiz
M492r	Rumor na escuta: ensaios de psicanálise / Luiz Meyer; organização de Belinda Mandelbaum; prefácio de João A. Frayze-Pereira. — São Paulo: Ed. 34, 2008.
	304 p.
	ISBN 978-85-7326-407-4
	Inclui bibliografia.
	1. Psicanálise e cultura. 2. Psicanálise. I. Mandelbaum, Belinda. II. Frayze-Pereira, João A. III. Título.

CDD - 150.195

RUMOR NA ESCUTA
Ensaios de psicanálise

Prefácio, *João A. Frayze-Pereira* 7

Parte I: CLÍNICA

1. Analisabilidade 15
2. Dora: uma perspectiva kleiniana 23
3. O método psicanalítico 55
4. Limites da análise — limites do analista 69
5. Rumor na escuta: um depoimento 81
6. Cinqüenta minutos: crença e convenção.
   Discutindo a constância do tempo da sessão 91
7. Realidade psíquica nos estados psicóticos 101
8. O sonhar do analista:
   comentários sobre um seminário de Antonino Ferro 111
9. Vida onírica e auto-análise: uma experiência clínica 137

Parte II: INSTITUIÇÃO

10. O que faz fracassar uma formação? 157
11. Psicanálise: evolução e ruptura. Breve nota indagativa 167
12. Psicanálise subalterna 171
13. Identidade e originalidade da produção psicanalítica.
    Uma visão a partir de São Paulo 195

Parte III: CULTURA

14. Um paradoxo vital: ódio e respeito à realidade psíquica 213
15. O horror na beleza: comentário sobre
    O deserto vermelho, de Michelangelo Antonioni 223
16. *Trompe-l'oeil*: a imobilização do imaginário 229
17. "Você sempre me enganou":
    notas psicanalíticas sobre *Central do Brasil* 243
18. Trauma e pedofilia:
    uma tentativa de entender as raízes da pedofilia 257
19. Acaso, destino, memória 275

Referências bibliográficas 289
Sobre os textos 300

Prefácio
UM CONVITE AO PENSAMENTO CRUEL

João A. Frayze-Pereira

Aos interessados em psicanálise contemporânea, este livro de Luiz Meyer permanecerá como importante referência. Em nosso meio, trata-se de um autor que se tornou notável pela contundência das suas posições em relação à teoria e à prática psicanalíticas. Este volume confirma essa característica. Reunindo um conjunto de ensaios produzidos entre 1985 e 2006 — tempo longo, contrário ao imediatismo vigente no mundo tecnocrático, mas absolutamente necessário à elaboração de uma perspectiva crítica —, Meyer não poupa a psicanálise da interrogação radical e cumpre um trajeto coerente entre a articulação de conceitos e o relato da fina experiência clínica. Organizado em três partes — a clínica, a instituição e a cultura —, o livro considera, inicialmente, as possibilidades de uma clínica crítica, nada complacente; em seguida, apresenta a análise de consagrados padrões psicanalíticos instituídos e, finalmente, chega aos objetos culturais, confrontando-os com a potência interpretativa da psicanálise. E em cada um dos escritos, Meyer é cuidadoso para contornar as armadilhas ideológicas que poderiam comprometer o trabalho que realiza, sendo a mais insidiosa delas "a mera aplicação mecânica de conhecimentos teóricos que, ao cabo, servem mais para provar a justeza das suas afirmações do que para iluminar o objeto de estudo". Além disso, vale ressaltar que os temas analisados são difíceis e que o autor apóiase em referencial teórico igualmente difícil, distinto das vertentes que há muito entraram na moda em nosso meio. Ou seja, Luiz Meyer dialoga com muitos autores, mas pensa com conceitos fundados em Melanie Klein e em psicanalistas a ela relacionados — Meltzer, sobretudo — que fazem da "psicanálise uma arte de cuidar da capacidade de pensar".[1]

Como se sabe, Melanie Klein é, para muitos, uma autora incômoda, pois a perspectiva que propõe é implacável no tocante à condição humana, psiquicamente constituída pela tensão e oscilação entre diferentes formas de angústia — esquizoparanóide e depressiva. E talvez pela singular crueldade

---

[1] Julia Kristeva, *Le génie féminin. Melanie Klein*, Paris, Fayard, 2000, p. 22.

de seu pensamento[2] tenha ficado relativamente à margem de certos círculos psicanalíticos, chegando mesmo a motivar um artigo de Laplanche cujo título é uma indagação curiosa que aproxima a autora das figuras lendárias da bruxa ou da herege.[3] Com efeito, ao centrar fogo na pulsão de morte como aspecto crucial do ser humano, destacado por Freud desde *Além do princípio do prazer* (1920), Klein aprofunda uma questão que se tornou banalizada no mundo contemporâneo: a problemática da destrutividade. A propósito, escreveu Julia Kristeva: "atingida pela história dramática de nosso continente que culminou no delírio nazista, Melanie Klein não se consagrou, porém, aos aspectos políticos dessa loucura que desfigurou o século XX. Mas se ela se protege assim do horror social que a cerca, sua análise da psicose privada, infantil ou adulta, nos permite melhor precisar os mecanismos profundos que condicionam — ao lado dos acasos econômicos e partidários — a destruição do espaço psíquico e o assassinato da vida do espírito que ameaçam a era moderna. [...] A obra de Melanie Klein é daquelas que mais contribuíram para o conhecimento de nosso ser na medida em que ele é um mal-estar, sob seus diversos aspectos: esquizofrenia, psicose, depressão, mania, autismo, atrasos e inibições, angústia catastrófica, fragmentação do eu, entre outros. E se ela não nos fornece chaves mágicas para evitá-lo, ela nos ajuda a lhe dar um acompanhamento ótimo e uma chance de modulação com vistas a um renascimento, talvez".[4]

A relevância do pensamento kleiniano também foi considerada pelo cientista social Michael Rustin, que percebe no trabalho de Melanie Klein e no de alguns de seus pósteros uma das visões mais poderosas e perturbadoras da psicanálise, uma "visão social" ou mesmo "socialista da natureza humana",[5] voltada não apenas para a clínica, mas igualmente para a interroga-

---

[2] "Pensamento cruel" é uma noção inspirada em Walter Benjamin. Refere-se à elaboração crítica que "desaloja as pessoas dos lugares costumeiros, invalida hábitos, ameaça o conforto do que parece 'dado', do que é tido como certo, do que parece natural [...]"; seu propósito é "expressar as perspectivas nas quais o mundo revela suas fraturas para retomar a questão da atividade do sujeito como redenção, isto é, como restituição daquilo de que fomos privados à nossa revelia" (J. A. Frayze-Pereira e M. H. S. Patto, "Apresentação", in: J. A. Frayze-Pereira e M. H. S. Patto (orgs.), *Pensamento cruel — Humanidades e Ciências Humanas: há lugar para a psicologia?*, São Paulo, Casa do Psicólogo, 2007, pp. 10-1).

[3] J. Laplanche, "É preciso queimar Melanie Klein?", *Teoria da sedução generalizada*, Porto Alegre, Artes Médicas, 1988, pp. 50-9.

[4] Julia Kristeva, *op. cit.*, p. 23.

[5] M. Rustin, *A boa sociedade e o mundo interno*, Rio de Janeiro, Imago, 2000, p. 12.

ção da política e da cultura. Como Hanna Arendt, Melanie Klein é uma insubmissa cuja obra se arrisca a pensar a morte, a agressividade, a avidez, mas também a compaixão, a generosidade, a natureza originariamente relacional e moral do ser humano. "Ambas se interessam pelo objeto e pelo vínculo, se preocupam com a destruição do pensamento (um 'mal' para Arendt, uma 'psicose' para Klein) e rejeitam o raciocínio linear".[6] E, como elas, Luiz Meyer também se atreve a pensar.

Assim, o livro começa com o exame daquilo que é analisável, considerando questões básicas a propósito dos limites da psicanálise — por exemplo, o que perturba a escuta, o tempo da sessão, a condição psicótica, o método psicanalítico — e da atitude psicanalítica em sua dupla face de transferência e de contratransferência, articulada à emoção estética e aos sonhos, não do paciente, mas do próprio analista. Nesse contexto conceitual e temático, ganha relevo a descrição do caso Dora — narrado por Freud no despertar do século XX — que Meyer realiza segundo o modo de pensar kleiniano. Então, é possível perceber a maneira pessoal deste psicanalista fazer trabalhar teórico-clinicamente um caso, considerando as relações de objeto, a sexualidade pré-genital, a forma da transferência que não se funda na história relembrada, mas na situação presente, nos sentimentos que se atualizam na relação paciente-analista.

Na crítica ao instituído, por outro lado, a atenção do autor volta-se ao psicanalista, concentra-se no exame das condições exigidas para se formar um profissional, atingindo o ponto mais explosivo desse exame com a reflexão sobre a institucionalização da análise, isto é, a análise didática, ou como ela é designada desde o título de um dos capítulos do livro — "psicanálise subalterna". A idéia que motiva a crítica, muito resumidamente, é a seguinte: a obrigatoriedade da análise — a sua institucionalização e conseqüente subordinação a normas burocrático-administrativas, que visam o controle das estruturas educacionais locais com a concentração do poder em uma só pessoa — perverte o sentido de uma psicanálise, banalizando-o. Escreve Meyer, "a descoberta do método analítico, de seu potencial e de sua ação transgressiva torna-se, na análise didática, periférica ao processo, uma vez que ela está subordinada à demanda da instituição — é uma realidade autônoma, extrínseca à dupla, precedendo-a e direcionando-a, impondo a essa dupla um projeto sem autonomia, já que seu resultado é conhecido por antecipação". Em suma, ao fazer da análise didática a análise padrão e, do analista didata,

---

[6] Julia Kristeva, *op. cit.*, p. 24.

Prefácio

o modelo de analista, a Instituição instaura um procedimento analítico cujo funcionamento e estrutura contradizem os princípios da clínica e da técnica psicanalíticas. No entanto, essa crítica contundente não visa abolir o lugar da análise no processo de tornar-se analista, mas abrir espaço para repensar o formato "tóxico" que ela assumiu nas instituições.

Finalmente, chega-se à última parte do livro na qual o leitor tem acesso a um conjunto de ensaios que exploram os recursos da psicanálise para a interpretação da cultura. Nesse momento, o autor concentra-se na análise de filmes, da imagem televisiva e da cena pornográfica, análise por intermédio da qual se destaca a articulação entre sexualidade e capital, sendo este "a encarnação emblemática da pulsão perversa — aquela que apresenta o mal travestido de belo e produtivo". Com efeito, pensa Meyer que o totalitarismo da imagem opera de modo sutil: "ele não proíbe o pensamento; ele simplesmente cria um contexto em que o pensamento é desnecessário". Mais ainda: "o sistema produtor de imagem — o capitalismo contemporâneo — não propõe ao sujeito que ele estabeleça relações de objeto, mas sim que as aparente. Num mundo ordenado pela aparência, o diálogo perde sua função de estabelecer confronto entre alteridades [...] A nova ordem imagética parece-me a expressão máxima desta dinâmica. Sendo pura ideologia, seu esforço retórico se empenha em nos convencer que o que é bom para a imagem é bom para o homem". Daí a banalização da dor através da sua transfiguração em mera informação, o que acarreta sérios problemas técnicos para a clínica, conforme o psicanalista verifica junto aos pacientes nos quais, a exemplo da imagem midiática, a profundidade inexiste. Daí também a implicação sinistra da relativização da sexualidade, ao ser analisada a "estrutura pedófila" e o horror que é a pedofilia globalizada no campo da mídia eletrônica, dispositivo disciplinar que a uniformiza e a consolida como um modo de ser não questionável. Esse exame, coordenado às análises anteriores, configura o trabalho de Luiz Meyer como uma sofisticada operação de denúncia da forma assumida pela subjetividade na cultura contemporânea.

Cabe ainda dizer que a leitura do livro emociona. No começo, não é possível fazer idéia do que está por vir. A escrita é conceitual e a apreensão, abstrata, racional. Mas, em pouco tempo, o leitor é surpreendido pela proposição de idéias, relacionadas não apenas às situações clínicas e culturais, mas a certo tipo de sociabilidade e cultura, mediada por lembranças biográficas do autor, criando uma atmosfera poética, profundamente humana, que chega a emocionar. Em particular, destacam-se as passagens do livro que tocam sutilmente em pontos sensíveis da teoria kleiniana: as relações entre memória e fantasia, entre mundo interno e realidade externa, entre auto-análise e reparação. E qualquer que seja o destino da reflexão, tais passagens abrem um campo no qual a experiência singular do autor pode se tornar, por intermédio do trabalho do leitor, experiência universal, compartilhada. Porém, o conforto da comunicação intersubjetiva não é o último resultado da leitura deste livro. Como se sabe, a psicanálise não é instrumento de adaptação dos indivíduos ao ambiente, crença vulgar que ainda sobrevive em certos meios supostamente cultos. Ao contrário, como Luiz Meyer demonstra, a psicanálise é uma perspectiva legítima para a ruptura do que se encontra mentalmente fixo e instituído, assim como para a crítica da dimensão político-ideológica da cultura. E o reconhecimento dessa potência também é capaz de emocionar aquele que acredita na psicanálise como força libertária, capaz de contribuir para a desconstrução da lógica que, mediada pelas subjetividades, cada vez mais banaliza o mal e ameaça destruir a possibilidade do pensamento. É contra essa tendência maligna de nosso tempo que a psicanálise proposta por este livro se posiciona e, no vértice da crueldade, convida o leitor a pensar.

Prefácio

Parte I
CLÍNICA

1.
ANALISABILIDADE[1]

A analisabilidade, qualquer que seja sua definição e a escola psicanalítica à qual esta definição esteja vinculada, vai depender de características do analisando, do analista e de sua mútua relação (Bacharach e Leaff, 1978).

Percorrendo a bibliografia, o que se perceberá, entretanto, é que a imensa maioria de trabalhos sobre a questão está dirigida para o estudo das características da personalidade do analisando e de aspectos a ela correlatos (Bellak e Meyers, 1975; Diatkine, 1969; Limentani, 1972). São inúmeros os estudos que, para avaliar a analisabilidade, esmiúçam com maestria os aspectos mais influenciáveis pela análise da psicopatologia do indivíduo, que estabelecem escalas de "penetrância" da análise segundo as modalidades nosográficas, que estipulam quais os pré-requisitos estruturais para o sucesso de uma análise, que se balizam por padrões metapsicológicos (aspectos econômicos, dinâmico e topográfico), que ponderam sobre a importância do meio sociofamiliar, idade, sexo do indivíduo, e assim por diante. Há pois um "*corpus* teórico" constituído que, a partir de suas premissas, esquadrinha o candidato à análise, procurando detectar os sinais que indicariam uma coincidência ótima entre a demanda daquele sujeito e a oferta de um determinado saber.

Nosso intuito, neste breve relato, é operar o deslizamento desse enfoque de modo a privilegiar não as questões referentes à adequação da demanda de um sujeito face ao poder de fogo da psicanálise, mas aquelas suscitadas pelo desejo de análise de um *determinado* indivíduo diante de um *determinado* analista.

Historicamente a psiquiatria ganha status de especialidade na medida em que consegue delinear e isolar síndromes nosográficas, isto é, na medida em que, seguindo o modelo médico vigente, descreve sintomas, associa-os em feixes e indica sua evolução, classificando-os. Ela se constrói como uma espécie de fina botânica da mente e o doente mental é tido como alguém habi-

---

[1] Trabalho apresentado em mesa-redonda sobre "Analisabilidade", no X Congresso Brasileiro de Psicanálise, Rio de Janeiro, 1985.

tado-robotizado-pela-doença (e por isso necessitando ser eventualmente isolado). Nesse contexto, e esgotada a descrição possível, a psicanálise surge afirmando que aquilo que é descrito e percebido como comportamento (a produção psicopatológica) se reporta na verdade a um conflito intrapsíquico desenvolvido no tempo e, portanto, historicamente compreensível. Mas a proposta propriamente revolucionária da psicanálise é aquela que aponta para a possibilidade de este conflito ser atualizado numa situação-padrão: o encontro analítico. Assim, o foco de observação deixa de ser o paciente "possuído" pela doença para tornar-se a relação entre duas pessoas — a transferência.

As descrições da psicopatologia do indivíduo feitas pela psiquiatria e todas aquelas que se seguiram, já agora usando o esquema referencial psicanalítico, e que são habitualmente encontradas nos trabalhos sobre analisabilidade, têm evidentemente seu peso e validade. Entretanto, o conceito de transferência aponta para o fato de que os elementos que costumam ser tomados em consideração nesses trabalhos (Stone, 1954; Kuiper, 1968; Sandler e Tyson, 1971; Greenspan e Cullander, 1973; Zapparoli, 1976; Bacharach e Leaff, 1978; Erle, 1979; Bacharach, 1980; Namnum, 1980) — força do ego, capacidade de adaptação, avaliação da realidade, potencial sublimatório, capacidade de verbalização, organização defensiva e afetiva, gênero de sintomas, qualidade das relações objetais, história de vida, e outros —, não são, na realidade, *algo em si. Eles ganham valor na relação com o analista, sendo pois algo "para" outrem*. O funcionar da análise opera como a criação de um campo inter-relacional (Baranger e Mom, 1966). É dentro deste campo, e como sua criação, que a noção de analisabilidade ganha sentido. O diagnóstico e o prognóstico de analisabilidade passam então a dizer respeito àquela dupla *específica*. Uma das implicações desse modo de pensar é a necessidade, por parte do analista, de substituir, ou pelo menos adaptar, a nosografia acadêmica por uma de cunho pessoal que faça eco com o seu estilo de trabalho.

Freud não deixou de se pronunciar sobre a questão. Em seus primeiros estudos (1895), ele confessa: "Não creio que possa penetrar na investigação do mecanismo histérico de uma pessoa que pareça vulgar ou repulsiva e cujo tratamento não consiga despertar em mim alguma simpatia". Ele ainda escreveria em 1904: "Com as pessoas de escasso valor, o médico perde logo o interesse que o capacita para aprofundar-se na vida anímica do paciente".

Freud faz aflorar aqui a noção de interesse, interesse imediato mesmo, pela pessoa do paciente, deixando claro que um certo juízo de valor precede a qualquer disposição investigativa. A condição de existência desta última parece, pois, estar calcada num investimento norteado basicamente pelas idiossincrasias do analista.

Freud (1937) vai burilar estas afirmações ao dizer: "Dentre os fatores que influem sobre as perspectivas do tratamento analítico e que podem dificultá-lo, da mesma forma que as resistências, não se conta somente a estrutura do ego do paciente mas também as características da personalidade do analista". Há, portanto, um aprofundamento técnico e conceitual, pois a referência à estrutura do ego do paciente implica agora seu equivalente paralelo: a estrutura do ego do analista. A menção às "características da personalidade do analista" e de seu papel na análise traduz em essência a defesa e ilustra a necessidade, para o analista, de também analisar-se. Tudo se passa como se a constatação de peculiaridades pessoais do analista fosse uma espécie de ruído indesejável da máquina a ser tecnicamente corrigida pela prática, hoje consagrada, da análise didática.

Num livro bastante conhecido e divulgado, Fenichel (1964) esposa e desenvolve essa postura. Ele começa admitindo desencontros e diferenças: "Às vezes acontece que o analista sente que um paciente determinado poderia dar-se melhor com outro analista, seja porque o paciente não reage de modo favorável à sua personalidade, seja porque ao analista não agradaria trabalhar com este paciente ou não se sentiria à vontade com ele. Outras vezes, é o paciente que abriga tais sentimentos". Acrescenta ainda: "Posto que é característico na psicanálise uma cooperação pessoal muito estreita, pode dar-se simplesmente o caso de duas pessoas que não se adaptam mutuamente".

Entretanto, após esta descrição tolerante que acompanha o mais trivial senso comum, emerge outra posição, a de um Fenichel crítico-normativo e resolutivo:

> "Todo analista honesto admite que mesmo quando completamente analisado trabalha melhor com alguns tipos de pacientes do que com outros. Mas esta diferença não deveria chegar a ser tão grande a ponto de resultar impossível trabalhar com determinados tipos de personalidade. O analista deveria possuir uma capacidade de empatia suficientemente ampla para trabalhar com *qualquer* pessoa. Se a este respeito a realidade difere do estado ideal de coisas, o erro deve ser adjudicado ao analista. Pode ser atribuído ou bem a uma contratransferência negativa ou a uma decepção originada pelo fato de que certos pacientes não satisfazem alguma expectativa indevida inconsciente do analista em relação ao seu trabalho. Em casos semelhantes, o analista mesmo deverá ser analisado de forma mais completa ou correta".

O caráter exemplar do texto faz com que ele mereça um exame mais detalhado. Por isso vamos retomá-lo em partes:

a. "Todo analista honesto admite que mesmo quando completamente analisado trabalha melhor com alguns tipos de pacientes do que com outros". Diplomaticamente evitemos a questão da honestidade do analista. Implícito na frase está o conceito de algo que seria uma "análise completa", que teria, entre outras funções, a de esgotar as preferências pessoais do analista. *Mesmo* que completamente analisado, há o perigo da persistência de algo apresentado como nitidamente indesejado.

b. "Mas esta diferença não deveria chegar a ser tão grande a ponto de resultar impossível trabalhar com determinados tipos de personalidade [...] [a] capacidade de empatia [deve ser] suficientemente ampla para trabalhar com *qualquer* pessoa". A dita análise completa, percebe-se aqui, prepara o analista para tornar-se completo. A percepção, por parte do analista, de lacunas ou variações empáticas em sua pessoa diante de solicitações de tal ou qual paciente é tida como uma deficiência em sua formação.

c. "Se a realidade [...] difere do estado ideal de coisas, o erro deve ser adjudicado ao analista". A posição do autor aqui, por enfática, torna-se caricata: a realidade deve ser ideal; quando não o for, haverá erro e este ocorre na esfera da pessoa do analista.

d. "[O erro pode ser atribuído] a uma contratransferência negativa ou a uma decepção originada pelo fato de que certos pacientes não satisfazem alguma expectativa indevida inconsciente do analista em relação ao seu trabalho". O erro é aqui novamente qualificado: liga-se ao fato de o analista ter expectativas indevidas em seu trabalho. As expectativas parecem estar classificadas em devidas e indevidas; mas a condição explicitada por Fenichel de que o analista deve estar preparado para acolher *qualquer* pessoa mostra na verdade que a idéia de expectativa, por implicar em preferência pessoal, extravasa os limites que a análise completa deveria ter imposto ao analista.

e. "Em casos semelhantes, o analista mesmo deverá ser analisado de forma mais completa ou mais correta". O círculo se fecha e o bicho morde a própria cauda: o que é pessoal é desvio; o que é desvio requer mais análise e esta prepara a impessoalidade.

O trecho transcrito pode parecer perverso em sua cerrada pregação da onipotência psicanalítica e da necessidade de onisciência. Mas é que o autor está atrelado à crença de que a análise pessoal do analista funciona como a ferramenta-mor de seu labor. Ora, a análise pessoal, embora imprescindível, não é selo de legitimidade nem guia suficiente para orientar o analista no que se refere à analisabilidade dos pacientes que o procuram. A análise pessoal é algo a ser integrado em sua experiência de vida, tal como outras experiências que lhe são paralelas ou que a ela se seguem. A análise não é uma forma de vida mas uma parte da vida.

A questão da analisabilidade, embora passe pelo exame das peculiaridades do pretendente à análise e pelo grau de formação do analista, está longe de ser esgotada por essas duas abordagens. Há uma terceira que se impõe e que decorre da essência da própria psicanálise.

Toda análise é um confronto entre dois narcisismos. O papel do analista não é negar ou extinguir este embate mas antes otimizar o conflito, isto é, fazê-lo render para ampliar continuamente a problemática que vai aflorando. Assim, a análise pessoal deveria levar às últimas conseqüências o desenvolvimento daquilo que é peculiar ao indivíduo. No caso da questão que nos interessa — a analisabilidade —, o eixo desta exacerbação não passa apenas pela análise pessoal do analista, *mas também pelo escrutínio de sua prática clínica ao longo do tempo.* Este escrutínio, esta terceira abordagem, poderá levá-lo a examinar a questão da analisabilidade num registro que ultrapasse a mera questão do "gosto" — o juízo de valor enunciado por Freud. O exame reiterado desta prática indica, para começar, o que o analista nela procura e, portanto, o que é adequado para seu prosseguimento e crescimento. O que daí emerge é justamente o conhecimento de suas próprias limitações e expectativas *enquanto analista.* Estas serão agregadas às identificadas pela análise pessoal e agora, no plano profissional, longe de serem caracterizáveis como "erro", podem funcionar como norte para orientar o analista a respeito do que cai ou não em sua rede do analisável.

Parodiando Greenspan e Cullander (1973), que sugerem ao analista perguntar-se: "É esta paciente analisável?", ou ainda: "O tratamento psicanalítico é o que melhor serve às necessidades desse paciente?", sugerimos que a questão passe a ser formulada assim: "Estou bem servido por este paciente?", ou ainda: "Face ao analista que sou, é este o paciente que melhor aproveitará daquilo que tenho a oferecer? Qual o narcisismo que consigo enfrentar? E qual aquele que posso satisfazer, sem desvirtuamento?".

É neste contexto que ganha peso a menção que fizemos há pouco do desenvolvimento, por parte do analista, de uma nosografia pessoal, implementada não apenas a partir de sua observação dos pacientes, mas principalmente da observação sobre sua maneira de conduzir a clínica com esses pacientes. Percebe-se, como diz Paz (1971), que nesse modo de ver as coisas o analista não é incluído simplesmente como co-fator, mas como parte da noção de analisabilidade, "pelo fato de que sua experiência, seu interesse, sua capacidade de metabolizar o que lhe é projetado pelo paciente co-determinam as possibilidades terapêuticas deste último".

Assim, não nos parece que a resposta para a questão da analisabilidade venha a ser fornecida somente pelo estudo das características da produção do paciente ou pela qualidade da análise vivida pelo analista. O campo inteligível onde se colocam as indagações sobre o problema *é a prática clínica desse analista*. Algumas destas indagações recaem sobre aspectos tão banais e próximos que sua explicitação nem chega a ser considerada necessária; tais aspectos são tidos como "naturais", fatos consumados. Quatro dentre eles serão aqui destacados: número de horas de trabalho, características da população de analisandos, avaliação de honorários e opções ideológicas.

1. *Número de horas de trabalho*. A resposta não deve ser condicionada nem pela pura demanda nem por uma disponibilidade arbitrariamente fixada, mas sim pelo conhecimento tanto do que é suportável para o analista quanto da extensão de "massa crítica" (número de experiências analíticas) de que precisa para poder refletir sobre sua atividade.

2. *Características da população de analisandos*. A observação da prática pode fornecer ao analista informação sobre a variação de clientela que lhe proporciona não somente o equilíbrio ótimo para a obtenção da "massa crítica" acima mencionada, mas também aquela que lhe é mais estimulante em seu desenvolvimento como clínico. Nessa distribuição entram, é claro, os fatores sexo, quadro nosográfico, idade, inserção social e muitos outros. Destaco um fator particularmente importante em nosso meio, qual seja, a densidade, na clientela, de pacientes ligados a instituições psicanalíticas ou à atividade psicoterápica. O analista, diante da perturbação emocional que experimenta e que é característica de seu trabalho, aprende a desenvolver a capacidade de, a um só tempo, vivê-la, contê-la e veiculá-la sob a forma de interpretação.

Esta capacidade de lidar com a perturbação emocional se torna mais sensível à contaminação nas análises de analistas e psicoterapeutas. A prática informará o analista sobre o seu grau de permeabilidade e o seu gênero de reação face a um material que faz contínua referência à intimidade de pessoas que o cercam e com as quais mantém ligações profissionais e afetivas. Essa questão, embora peculiar, não difere da indagação que lhe é imposta sobre sua capacidade de manter a postura analítica frente às características do quadro clínico e da personalidade do paciente.

3. *Avaliação de honorários*. O exame de sua atividade clínica poderá mostrar ao analista se os honorários se tornaram a base necessária ou a meta deste trabalho. Essa discriminação é particularmente importante para os

analistas que, por estarem ou se colocarem sob pressão financeira, trabalham "colados" ao analisando e, portanto, à mercê de seus movimentos.

4. *Opções ideológicas.* Sabemos todos que uma das exigências a que o analista está submetido no seu trabalho é a "regra de abstenção ideológica". Baranger (1969) a define como a necessidade do analista de abster-se de toda influência sobre o analisando no campo ideológico. Em suma, deve evitar que qualquer convicção pessoal, política, religiosa, filosófica venha a intervir na análise. Evidentemente, a regra é inaplicável, o que não impede que seja instrumentada, isto é, que a observação de sua presença e transgressão na prática analítica iluminem alguns pontos referentes à questão da analisabilidade.

A regra é inaplicável uma vez que aliena o analista de aspectos de si próprio e, portanto, de aspectos inerentes à prática clínica. Pela própria natureza do processo analítico, uma alienação correspondente ocorre com o analisando. A ex-cisão[2] desses aspectos, seu não reconhecimento, implica o perigo de que seu retorno se dê de modo violento, sob a forma de atuação. Toda análise é incompleta, isto é, há sempre áreas do mundo interno do paciente que não emergem no processo analítico. O analista deverá aprender a identificar aquilo que para ele ao longo de sua prática se revela repetidamente inalcançável diante de seus pacientes. Isto poderá orientá-lo na escolha de seus analisandos.

Existe outro aspecto delicado ligado à questão da ideologia. Todo analista tem uma ideologia analítica, no mais das vezes explícita. Ela terá caráter normativo, ainda que razoavelmente "controlado", uma vez que toda análise propõe uma modificação do mundo interno do analisando. Assim, a teoria kleiniana apresenta as relações de objeto características da posição depressiva como as mais maduras e, portanto, como meta a ser alcançada. Bion, quando fala das partes psicóticas e não-psicóticas da personalidade, deixa implícito que uma das finalidades da análise é possibilitar à parte não-psicótica ganhar terreno sobre a psicótica. A prática analítica poderia fornecer ao analista o conhecimento de suas limitações pessoais e também o daquelas referentes ao seu esquema teórico. Assim como afirmamos que há pacientes que se beneficiam mais de uma análise com um analista específico (por causa das características recíprocas de suas personalidades), temos que postular que há pacientes mais trabalháveis por tal ou qual linha teórica. Fica evidente que

---

[2] Emprego *ex-cisão* e *ex-cindido* para referir o processo de "*split off*", termo que designa a operação de identificação projetiva descrita por Melanie Klein. O termo já foi vertido dessa forma na edição brasileira do livro de Donald Meltzer O *desenvolvimento kleiniano* (São Paulo, Escuta, 1989, tradução de Cláudia Bacchi, revisão técnica de Luiz Meyer).

o conceito de analisabilidade, e portanto de inanalisabilidade, baseado em referenciais técnico-teóricos, se prende à própria natureza desses esquemas.

A maneira como o tema da analisabilidade foi aqui desenvolvido deixa claro que a questão gravita em torno do eixo da prática clínica. *O trabalho do analista, como analista, deve tender a produzir uma identidade específica, a identidade analítica, cujas características demarcarão e qualificarão o universo possível de sua atuação.*

O desenvolvimento dessa identidade pode ser compreendido tomando como modelo as formulações de Meltzer (1973) a respeito das partes adulta e infantil da personalidade. Ele afirma: "A parte adulta é reconhecida pelas evidências das identificações introjetivas com os objetos internos, como também pelo reconhecimento e evidência de ter alcançado as qualidades reconhecidas e admiradas nos objetos internos".

Esta concepção do funcionamento do aparelho psíquico permite também compreender como opera a função psicanalítica: "É sobre a base da identificação introjetiva com os objetos *reequipados de novo* que a parte adulta da personalidade melhora sua capacidade de controle sobre as estruturas infantis e, portanto, sobre a atuação". Parece-nos que para Meltzer o núcleo de toda esta operação é a noção do "objeto reequipado de novo". A identidade *analítica* seria fornecida pela identificação com os objetos internos *qualificados para essa função* e pelo controle daqueles que a perturbariam. Ao longo do tempo é a prática analítica, e não necessariamente apenas a análise pessoal, que *vai reequipando seus objetos — os objetos relativos à identidade analítica* — de modo a apurar seu funcionamento.

Faz parte desse reequipar o conhecimento das limitações e peculiaridades da identidade analítica e, portanto, o desenvolvimento de um senso crítico nelas baseado e posto a serviço da elaboração de critérios pessoais de analisabilidade.

2.
DORA: UMA PERSPECTIVA KLEINIANA[1]

1.

Em uma nota de rodapé redigida para a publicação dos *Gesammelte Schriften* (p. 13)[2] em 1924, portanto mais de vinte anós após a redação do "Fragmento da análise de um caso de histeria", Freud escreve que certamente, ao longo do tempo, sua maneira de ver o caso se modificou, mas que "seria obviamente absurdo atualizar a história clínica por meio de correções e adições".

Os comentários que se seguem acompanham esta visão; "Dora" é também um documento, e cairíamos no ridículo se desejássemos "modernizá-lo", deformando a informação histórica que ele nos oferece. Nossa intenção é tãosomente, através de breves notações, passar ao leitor o resultado produzido por uma *escuta* específica — aquela orientada pelo referencial kleiniano. Alguns aspectos (e não outros) do texto freudiano atraíram a atenção desta escuta assim sensibilizada (ou treinada?), que passou a funcionar como estímulo para a especulação teórica nele baseada. O modelo se aproxima ao da atenção flutuante, balizada por um *setting* teórico. O que vai escrito, pois, não é uma "reinterpretação" do "Fragmento", mas a descrição da *ressonância* por ele produzida ao ecoar no registro kleiniano pessoal deste analista. Pessoal, é claro, por estar infiltrado pelas modificações e distorções que a teoria sofreu em suas mãos.

Strachey, em nota editorial que antecede o "Fragmento", na *Standard Edition*, assinala que este artigo estabelece uma ligação entre *A interpretação dos sonhos* e os *Três ensaios*, refletindo o primeiro e antecipando o segundo. As cartas a Fliess documentam o interesse e o entusiasmo de Freud pelo

---

[1] O autor gostaria de agradecer à colega Maria Helena Salles as valiosas sugestões feitas quando da redação das notas preparatórias para este artigo.

[2] As citações e indicações de página aqui mencionadas referem-se ao "Fragment of an Analysis of a Case of Hysteria" (1901 [1905]), publicado no vol. VII da *Standard Edition of the Complete Psychological Works of Sigmund Freud*, Londres, Hogarth Press, 1953.

artigo. Em 25 de janeiro de 1901 (carta 140), ele menciona o papel nuclear dos dois sonhos e escreve que se trata "da coisa mais sutil que já escrevi [...] vai horrorizar ainda mais do que o habitual... [enfim] não se escreve para o presente imediato". Cinco dias depois, a 30 de janeiro (carta 141), ele escreve de novo a Fliess e acrescenta que "o caso é uma histeria com *tussis nervosa* e afonia que pode ser remetido às características de uma chupadora de polegar [...]".

Esta imagem — a de chupadora de dedo —, recorrente ao longo do texto freudiano, vai funcionar como um elemento imantador para os nossos comentários. É em torno da atração por ele exercida que teceremos boa parte de nossas considerações.

Percebemos que, desde o início, o perfil de Dora é traçado segundo uma característica oral, a esta se associando o quadro histérico. A oralidade aqui pode ser tomada como um estado sexual da mente, como uma estruturação do aparelho psíquico fundada em relações de objeto pré-genitais impregnadas pela oralidade. Os afetos primitivos e intensos característicos desta forma de excitação se consubstanciam em fantasias inconscientes que organizam as relações dos objetos entre si, destes com o *self* e a personalidade como um todo segundo um padrão afetivo, emocional (e portanto também defensivo), marcado pela sexualidade oral.

Melanie Klein (1928/1975: 186) escreve que, quando a menina enfrenta o desmame, "a *finalidade* receptiva é levada da posição oral para a genital: ela muda sua posição libidinal mas retém a meta, a qual já a havia levado a desapontar-se com a mãe". O que desejamos indicar, através desta citação, é o estabelecimento de uma equação, e portanto de um trânsito, entre as duas zonas. Esta situação implica a dificuldade de delimitação de funções na eventual impregnação de uma zona por outra, isto é, na permanência (ou invasão) de características sexuais infantis pré-genitais no universo da sexualidade adulta.

Ao descrever a relação que Dora mantinha com a mãe, Freud diz que havia entre elas uma inimizade: "A filha desprezava a mãe e costumava criticá-la sem piedade e se afastou completamente de sua influência". É possível, baseando-se em alguns detalhes fornecidos pelo texto e em interpretações feitas por Freud, especular a respeito da natureza das relações de objeto que levam Dora a estabelecer com sua mãe este gênero de vínculo. Melanie Klein parte da concepção de que a mãe contém *internamente* o "pênis admirado e desejado do pai" (1945/1975: 418). Já vimos também que ela postula um trânsito, de conseqüências certamente confusionais, entre a zona oral e a genital — ambas tornam-se sexualmente receptivas. Assim, o movimento para a posse do pênis paterno ocorre primitivamente como internalização: boca e vagina equacionadas como instrumentos intercambiáveis de captação, voltadas para essa operação e assim confundidas.

Este caráter oral propicia também o estabelecimento de outra equação concomitante: pênis-seio. Deste modo, o universo afetivo que conota a relação da menina com o seio (amor, idealização, inveja, sadismo) é também "transferido" ao pênis internalizado e idealizado. A idealização é aqui concebida como um processo que envolve mais do que o engrandecimento e exaltação do objeto na mente do sujeito, descritos no referencial freudiano. No esquema kleiniano, ex-cisão e idealização estão interconectadas de modo que "todos os aspectos do objeto relacionados à dor mental são ex-cindidos como 'maus', criando [então] um objeto idealizado. Isto não é o mesmo que um bom objeto, pois suas qualidades transcendem a categoria de 'humano', implicando uma exigência persecutória de perfeição" (Meltzer, 1973: 129).

Tal idealização — toda idealização — implica, pois, em dissociação do ego e na ex-cisão (*splitting*), tanto do ego como do objeto, daqueles aspectos que se opõem à idealização (aspectos denegridores e/ou causadores de dor e perseguição). Essa ex-cisão é acompanhada pela projeção paralela em outro continente (sujeito ou objeto) dos aspectos que foram ex-cindidos. Compreende-se que a relação de objeto assim estabelecida é bastante instável, pois implica controle para que se mantenham a ex-cisão e a polaridade das qualidades respectivas (idealização/denegrimento) que caracterizam o vínculo. A relação é também instável uma vez que o objeto idealizado (o pênis e a posterior identificação com ele) é procurado como alternativa ou defesa a uma relação mais primitiva com o seio, extremamente conflitiva e geradora de angústia (ligada ao sadismo oral).

Assim, as dificuldades que Dora experimenta em afirmar sua heterossexualidade poderiam estar ligadas ao aspecto defensivo desta: "Se o principal motivo [do abandono do seio e da internalização oral do pênis] são a inveja e o ódio experimentados em relação à mãe, essas emoções logo se transferirão ao pai, e, portanto, uma atitude amorosa duradoura em relação a ele não pode ser estabelecida" (Klein, 1957/1975).

Percebe-se que aquilo que é buscado não é tanto o amor ao pai e que este tampouco é almejado dentro de uma atmosfera de mera rivalidade com a mãe. O que se visa é a posse do pênis substitutiva à posse oral do objeto primitivo idealizado: o seio materno. A instabilidade a que já nos referimos prende-se também ao fato de que os objetos em questão são de caráter parcial.

Dora relata a Freud (pp. 21-2) que seu irmão era sempre o primeiro a ter as doenças infectocontagiosas habituais de infância e que *depois* ela própria as apresentava, porém, de forma sempre mais virulenta. Parece-me um dado que alude à configuração que vem sendo descrita, uma informação sobre as conseqüências ligadas à forma como Dora apreende o objeto (aqui o pênis fraterno equacionado ao paterno), forma esta que leva à degradação do objeto, que passa então a infectá-la dentro e fora. Também ligada a esta apreensão é sua atitude de "rir dos esforços médicos" (que culminará com o triunfo sobre Freud ao anunciar a interrupção do tratamento). Percebe-se a necessidade de ridicularizar os atributos do objeto (seio/pênis) como modo de negar a dependência e atenuar a demanda excessiva do aspecto idealizado do objeto, que se torna persecutória.

Numa nota de rodapé (pp. 24-5), Freud descreve (como se fora uma associação livre) o caso de uma menina de catorze anos que sofria de vômitos histéricos. Durante o tratamento, a jovem revelou que se masturbara por muitos anos, apresentando "uma descarga leucorréica considerável" (que tinha uma relação próxima com seus vômitos). Ela finalmente interrompeu o hábito, mas era atormentada em sua abstinência por um sentimento intenso de culpa, de modo que acreditava que toda infelicidade que acometia sua família era uma punição divina por sua transgressão. Aqui, portanto, vômito, leucorréia; excitação oral e vaginal se entrelaçam através de deslocamentos que, borrando a especificidade de cada zona e função, culminam numa forma de expressão oral da sexualidade. Esta é organizada pela fantasia inconsciente masturbatória veiculadora da posse narcísica e invasiva do objeto. Menos do que culpa, é possível perceber, na descrição de Freud (a respeito da jovem citada na nota de rodapé), uma intensa angústia persecutória ligada ao destino sofrido pelo objeto (manipulação sádica, incorporação destrutiva) no decurso da fantasia masturbatória. Os sintomas assinalam o estado em que se encontra o objeto e sua ação no mundo interno do sujeito.

Acredito que essa observação possa ser relacionada à repulsa que Dora sente ao ser beijada por *Herr* K. (p. 29) e à pressão que costumava sentir no tórax, interpretada por Freud como decorrente do deslocamento para cima da sensação do contato com o membro ereto de *Herr* K. Freud diz que "a repulsa é o sintoma da repressão na zona oral e erógena [...] da qual Dora abusara na infância pelo hábito de chupar sensual".

A ênfase que Freud confere à sensualidade oral de Dora pode ser compreendida como uma maneira de caracterizar a predominância de fantasias masturbatórias orais orientando a organização das relações de objeto. Tais fantasias conferem à sexualidade da paciente um caráter particular, levando a defesas (como a conversão) que visam controlar e conter no nível somático os objetos internalizados atacados pelo sadismo oral e transformados em perseguidores-retaliadores.

Neste contexto, não é tanto a perda do objeto, de seu amor, ou a privação decorrente que provocam angústia no sujeito. Esta se liga à origem da perda, ou seja, ao ataque ao objeto (o corpo da mãe e seus conteúdos) e à sua internalização, já carregado com as marcas desse ataque que o tornam um perseguidor interno. Para Melanie Klein, "é provável que este pavor profundo da destruição de órgãos internos [ligados à maternidade] possa ser a causa psíquica da maior suscetibilidade das mulheres, quando comparadas aos homens, à histeria de conversão e a doenças orgânicas" (1928/ 1975: 194).

Freud ainda relaciona (p. 31) o sentimento de repulsa de Dora em face do beijo de *Herr* K. com a hipótese de que "os genitais podem agir como uma evocação das funções excretórias; e isso se aplica especialmente ao membro masculino, pois este órgão perfaz a função da micção, assim como a função sexual". Ele acrescenta ainda que a função da micção não só é a primeira das duas, como também é a única conhecida durante o período pré-sexual.

Melanie Klein tem desta situação uma concepção diferente: para ela, os genitais não "evocam" funções excretórias; muito menos são estas as únicas conhecidas na fase pré-genital. Sua postulação é de que "os excrementos são transformados em armas perigosas: urinar é sentido como cortar, apunhalar, queimar, afogar, enquanto a massa fecal é equacionada a armas e mísseis" (1930/1975: 219-20). E mais ainda: o indivíduo em suas fantasias sádicas "emprega sua urina e fezes como armas venenosas e destrutivas em seus ataques ao corpo de sua mãe. Nessas fantasias ele transforma suas próprias fezes em coisas que perseguem seus objetos" (Klein, 1931/1975: 238-9). Percebemos, portanto, que há uma *transformação* dos elementos disponíveis para o sujeito, uma *personificação* desses elementos, que ganham um sentido maléfico "como resultado dos seus impulsos sádico-uretrais". Se a urina é vivida como algo que queima, corta e envenena, "o caminho já está preparado para que ele pense o pênis como coisa sádica e perigosa".

O aspecto central dessa formulação liga-se ao movimento de transformação, isto é, de atribuir ao objeto um significado que o transfigura, tornando-o instrumento da fantasia inconsciente. O sujeito, assim, se torna responsável pelo emprego do instrumento *enquanto destrutivo*. Não é a mera contigüidade de função (excretora-sexual) que provoca repulsa, mas o caráter destrutivo *adquirido* pela função através da transformação operada pelo sujeito. Esta concepção ecoa, de certo modo, a descrição que Freud faz da complacência somática: o sintoma histérico tem um significado que lhe é *emprestado*, soldado a ele, por assim dizer (40-1).

Encontramos uma situação semelhante nas transformações que são operadas sobre o coito parental, acarretando diferentes concepções de cena primitiva: sugar recíproco, morder, alimentação com leite, fezes, espancamentos etc. Trata-se, evidentemente, de concepções pré-genitais e de um Édipo cuja estrutura e *modus funcionandi* se afastam da descrição sugerida por Freud.

No referencial kleiniano, a situação edipiana, para além das identificações com os objetos originais, se organiza como instrumentação da *relação* entre os pais. A criança não procura apenas deslocar um dos participantes da dupla e ocupar seu lugar, obter a posse do parceiro desejado, participar de uma relação da qual está excluída, instrumentar a castração e a perda de amor. Estes elementos se integram à organização e ao conteúdo da fantasia masturbatória cujo *primum mobile* é moldar e reger a *relação* parental.

Esta concepção da cena primitiva vai dar origem, no referencial kleiniano, ao conceito (na verdade, um vínculo-objeto) de *figura combinada dos pais*. A internalização desse objeto e a identificação introjetiva com seu modo de funcionar constituem o elemento fundante da organização do estado sexual da mente.

Na figura combinada, os pais (com seus órgãos sexuais) estão interligados numa cópula permanente. O palco da cena é o cobiçado corpo da mãe, no qual se abriga o pênis paterno (pênis que também pode estar escondido na vagina). O sadismo infantil, impulsionado pela frustração oral, torna esta cópula terrorífica e ameaçadora, impregnada de violência. A relação torna-se perigosa para os pais, e a internalização desse objeto cria um clima de guerra retaliatória no mundo interno da criança.

O trajeto é circular na medida em que o sujeito participa da estruturação da relação através da fantasia, e esta relação, uma vez introjetada, organiza a identidade sexual do sujeito.

É possível captar, nos elementos narrativos selecionados por Freud para compor o "Fragmento", alguns aspectos que apontariam para a presença da configuração mental acima descrita no modo de funcionar de Dora. Veja-se, por exemplo (pp. 32-3), a menção à troca de quartos efetuada por *Frau* K. e pelo pai de Dora no hotel, de modo que ficassem mais próximos e seguros; as referências às conseqüências da masturbação (leucorréia) e às doenças venéreas do pai transmitidas à mãe; o caráter obsessivo desta, continuamente limpando "o interior"; o pai arfando ameaçadoramente após o coito; e o próprio conteúdo do primeiro sonho.

Para desvendar, num trabalho de ourivesaria a um só tempo firme e delicado (pp. 46-8), a fantasia de *fellatio* que embasa a tosse histérica de Dora, Freud parte da suposição inicial de que "esse sintoma possa ter algum significado em relação a seu pai". Percebemos ao fim que o brilhante achado não se refere somente ao pai, mas a um modo de gratificação sexual *da dupla*, a uma substituição por parte de ambos da relação genital por outra, de cunho oral. O ciúme de Dora vai cunhar uma fantasia masturbatória que invade e controla o vínculo entre seu pai e *Frau* K., transformando-o numa troca oral ferina, "irritante". A figura combinada assim concebida e introjetada é projetada em sua garganta, onde fica "parada". O sintoma tosse adquire dimensão clínica em duplo registro: médico e psicanalítico. Este último reporta e correlata a sensação física à fantasia inconsciente expressa através de relações de objeto concretamente vividas e ativas *in loco*, causadoras desta sensação. É uma inferência que permite pensar que a conversão encarna a fantasia masturbatória, presentifica-a, ao mesmo tempo que defensivamente instrumenta o conteúdo gerador de angústia inerente à fantasia: a tosse assinala a presença do objeto numa geografia específica, orienta seu modo de ação, circunscreve seu domínio e indica a necessidade de expeli-lo.

A descrição que fizemos até agora da figura combinada corresponde àquela composta por objetos parciais envolvidos na atmosfera afetiva da pré-genitalidade e por ela movidos, isto é, corresponde à configuração da posição esquizoparanóide na teorização kleiniana. Tal configuração deve evoluir para outra, mais "realista", conhecida como posição depressiva. Esta se caracteriza pela integração da percepção fragmentada da mãe (do objeto em geral), de modo que as visões polarizadas, parciais e ex-cindidas, "boa" e "má", são reunidas num só objeto. A mãe (seio), que até então era vista como objeto parcial, extraordinariamente bom, torna-se uma figura mista, contaminada, que já não contém a perfeição desejada pela criança. Esta situação é fonte das mais variadas fantasias sobre o que sucedeu a ela (à mãe idealizada), que vai apresentar-se agora despossuída de sua bondade, contaminada, mutilada. A criança deve enfrentar o fato de que odeia com intensidade paranóide a mãe, que — e isto ela pode ver agora — ela ama pelo carinho, cuidado e alimentação que lhe oferece. Ocorre, pois, uma confluência de amor e ódio em relação à mesma pessoa. O seio que amamenta a criança é também a mãe que a faz esperar. Esta confluência de emoções é muito perturbadora, podendo haver resistência ao afastamento da concepção paranóide de objeto (dualidade absoluta bom-mau), de modo que a criança cresce com intensa propensão para manter essa relação. Assim, enquanto na posição depressiva o objeto é amado apesar de suas partes más, na posição esquizoparanóide a percepção das partes más muda o objeto bom abruptamente em objeto perseguidor.

É a percepção da importância do objeto bom — do aspecto bom do objeto inteiro — que vai levar a uma organização do mundo interno em torno desse objeto, de modo que os problemas relacionais que surgem nesse contexto dirão respeito à existência de sentimentos agressivos e amorosos a ele dirigidos e, portanto, às conseqüências dos ataques que ele vier a sofrer. O ego procura mobilizar os aspectos amorosos da relação ambivalente com o objeto inteiro e atacado, incentivando assim os processos de reparação. O sujeito se preocupa menos em defender-se da perseguição e mais em cuidar da integração do objeto. A figura combinada se organiza agora como conjunção de objetos interligados amorosamente, porém não idealizados, que uma vez internalizada se constituirá na base da identificação propiciadora da criatividade sexual e amorosa.

O que, entretanto, surge do "Fragmento" é uma Dora constantemente invasiva e manipuladora, "infiltrada" pela figura combinada pré-genital, desprotegida da presença de um casal interno integrador: afinal, nenhuma das relações por ela figuradas (pai-mãe; *Herr* K.-*Frau* K.; pai-*Frau* K.) é modelo de relação amorosa. Dora se apresenta como partícipe de uma cena onde sempre imperam agressão, violência e hipocrisia, sem poder apreender o quanto esta é produto de sua forma de conceber projetivamente o objeto e seu modo de relacionar-se com ele.

Deslocada para a transferência, esta dinâmica só pode, aos olhos de Dora, tornar Freud pouco confiável (ela teria sido cedida a ele tal como o pai a cedera a *Herr* K.): Freud a estaria explorando para as suas pesquisas psicanalíticas, manipulando-a unicamente para o seu próprio benefício, invadindo-a e esvaziando-a de seus conteúdos preciosos, tal como *Herr* K. fizera com a empregada com quem tivera um relacionamento sexual e depois desprezara. O interesse de Freud é *transformado* em sexualidade intrusiva, possessiva, dominadora, disfarçada em "genitalidade científica". Talvez esta compreensão — a projeção no objeto dos aspectos narcísicos de Dora — possa lançar alguma luz sobre a pergunta que Freud faz na nota de rodapé da página 38: "qual foi a razão para ela recusá-lo [a *Herr* K.] na cena do lago?", pergunta que implica também na recusa de Dora para com Freud.

A propósito dos comentários que Freud tece em torno da fantasia de *fellatio* de Dora e das críticas eventuais que lhe seriam feitas por abordar tal tema com uma adolescente, é curioso observar como tanto ele quanto Melanie Klein, cada um a seu tempo e em seu campo (no caso de Klein assinalara-se o perigo que significava para a criança a psicanálise por ela concebida), se viram obrigados a defender as próprias posições e o fizeram a partir *do interior* do referencial teórico que os orientava. Freud escreve que ele não faz mais do que "traduzir para o consciente idéias que já são conhecidas no inconsciente; e, afinal, toda eficácia do tratamento está baseada em nosso conhecimento de que o afeto ligado a uma idéia inconsciente opera mais fortemente, e, na medida em que não pode ser inibido, mais danosamente, do que o afeto ligado a uma idéia consciente" (p. 49).

Melanie Klein rebate em termos semelhantes a crítica que lhe é feita de que a análise do sadismo infantil pré-genital estimula ou libera este sadismo: "Poderia ser perguntado [pelos meus opositores] se uma redução extensa da severidade do superego [...] não conduziria à abolição dos sentimentos éticos e sociais na criança" (1933/1975: 255-6). Melanie Klein mostra, então, que a análise dos núcleos sádicos pré-genitais (contrariamente ao que defendia Anna Freud) leva ao fortalecimento do ego; e que esses núcleos, por meio da análise, "podem ser mitigados pelo aumento da força do nível genital, de modo que o ego, agora mais poderoso, possa lidar com seu superego [...] de um modo mais satisfatório tanto para o indivíduo quanto para o mundo que o envolve" (p. 256).

Ela afirma ainda que, qualquer que seja a extensão e profundidade de uma análise, sempre permanecerá em operação algum aspecto do núcleo pré-genital. Por seu lado, falando das perversões, Freud afirma que "quando alguém *se tornou* [...] um perverso manifesto seria mais correto dizer que ele *permaneceu* perverso" (p. 50). Parodiando kleinianamente Freud, podemos dizer que, quando alguém torna-se explicitamente sádico, ele na verdade permanece sádico.

Freud assinala, aliás, que não seria nada extraordinário se Dora tivesse chegado à fantasia de *fellatio* mesmo "sem ter tido nenhuma informação de fontes externas" (p. 51). É que no caso dela haveria, digamos assim, "uma fonte interna", um fato notável que forneceria o necessário "pré-requisito somático para esta *criação independente* [grifo nosso] de uma fantasia": "ela se lembrava muito bem de que na sua infância havia sido uma chupadora de polegar". E acrescenta:

> "[...] a própria Dora tinha uma lembrança nítida de uma cena do começo de sua infância na qual ela estava sentada no chão, num canto, sugando seu polegar esquerdo e simultaneamente puxando com a mão direita o lobo da orelha de seu irmão, que estava sentado calmamente ao seu lado. Aqui nós temos um exemplo da forma mais completa de auto-satisfação pelo sugar".

Dora: uma perspectiva kleiniana

Freud menciona ainda o exemplo de uma paciente adulta que nunca havia abandonado o hábito de sugar. "Ela retivera uma lembrança da infância, segundo ela referida à primeira metade do seu segundo ano de vida, na qual ela se via sugando o seio de sua ama e ao mesmo tempo puxando ritmicamente o lobo da orelha desta" (p. 52). Antecipando o que escreverá nos *Três ensaios*, ele explica que a membrana mucosa dos lábios e a boca compõem uma zona erógena primária cuja estimulação excessiva na infância pode dar origem a uma complacência somática aí localizada. E acrescenta que, quando o pênis torna-se conhecido,

> "circunstâncias podem surgir que mais uma vez aumentam a excitação da zona oral [...] É necessário, então, muito pouco poder criativo para substituir o objeto original (o mamilo) pelo objeto sexual do momento (o pênis) ou pelo dedo, que faz o seu papel, e colocar o objeto sexual presente [o pênis] na situação na qual a gratificação era originalmente obtida [...] É uma nova versão do que pode ser descrito como uma impressão pré-histórica do sugar no seio da mãe".

Percebe-se que o que Freud chama de "pré-requisito somático", de "complacência somática", de "impressão pré-histórica", de "criação independente de uma fantasia", vai ser concebido por Melanie Klein como a presença da fantasia masturbatória pré-genital. Segundo ela, o que emerge psiquicamente no presente não tem sua raiz na mera reedição da excitação corporal. O que ocorre é a atualização de uma fantasia que *já na infância* organizara uma configuração específica de relação dos objetos (seio, mamilo e pênis). Esta fantasia se origina como representação mental da estimulação física original, mas subseqüentemente torna-se dinamicamente inconsciente (o modelo aqui usado para traçar sua origem se assemelha, pois, à anaclisia das pulsões sexuais sobre as de autoconservação, na concepção freudiana). O que marca a posição de Melanie Klein é a apreensão da excitação erógena sob a forma de fantasia *de per si* instrumentadora de uma trama objetal interna e interativa propiciadora de uma atmosfera afetiva singular que realimenta e modifica esta mesma trama. A sensação física que estimula o surgimento da fantasia termina "governada" pela fantasia, já que aos objetos é finalmente atribuída a causa das sensações.

A gratificação narcísica decorrente (por exemplo, no sugar o dedo) implica a presença de objetos internos (seio, mamilo, pênis), e não apenas a excitação zonal, objetos que são projetados em partes do corpo da criança.

Freud, no trecho já mencionado, fala de "circunstâncias que podem surgir" quando o órgão masculino se torna conhecido e que aumentam a excitação da zona oral. Tais "circunstâncias" poderiam ser compreendidas como uma configuração da cena primitiva. É o próprio Freud que, neste momento, estabelece a equação entre mamilo e pênis, numa antevisão daquela que é a forma mais primitiva de figura combinada passível de ser concebida pelo bebê: mamilo(pênis)-seio. Composta por objetos parciais, ela é apreendida e construída como "funcional", vínculo por onde circulam as mais fantásticas trocas orais emocionalmente significantes (ódio, amor, alimentação, envenenamento). O objeto, menos do que "físico", será "sensual, intencional, emocional" (Hinshelwood, 1989: 374) extensão narcísica da experiência do ego. O mundo interno e externo é onipotentemente (re)criado pelas interpretações que o bebê e a criança fazem de suas sensações corporais (como a cena em que Dora chupa o seu dedo e manipula o irmão).

Se a sensação somática *original* "puxa" ao longo do seu desenrolar uma experiência mental "que é interpretada como uma relação com o objeto" (antropomorficamente concebida), esta por sua vez estrutura a fantasia inconsciente que reorganiza as sensações subseqüentes, modela-as como relação de objeto, as instrumenta e promove. O movimento é espiralar e vertiginoso: a fantasia inconsciente está ligada à sensação corporal, e esta por sua vez "estimula" o corpo a produzir reformulações dessa fantasia (como, por exemplo, na projeção, introjeção, incorporação e expulsão):

> "Ao longo da obra de Melanie Klein [...] a investigação se orientou para a maneira como a fantasia interna inconsciente penetra e dá sentido aos 'acontecimentos reais' no mundo externo; e ao mesmo tempo para a maneira como o mundo externo fornece sentido, na forma de fantasias inconscientes" (Hinshelwood, 1989: 374).

Esta forma de conceber o funcionamento do aparelho psíquico contém no seu bojo uma proposta metapsicológica que difere daquela teorizada por Freud. Este, como sabemos, propunha que se compreendesse a organização e funcionamento da mente psicanalítica a partir dos pontos de vista topográfico, dinâmico, econômico (ao qual poder-se-ia eventualmente acrescentar o genético). Já Melanie Klein, ao longo de sua obra, vai privilegiar paulatinamente outros pontos de vista, cuja articulação deixa implícita uma concepção metapsicológica própria, que ela, entretanto, nunca descreveu metodicamente. Essa tarefa foi realizada mais recentemente por Bianchedi e colaboradores (1984), de cujo trabalho mencionaremos agora mui sinteticamente os elementos principais.

Essa autora e seu grupo começam por chamar a atenção para as hipóteses básicas do sistema clássico kleiniano: a) a teoria do funcionamento mental precoce que postula a existência de um ego capaz de perceber a angústia, de desenvolver mecanismos de defesa primitivos e de estabelecer relações de objeto desde o começo da vida; b) a teoria da identificação projetiva e introjetiva como funções estruturantes da mente; c) uma teoria de relações de objeto que inclui a hipótese de fantasia inconsciente e, portanto, de um mundo interno; d) a teoria das posições depressiva e esquizoparanóide, que enfatiza a importância das angústias psicóticas no funcionamento mental; e) uma concepção diferente da de Freud a respeito da pulsão de morte, da qual, entre outros conceitos, deriva o de inveja primária.

Esses fundamentos teóricos tornam possível a descrição de quatro pontos de vista originais que caracterizam a metapsicologia kleiniana: ponto de vista posicional, espacial, dramático e ponto de vista da política do procedimento econômico.

O *ponto de vista posicional* indica que o *self* está sempre colocado numa *perspectiva* particular em relação tanto aos objetos internos quanto aos externos. Uma posição é uma configuração específica de relação de objeto, angústias e defesas que persistem através da vida. As posições não se sucedem cronologicamente, mas estão em contínua mobilidade; cada uma delas contém uma virtualidade de angústia mobilizante. Essa angústia está no cerne do *ponto de vista do procedimento ou política econômica* que leva em conta as "políticas" reguladoras de intercâmbio nas relações, a qualidade dos vínculos dos vários tipos de relações de objeto e suas vicissitudes, a experiência emocional emergente dessas relações. Como enfatiza Bianchedi (1984: 394), para Melanie Klein a questão central do funcionamento mental não é o alívio ou descarga de tensões, mas o problema do sofrimento mental e a influência que isto tem sobre os métodos de intercâmbio que são colocados em ação entre o *self* e os seus objetos. Esses tipos diferentes de intercâmbio são *estratégias de distribuição* de angústias, e, neste sentido, podem ser descritos como políticas econômicas. O *ponto de vista espacial* postula a "espacialidade" dos fenômenos que estamos descrevendo. Ele implica a noção de "mundo interno", "interior do corpo da mãe" e, para o que nos tem interessado no caso de Dora, de um espaço continente de fantasias inconscientes, dos objetos e de uma separação entre eles. Do *ponto de vista dramático*, a vida mental é percebida "como um enredo no qual diferentes personagens desempenham um papel"; os fenômenos mentais são concebidos em termos de vicissitudes dramáticas: o ego e seus objetos interagem de modo personificado. Tanto o ego como os seus objetos podem ser alternada e simultaneamente espectadores e protagonistas do drama... um drama que ocorre na fantasia inconsciente em permanente interação com os objetos do mundo real. O que se privilegia aqui não são "forças", mas vínculos e conflitos ligados às personagens envolvidas no drama.

Esses conceitos metapsicológicos — mesmo quando não explicitados — têm sido largamente utilizados por autores que se valem da teorização kleiniana. Florence Begoin, por exemplo, em correspondência trocada com Michael Fain em 1984, mostra como as negações das diferenças de sexo, das diferenças topológicas, da diferença sujeito-objeto e da diferença de gerações são obtidas através da clivagem e da idealização e seguidas de identificação projetiva, servindo como defesa contra a perda do objeto, isto é, como defesa narcísica. E acrescenta, quase à guisa de corolário: "é provavelmente no *nível de relações de objeto parciais* que o conceito de identificação projetiva adquire toda sua dimensão, a negação da extraterritorialidade da cena primitiva podendo ser considerada como herdeira da negação da extraterritorialidade do seio+mamilo em relação à boca do bebê". Este trecho como que sintetiza os pontos de vista metapsicológicos acima descritos.

Se aprofundarmos alguns dos elementos implícitos na teorização desta autora, vamos perceber que, ao apontar para a relação boca com seio+mamilo, ela está sugerindo a existência de um vínculo que une duas regiões diferentes e separadas. De um lado está a boca, que é preenchida pelo mamilo, e cuja forma cavitária é como que construída pela presença deste mamilo que não é, entretanto, parte integrante da boca: ele fornece, através de sua presença intermitente, a possibilidade da apreensão tridimensional desse espaço. Paralelamente, um outro trabalho se realiza: a apreensão da alteridade do objeto seio+mamilo como espacialmente diferenciado (a passagem para a posição depressiva amplia este gênero de reconhecimento, que deve abranger a alteridade entre objetos totais: criança e mãe). A necessidade de manter o "dentro" ou o "dentro rico do objeto" e a angústia ligada a esta alteridade (medo à dependência, por exemplo) está na base dos movimentos invasivos violentos do sadismo infantil dirigido ao *interior* do corpo da mãe e suas riquezas, tão claramente descritos por Melanie Klein. Mas a figuração acima descrita aponta para algo mais determinante ainda, e que poderíamos tentativamente chamar de matriz espacial: seio+mamilo não constituem um objeto fundido e indiferenciado, mas são uma figura combinada composta por partes distintas com funções específicas identificáveis, vinculáveis entre si (figura à qual Freud faz alusão no seu comentário sobre a fantasia de *fel-*

latio de Dora). O que está sendo enfatizado aqui não é tanto a existência desse vínculo mas, para usar a expressão de Florence Begoin, *sua extraterritorialidade em relação ao observador* (no caso, a boca do bebê; aqui estamos utilizando, é claro, a linguagem de objeto parcial). Assim, a boca se relaciona com o mamilo, *constituindo-se como boca a este contato*. Mas ela "perde" este mamilo para o seio, com o qual ele vai formar, deixando um espaço interposto, *outra* figura. A boca não tem poder de determinar a presença e forma de agir do mamilo em nenhuma das duas situações, *a não ser através do mecanismo de identificação projetiva ancorado na negação da extraterritorialidade*.

Compreende-se que a ampliação do processo perceptivo do observador, "reconhecendo" pênis+vagina (ou pênis no interior do corpo da mãe), acabe por levar à (re)apreensão da cena primitiva segundo o modelo seio+mamilo que vem sendo exposto, e que aí, novamente, a questão da extraterritorialidade, isto é, da separação do objeto e da ausência de poder sobre o vínculo, torne-se evidente, desencadeando as manobras intervencionistas realizadas através da identificação projetiva descritas por Melanie Klein.

Parte da produção de Dora mencionada por Freud no "Fragmento" pode ser compreendida então como uma "falha" na contenção do universo afetivo que acompanha a construção e apreensão da extraterritorialidade. Os elementos já mencionados (cena do quarto no hotel, sugar o dedo, manipulação da orelha do irmão, sedução de *Herr* K., pressão para o pai separar-se etc.) desvendam sua necessidade de negar não só sua separação do objeto, mas também a existência de espaços separados, passíveis de uma integração funcional, porém possuidores de uma identidade própria. A fantasia masturbatória propicia então não apenas a invasão do objeto, sua apropriação e/ou destruição, mas também o sentimento de uma continuidade infinita, de um corpo sem fronteiras (boca-dedo-pênis-mamilo-orelha-vagina), ou melhor, de um corpo onde todos os espaços podem ser equiparados, confundidos e igualmente erotizados, onde, por identificação projetiva, a especificidade territorial que dele emana vai ser negada e aniquilada (como acontece nas conversões e também, por exemplo, na nevralgia de Dora, que ocorre quinze meses após a interrupção do tratamento, motivando sua visita final a Freud e a compreensão deste de que estava na presença de uma "série" de bofetões que se trocavam, em cadeia).

Objeto e espaço se constituem, pois, através de uma contínua instrumentação recíproca. A criança incorpora seus objetos, sente-os como pessoas vivas dentro de seu corpo, segundo o modo concreto pelo qual fantasias inconscientes profundas são experimentadas. Melanie Klein os descreve:

"Eles são 'internos' ou 'interiores', tal como os denominei. Deste modo, um mundo interno está sendo construído na mente inconsciente da criança, correspondendo às suas experiências reais e às impressões que ela recebe das pessoas e do mundo externo; [...] [sendo] ainda alterado por suas próprias fantasias e impulsos" (1940/1975: 345). [E mais adiante, no mesmo texto] "[...] esta assembléia de objetos internos torna-se organizada juntamente com a organização do ego e, nas camadas superiores da mente, torna-se discernível como superego. Assim, o fenômeno que foi reconhecido por Freud [...] como as vozes e as influências dos pais estabelecidas no ego é, de acordo com meus achados, um mundo complexo de objetos que é vivido pelo indivíduo em camadas profundas do inconsciente como existindo concretamente dentro de si próprio e para o qual eu e alguns de meus colegas usamos, portanto, os termos 'objetos internalizados' e 'mundo interno'. Este mundo interno consiste de inúmeros objetos tomados pelo ego, correspondendo parcialmente à multiplicidade dos aspectos variados, bons e maus, através dos quais os pais (e outras pessoas) apareceram para a mente inconsciente da criança ao longo de vários estágios de seu desenvolvimento [...] eles também representam todas as pessoas reais que estão continuamente sendo internalizadas numa variedade de situações [...] todos esses objetos estão no mundo interno numa relação infinitamente complexa tanto entre si quanto com o *self*" (1940/1975: 362-3).

A *Gestalt* que estamos privilegiando — chupadora de dedo — contém e veicula, pois, a infinita complexidade das relações do mundo interno mencionada por Melanie Klein: a partir da trama objetal interna é feita uma varredura da realidade externa, sua interpretação, apreensão e transformação. O que para o observador leigo se apresenta como Dora chupando o dedo e puxando o lobo da orelha do irmão, como tosse, afonia, é captado pela escuta visual do analista como manifestação concreta de objetos internos presentes na mente do sujeito, "interagindo entre si e com o *self*" segundo um modo de ser regido pela qualidade oral e pré-genital da fantasia inconsciente. A personalidade vai se construindo conforme a adesão do sujeito às diferentes formas de comportamento da "assembléia de objetos internos".

Para Melanie Klein, o que caracteriza a estrutura psíquica não é, entretanto, apenas a presença de tais fantasias e relações (orais, pré-genitais, edipianas etc.), mas o *gênero de convivência* que elas assumem entre si. Percebe-se então que, estabelecidas diacronicamente (isto é, "ao longo dos vários estágios do desenvolvimento"), diferentes relações de objeto, cronologicamente díspares quanto à origem, podem emergir sincronicamente, possibilitando a expressão concomitante e paralela de formas relacionais significativas referidas a diferentes momentos do desenvolvimento. O todo pode ser compreendido como a existência de identificações variadas, múltiplas, eventualmente patológicas na sua natureza, mas cujas atividades ganham relevo justamente quando o inter-relacionamento entre elas se torna desarmônico (quando, por exemplo, Dora apresenta a tosse e a afonia histéricas, expressões do domínio oral do objeto introjetado, operando concomitantemente a formas de relação de objeto mais evoluídas e também presentes e ativas).

Referindo-se à mudança que havia ocorrido na técnica psicanalítica (p. 12), Freud escreve que "naquele tempo o trabalho de análise começava a partir dos sintomas e tentava removê-los um após outro. [Já na nova técnica] [...] tudo que tem a ver com a remoção de um sintoma particular emerge aos poucos entretecido em vários contextos e distribuído em períodos de tempo amplamente separados um do outro".

Freud está interessado na remoção do sintoma e, portanto, na etiopatogenia. Se este objetivo perdeu sua importância com o desenvolvimento da psicanálise, a idéia da produção psíquica multicontextual só fez progredir. A psicanálise kleiniana justamente acentua a existência de relações de objeto de características variadas "distribuídas em períodos de tempo amplamente separados um do outro", porém vigindo e operando concomitantemente na organização psíquica. É esta presença sincrônica de conjuntos de relações de objeto eventualmente desarmônicas entre si que pode organizar-se como "estrutura íntima de uma desordem neurótica", para usar a expressão de Freud (p. 13).

Se o comportamento e o caráter histérico apontam para a forma como tais fantasias determinam o relacionamento do sujeito com seu meio e seus objetos internos-externos num *continuum* ao longo do tempo, o *sintoma* surge como indicação da "penetrância" de determinada relação de objeto, de sua possibilidade de dominar e absorver toda uma parte da personalidade do sujeito, alienando-a do resto do seu mundo psíquico. A adesão a esta relação tem caráter defensivo e com isto ignora a própria alienação resultante. A irrupção do sintoma e, portanto, a refiguração da cena primitiva para a qual ela aponta implicam, pois, não uma "regressão", mas a revelação de algo que sempre esteve presente e atuante; revela, pois, uma *persistência*. Freud afirma que "não é necessário que os vários significados de um sintoma sejam compatíveis um com o outro, isto é, que se encaixem num todo conectado. É suficiente que a unidade seja constituída pelo tema que fez surgir todas as várias fantasias [...] Nós já apreendemos que acontece muito regularmente que um único sintoma corresponda a vários significados *simultaneamente*" (p. 53). O que estamos discutindo é a compatibilidade e integração na sincronia das várias identificações e/ou partes do *self* forjadas na diacronia, cada uma delas presidida por uma fantasia cristalizadora e pelo sedimento da relação de objeto.

A desarmonia acima mencionada pode ser compreendida em termos de ex-cisão: no caso do sintoma propriamente dito, a relação concreta provocadora de angústia é ex-cindida da esfera psíquica e locada concretamente num outro continente (numa parte do corpo, por exemplo). A experiência torna-se defensivamente suportável (contida) nesta segunda área. A ex-cisão é necessariamente uma fantasia inconsciente em segundo grau, já que leva à dissociação do ego e reorganiza as posições dos objetos; tal dissociação costuma ser referida na histeria como *belle indifférence*.

Percebe-se que a operação visa manter o objeto retido e controlado, já que sua liberdade adquire o sentido de ameaça ao ego. A liberdade do objeto coloca o ego em contato com a experiência de perda, que por sua vez, provoca depressão. A liberdade do objeto já é em si a perda da defesa, mas a possibilidade de o objeto escolher *suas próprias relações* é vivida como ferida narcísica acarretadora de depressão. A tentativa de controlar novamente o objeto, deformando-o, leva por sua vez à culpa e a sentimentos persecutórios: o ego oscila entre relacionar-se, introjetar e identificar-se com uma figura combinada que pode ser benfazeja mas que lhe escapa e com uma que ele controla e infiltra (oralmente), mas que acaba por persegui-lo internamente.

Depreende-se dessa teorização que o corpo histérico não é apenas local de excitação (transformada em experiência mental, como vimos), mas também palco de uma *cena vivida* que adquire função comunicativa e que pode ser transferida. Chupar-o-dedo-puxando-o-lobo-da-orelha-do-irmão engloba a percepção, apreensão e internalização do triângulo edipiano através de um sentido oral que lhe é consignado pela fantasia masturbatória.

A cena precisa ser constantemente remontada, reafirmada, manipulada, numa movimentação que, visando assinalar o poder do ego sobre o objeto, trai tanto o temor à dependência quanto as angústias persecutória e depressiva ligadas ao modo como o objeto é submetido. Defensivamente, por identificação projetiva, este modo é finalmente consignado ao objeto. Assim, vemos como Dora parece estar constantemente "usando" o objeto, culpando-o, responsabilizando-o, tal como fazia ao queixar-se do pai com "uma monotonia cansativa" (p. 46), instigando-o a abandonar *Frau* K., ameaçando o suicídio etc. Os objetos são atraídos, seduzidos, incensados, para finalmente serem enviados ao exílio; Freud será o último elemento desta ciranda.

Esse modo de ser de Dora, a "incessante repetição dos mesmos pensamentos acerca da relação de seu pai com *Frau* K." (p. 54), possibilita a Freud reportar-se de modo extremamente preciso à sua teorização a respeito da dinâmica do recalque e sua relação com pensamentos prevalentes e reativos. Clinicamente essa teorização desemboca na percepção de que Dora se identificava tanto com a mãe como com *Frau* K., isto é, colocava-se no lugar dos dois objetos de amor (passado e presente) do pai. Freud, de modo extremamente arguto, percebe que há ainda outra identificação "em espelho": Dora com *Herr* K. (e implicitamente com o pai), que ele descreve como o componente homossexual de Dora na relação com *Frau* K. Assim, a situação mencionada por Freud quando Dora se recorda estar chupando o dedo e simultaneamente puxando o lobo da orelha do irmão, apresentada "como um exemplo da forma completa de auto-satisfação pelo sugar", ganha nova dimensão. A cena pode ser compreendida como a atualização da fantasia masturbatória através da qual Dora, a um só tempo, tanto se apropria do pênis-mamilo paterno oferecendo-lhe sua boca-vagina (no lugar da mãe), quanto transforma a orelha do irmão na região passivo-receptiva e feminina e confere à sua própria mão que puxa a orelha a função ativa penetradora (no lugar do pai). Também a fantasia de *fellatio* imaginada entre o pai e *Frau* K. pode ser refigurada apontando-se para a dupla disposição (homo-hetero) que ela contém em sua virtualidade: Dora oferecendo a *Frau* K. o pênis internalizado, idealizado como seio, na expectativa de que esta, por sua vez, também o apreenda de forma oral idealizada. Percebe-se que há, na base desse conluio, a necessidade de uma idealização recíproca.

É o próprio Freud quem assinala (p. 61), num outro registro, é verdade (o do pensamento), a possibilidade desse gênero de ocorrência: "[...] pensamentos no inconsciente vivem muito confortavelmente lado a lado e até [pensamentos] contrários se dão uns com os outros sem brigas — um estado de coisas que persiste freqüentemente mesmo no consciente".

Na verdade, o cerne do problema não reside na existência de identificações múltiplas e contraditórias, nem na sua emergência mais ou menos desarmônica, como vimos apontando. A questão central é a da especificidade da identificação histérica, isto é, a disposição das linhas de força que vão organizar a personalidade do sujeito. Essa disposição é norteada por um núcleo central que governa a forma possível de integração das diferentes formas de relação de objeto (por exemplo, preponderância dos aspectos destrutivos, presença ou não de relações amorosas protetoras e benignas, maior ou menor capacidade do ego de suportar a sua própria ambivalência e a do objeto).

Até aqui enfatizamos a persistência de um elemento oral, "anacrônico", voraz, como fundante deste núcleo central. Seria necessário, entretanto, caracterizá-lo também através de seu modo de orientar a forma como Dora se relaciona com seus objetos primários: desprezo pela mãe, desconfiança do pai, como os manipula e os confunde, confundindo-se também neste modo de agir; e sobretudo como ele se cristaliza na transferência, isto é, no modo de lidar com Freud ao longo de sua análise.

2.

O modo de ser da personalidade histérica, o seu comportamento teatral e manipulativo, o impasse edipiano que marca dinamicamente o aspecto conflitante de sua sexualidade — como que imobilizada diante de uma visão da castração que veda o acesso à identidade feminina —, tem sido descrito com abundância na literatura psicanalítica. Reconhecemos que não se pode deixar de assinalar a presença de tais aspectos no material do "Fragmento" e, ao comentá-los, corremos o risco de repetirmos o já sabido. Esperamos, entretanto, poder enfocá-los à luz da teoria kleiniana e eventualmente apresentar algumas facetas que ampliem a compreensão de seu significado.

A maneira como Freud abre o segundo capítulo do seu ensaio, isto é, o parágrafo que precede a exposição do primeiro sonho, parece-nos bastante informativa do contexto transferencial-contratransferencial vigente. Ele escreve que ela traz um sonho recorrente (p. 64): "logo no momento em que surge uma perspectiva de que o material emergente na análise lançaria luz sobre o ponto obscuro da infância de Dora [...]". E acrescenta: "um sonho periodicamente recorrente era, por sua própria natureza, particularmente bem calculado para estimular minha curiosidade [...]".

O que parece ser recorrente, isto é, estar *presente* tanto na cidade L. como no consultório analítico em Viena, é a prática estimulante de Dora. Esta se manifesta como capacidade de construir um campo excitatório que, imantando o objeto, o mantém aderido a uma posição específica na qual ele passa a funcionar como fonte para a satisfação narcísica da paciente. O que se atualiza na transferência não é necessariamente um acontecimento do passado ("um ponto obscuro da infância de Dora"), mas um padrão, necessário para Dora, de relação de objeto. Freud, com razão, diz querer saber "qual teria sido a causa excitante de sua [do sonho] recorrência recente". A capacidade de Dora (que é também a razão de sua perda) vai se concentrar, ao longo da construção da relação analítica, na habilidade de flagrar o interesse de Freud (procura de um "ponto obscuro", presença de "curiosidade" estimulada). Tudo se passa como se ela lhe oferecesse um dedo para ser chupado, transformando assim, por identificação projetiva, o empenho de Freud em desejo masturbatório.

Seguindo a descrição que fizemos na primeira parte deste trabalho a respeito da existência de um mundo interno complexo, construído e habitado por relações de objeto sincronicamente díspares, podemos ver como este sonho aponta para configurações conflitantes que se refletem no modo de Dora organizar a relação transferencial com Freud. Isto pode ser observado, por exemplo, na dupla figuração do objeto (Freud), na ex-cisão que sobre ele é operada em paralelo àquela que ocorre no *self* de Dora e que é acompanhada de identificação projetiva. Isto faz com que Freud, por um lado, surja no contexto onírico como a mãe que tranca (isola) o aspecto libidinal da relação de objeto (o irmão visto como o mais próximo da mãe, mais amoroso e mais tolerante), que contamina este aspecto com seus ataques sádico-interpretativos (representados pela própria atividade analítica), transformando-o em "sujeira". O todo confere ao interesse *desse* Freud pelas jóias (a investigação "sexual" psicanalítica) um caráter puramente narcísico. Por outro lado, há também o Freud protetor que deseja salvá-la da combustão sádico-masturbatória e integrar as partes cindidas ("meus dois filhos").

A interpretação do sonho e o curso da análise mostrarão, entretanto, que essa ex-cisão se revela ineficaz para proteger a parte construtiva do objeto, do *self* e do vínculo. É que os ataques masturbatórios, aqui preponderantemente uretrais (água = urina = fogo), tanto tornam o vínculo parental destrutivo quanto levam Dora a construir, por identificação projetiva, um Freud aderido à figura de seu pai, isto é, alguém pouco sensível à experiência emocional que a perturba e mais inclinado a fazer *uso* da filha-paciente para satisfazer seus próprios interesses (relação com *Frau* K.; investigação da emergência da sexualidade infantil no universo onírico). Parece-nos que o aspecto estrutural mais característico desta configuração não é necessariamente a ex-cisão, mas a conjugação do ataque masturbatório (que opera estimulando e excitando o objeto por identificação projetiva) com este *uso* peculiar do objeto que acaba por levá-lo à frustração da satisfação prometida (é possível, então, estabelecer uma equivalência entre a imagem que sugerimos do dedo oferecido por Dora para ser chupado com o cigarro que *Herr* K. prepara para ela na cena do lago).

A análise leva Dora a se aproximar de sua ambivalência, a reconhecer, pois, a diversidade de sentimentos dirigidos ao objeto. Seu pai a desperta, de modo a prevenir a enurese, mas a desperta também para o desejo vinculado ao conflito edipiano. Freud é percebido como "retirando a chave" ("que estava convencido de que *Herr* K. a tinha removido", p. 66), impedindo que ela se tranque (interpretação do sistema defensivo), mas também como aquele que lhe fornece simultaneamente uma nova chave, uma nova entrada para o seu mundo interno. Esta, porém, é vivida por ela de modo projetivo, acompanhando o modelo da fantasia masturbatória, como invasão de privacidade e voyeurismo: Freud-pai-*Herr* K. ao lado do sofá-divã seduzindo-invadindo e protegendo, configuram a ex-cisão realizada e a ambivalência resultante. Ao nosso ver, o que surge como basicamente ameaçador para Dora *não é* a eventualidade de ela vir a retribuir o presente de *Herr* K., de oferecer-lhe em troca outra caixa de jóias (o material analítico desejado por Freud), isto é, sua genitália, *como elemento que atrai a relação sexual*; o que aqui se torna persecutório é a exposição do *estado* em que se encontra sua feminilidade, atacada e estragada por um pênis doente, o qual por sua vez adoecera por meio dos ataques masturbatórios sádicos por ela perpetrados. O confronto com este estado é também representado pela mãe obsessiva, limpando constantemente o interior sujo, a fertilidade destruída. O processo analítico "força", por assim dizer, o contato de Dora com este aspecto conflitivo de sua sexualidade. É da ambivalência que mencionamos acima, vivida na e através da transferência, que Dora procura livrar-se, "vestindo-se rapidamente" e saindo da análise. O sonho se dá a um só tempo como revelação tanto da abertura para o mundo interno propiciada pelo processo analítico quanto da perversão desse processo operada por Dora. O perigo para ela reside justamente na possibilidade de a análise demarcar a existência deste gênero de transformação perversa. Dora não apenas abandona Freud; ela — e o sonho disto é prenúncio — se tranca para a análise.

O comportamento tantalizador de Dora parece estar ligado à sua identificação com um aspecto particular do modo de proceder do objeto (vínculo conjugal, figura combinada), modo de ser que ela agora atua na transferência. Refiro-me ao sentimento de ter sido "excitada" de modo proposital por pais que insinuavam a posse de uma relação prazerosa e misteriosa à qual ela poderia eventualmente ter acesso, mas que depois a deixavam largada e frustrada. Esse drible que passa por um convite seguido por sua negação torna-se um modo de controle triunfante sobre o objeto. Dora se empenha então em fazer Freud sentir que é ele que está de fora, por mais que tente "penetrar". Freud, aliás, assinala constantemente o quanto a análise é incompleta; veremos mesmo que a vingança — sadismo retaliador — será para ele o sentimento básico ligado à construção do segundo sonho. A retaliação de Dora se liga, pois, ao seu sentimento de *insuficiência sensu lato* (falta, castração, fome etc.), à experiência de ter sido enganada e manipulada pela figura combinada. Melanie Klein, já em 1928, chama a atenção para este gênero de experiência, em seu artigo "Estágios iniciais do conflito edipiano":

"Acreditamos que conseqüências importantes derivam do fato do ego ser tão pouco desenvolvido quando é tomado pelo começo das tendências edipianas e pela curiosidade sexual incipiente a elas associadas. A criança, ainda intelectualmente não desenvolvida, é exposta a uma torrente de problemas e questões. Um dos sofrimentos mais amargos com o qual nos deparamos no inconsciente é o de que muitas dessas questões surpreendentes são aparentemente apenas parcialmente conscientes e que, mesmo quando conscientes, não podem ser expressas em palavras; permanecem não respondidas. [...] O sentimento precoce de *não saber* [grifo da autora] tem conexões variadas. Ele se une ao sentimento de ser incapaz, impotente, que logo deriva da situação edipiana. A criança também sente esta frustração mais agudamente porque ela *nada sabe* [grifo da autora] de definido acerca do processo sexual. Em ambos os sexos, o complexo de castração é acentuado por esse sentimento de ignorância" (1928/1975: 188).

Para Melanie Klein, pois, a criança *vê* a cena primitiva, porém não tem meios para compreendê-la: sente-se excitada e atraída, e o sentido da relação que lhe escapa, "este não saber", acaba sendo traduzido como privação e desamparo psíquico. Uma demanda impossível de ser satisfeita é dirigida a ela que, defensivamente, através do mecanismo de identificação projetiva, vai procurar desembaraçar-se do estado afetivo assim gerado inoculando-o com violência nos componentes que formam a figura combinada, tornando-a ainda mais ameaçadora.

Este modo de Dora — e do histérico — lidar com o objeto, fascinando-o através de promessas enigmáticas e sempre irrealizadas, cria na sessão um clima emocional peculiar e marca a contratransferência. Freud *percebe* o que ocorre: é ele próprio que coloca na boca de Dora a frase "não descansarei e não dormirei tranqüila enquanto não sair desta casa" (p. 69); ele chega mesmo a apontar, na nota de rodapé da página 70, para o aspecto "preventivo" do primeiro sonho, mostrando o quanto ele indica que ela pretende interromper o tratamento. Essa preocupação, porém, não desemboca na *compreensão do universo afetivo* presentificado na sessão (casa = consultório; necessidade da recorrência do sonho; identificação de Freud com o pai e/ou figura combinada). O que estamos sublinhando não é "o desconhecimento" por parte de Freud da transferência (o que seria absurdo), mas o *tipo de transferência* estabelecido por Dora e que visa confundi-lo. Freud, como a criança que descrevemos diante da cena primitiva, *vê*, mas sem ter meios de compreender, sente-se excitado e atraído e precisará aguçar sua percepção para alcançar o sentido de seu próprio envolvimento.

É o reconhecimento por Freud deste elemento que o conduz de forma paulatina e magistral à descrição do fenômeno da transferência, do seu papel fundamental na construção da relação analítica e de sua utilidade para o tratamento.

Se o sonho, como quer Freud, "estabelece uma conexão entre [...] dois fatores — o evento [ocorrido] durante a infância e o evento do dia presente — e se esforça para remodelar o presente segundo o modelo do passado remoto" (p. 71), ele então não faz mais do que reproduzir, num outro registro, a operação transferencial. *Ou seria, inversamente, a transferência a forma de manifestação desse registro*, da vida onírica, *no vínculo analítico*? A concepção kleiniana não caracteriza o elemento do passado como "um momento marcante dos anos de infância" (p. 71). Ele é sobretudo encarado como a *permanência* no mundo interno de uma forma-de-ser-infantil, isto é, de uma parte do *self* que exige do objeto satisfações infantis e de objetos que conservam seu modo de operar infantil — estruturas que, descritas no "Fragmento", são por nós caracterizadas como pré-genitais. "Passado" é o nome que se dá então à perseverança de um certo universo de formas relacionais ditas arcaicas quando comparadas à presença de outras, simultâneas e mais evoluídas. Segundo este modelo, o sonho não visaria tão-somente "remodelar" o presente a partir de um evento histórico específico. Menos do que estar "continuamente tentando impor de volta a infância à realidade" (p. 71), o sonho pode ser visto como a atividade de mapeamento das relações de objeto e de suas estratégias. Ele, portanto, *confere significado* à vida de relação; a inteligibilidade desta é *produzida* por uma outra forma de vida igualmente real e concreta, a vida onírica, através da qual esta vida de relação também é apreendida. É esta concepção, pois, que nos permite dar ênfase *à forma de transferência* instaurada por Dora que passaremos a examinar em maior detalhe.

Partindo da menção que freqüentemente fazia a Dora do ditado "Não pode haver fumaça sem fogo" e da impressão de Dora de que, ao acordar do sonho, sentira cheiro de fumaça, Freud — ele próprio fumante como *Herr* K. e como o pai de Dora — vai acabar por concluir que "provavelmente ocorrera a ela, um dia, durante uma sessão, que gostaria de receber um beijo de mim. Esta teria sido a causa excitante que a levou a repetir o sonho de aviso e a formar sua intenção de parar o tratamento" (p. 74). É neste parágrafo que Freud volta novamente a chamar Dora de "pequena sugadora de polegar". Freud, entretanto, vem mencionando a presença de uma outra "causa excitante": o acidente noturno que "poderia tornar necessário [que Dora] saísse do quarto" (p. 72), isto é, que abandonasse a análise. Trata-se da "necessidade física", isto é, do desejo de urinar que culmina na enurese. Para Freud, a "enurese deste gênero tem, segundo meu conhecimento, como causa mais provável a masturbação, um hábito cuja importância na etiologia da enurese em geral é ainda insuficientemente admitida" (p. 74). O texto, pois, procede a uma aproximação entre duas formas de excitação: oral e uretral. A fantasia masturbatória é o elo que possibilita uma equação, um trânsito, a impregnação de uma zona por outra: "beijo" e "enurese" são formas masturbatórias interligadas operando durante a sessão analítica e visando uma forma particular de apreender o objeto.

Esta interligação é observada por Melanie Klein, que assim a descreve em *The Psychoanalysis of Children*:

> "[...] na medida do que é possível ver, a tendência mais intimamente ligada ao sadismo oral é o sadismo uretral. Observações confirmam que as fantasias da criança de inundar e destruir por meio de enormes quantidades de urina, em termos de embeber, afogar e envenenar, são reações sádicas ao fato de ela ter sido privada de fluído por sua mãe e são em última instância dirigidas ao seu seio. Em relação a este fato, eu gostaria de sublinhar a grande importância, até aqui pouco reconhecida, do sadismo uretral no desenvolvimento da criança. Fantasias, familiares aos analistas, de inundar e destruir coisas por meio de grandes quantidades de urina e a conexão mais geralmente conhecida entre brincar com o fogo e enurese são apenas os sinais mais visíveis e menos reprimidos dos impulsos sádicos que estão ligados à função de urinar. Analisando tanto crianças quanto adultos, eu me deparei constantemente com fantasias nas quais a urina era imaginada como um líquido que queima, corrosivo e venenoso, e como um veneno secreto e insidioso. Essas fantasias sádico-uretrais têm um papel significativo em atribuir ao pênis o significado inconsciente de um instrumento de

crueldade [...] Em vários casos eu descobri que a enurese era causada por fantasias desse tipo" (1932/1975: 128-9).

A enurese surge, pois, como materialização da fantasia masturbatória equivalente àquela operante no nível oral-sádico. São alvos do ataque tanto o casal (a figura combinada) quanto cada componente desta dupla: o pênis paterno que é destruído e o interior precioso do corpo da mãe (caixa de jóias) que é envenenado, queimado, inundado.

Conforme assinala Melanie Klein, a enurese desempenha também um papel importante na identificação da menina com o pai (pênis) sádico:

"[...] a crença na onipotência de suas funções urinárias leva-a a se identificar [...] com o seu pai sádico, ao qual ela atribui poderes especiais sádico-uretrais em virtude de ele possuir um pênis. Assim, muito cedo o molhar [enurese] vem a representar uma posição masculina para crianças de ambos os sexos; e em conexão com a identificação mais primitiva da menina com seu pai sádico, ela [enurese] se torna um meio de destruir sua mãe; enquanto simultaneamente ela se apropria do pênis do seu pai, em sua imaginação, castrando-o" (1932/1975: 213).

Tal apropriação tem também sua correspondência oral. No mesmo texto, Melanie Klein escreve que diante da frustração oral a menina cria

"um quadro fantasiado do pênis de seu pai como um órgão que, diferentemente do seio, pode provê-la com uma gratificação oral fantástica e infinita [...] [e que o torna] dotado, aos olhos da menina pequena, de poderes enormes e o faz objeto de sua mais ardente admiração e desejo [...] entretanto, como as fantasias acerca dos poderes enormes e do extraordinário tamanho e força do pênis de seu pai têm origem em seus próprios impulsos sádicos orais, uretrais e anais, ela atribui também a ele propriedades extremamente perigosas. Este aspecto do pênis fornece o substrato de seu horror ao pênis 'mau', que se estabelece como uma reação aos impulsos destrutivos que, em combinação com os libidinais, são dirigidos a ele" (pp. 196-7).

Em suma, "em circunstâncias favoráveis, a menina acredita na existência de um pênis perigoso introjetado, assim como de um benéfico, pronto a ajudá-la" (p. 199).

Essa descrição de Melanie Klein nos ajuda a compreender um aspecto da ambivalência de Dora, expresso no sonho através da cisão do objeto em uma figura boa, pronta a auxiliá-la, e uma figura destrutiva/sedutora correspondente aos objetos sádicos e controladores. Evidentemente, a ex-cisão do objeto acima descrito corresponde também no *self* a identificações conflitantes com objetos assim caracterizados.

É entretanto a *finalidade* dessa trajetória, isto é, o que ela produz *no* objeto e *como* relação de objeto (a ação de conferir significado a que aludimos), que se torna aqui o foco de nossa atenção.

Mais do que "receber um beijo" de Freud, Dora necessita que *ele* deseje, isto é, que ele queira beijá-la e sugá-la manifestando, como *Herr* K., sua excitação. A fantasia masturbatória de Dora passa por essa figuração de ter o poder de tornar o outro excitado; e mais ainda: confuso e frustrado. Assim, é o desejo infantil de Dora estruturado segundo uma forma específica de relação de objeto — *Dorallumeuse — que leva Freud a fazer "uma pequena experiência"* (p. 71), *a colocar, como se fora obra do acaso, uma caixa de fósforos sobre a mesa e questionar a paciente.* O alvo de Dora não é somente produzir a excitação no objeto; esta é apenas um meio. O que Dora necessita é que isto sirva para desviar o interesse de Freud da psicanálise, deslocando-o para a sua pessoa. A caixa de jóias (e a interpretação dos sonhos — leia-se sexualidade infantil) é na verdade para Dora a representante de sua "rival", a evidência da ligação de Freud com o objeto que o fascina, de uma relação misteriosa à qual ele se entrega, de uma parceria que o atrai e excita mas cuja meta lhe escapa e da qual finalmente sente-se excluída. O que Dora deseja, pois, é que Freud, através do beijo, abandone seu espaço e se integre — como um dedo — à boca de Dora. A figura combinada, que é agora apreendida como *extraterritorial* (ver p. 20), é a conjunção Freud + Psicanálise, e é esta que precisa ser negada e atacada. Freud, quando menciona (p. 78) o gesto furtivo de Dora escondendo uma carta (cujo conteúdo depois se revelara trivial) à sua chegada, na sala de espera, conclui que ela desejava brincar de "segredo" com ele. Vai então centrar sua interpretação no temor de Dora de ter seu segredo descoberto por um médico. Entretanto, segundo a teorização kleiniana que estamos expondo, o elemento central que emerge na transferência é a necessidade que Dora tem de "brincar", isto é, de enredar Freud num jogo cujas regras ela quer estabelecer.

Esta necessidade, expressa através das formas sádicas orais e uretrais de comunicação, realimenta com o seu funcionar a destruição do objeto e o medo da radiação danosa de sua presença no mundo interno. Não há espaço, na dinâmica relacional organizada por Dora, para uma identificação realmente reparadora, elemento nuclear para a estruturação de um mundo objetal organizado em torno das tendências que caracterizam a posição depressiva.

Melanie Klein chama a atenção para a importância da identificação reparadora quando escreve que

"se ela [a mulher] acreditar suficientemente na possibilidade de que seu próprio corpo possa ser restaurado, tendo crianças ou praticando o ato sexual com um pênis que possua poderes 'curativos', ela também empregará sua posição heterossexual como ajuda para dominar a angústia. Mais ainda: sua posição heterossexual fortalecerá suas tendências sublimatórias que visam à restauração do corpo de sua mãe; isto mostrará a ela que a cópula entre os pais não atacou sua mãe ou que, de algum modo, ela pode restaurá-la [...]" (1932/1975: 220).

O passo seguinte nesse caminho de reparação é delegá-la aos pais, permitindo que a restauração seja efetuada *pela dupla*:

"[...] agora é seu pai que nas fantasias [da menina] repara a mãe e a gratifica por meio de um pênis provedor de saúde; enquanto a vagina da mãe, originalmente algo perigoso na fantasia, restaura e cura o pênis do seu pai que esta vagina havia atacado. Assim, concebendo a vagina de sua mãe como um órgão provedor de saúde e prazer, a menina não somente é capaz de evocar uma vez mais a percepção primitiva de sua mãe como a 'boa' mãe que lhe deu de mamar, mas pode [também], identificando-se com ela, conceber-se como uma pessoa curativa e generosa [capaz de] conceber o pênis de seu parceiro amado como um 'bom' pênis. É de uma atitude deste gênero que depende o desenvolvimento sexual exitoso de sua vida sexual e sua capacidade de ligar-se ao [seu] objeto tanto por vínculos sexuais quanto de afeto e amor" (1932/1975: 220).

Não é esta a descrição de Dora que emerge do "Fragmento". O pênis em momento algum é concebido como veículo de fertilidade, nem a vagina como fonte de saúde. O encontro entre ambos desliza para a formação da cópula sádica, criadora de angústia, propiciadora de novos ataques ou de excisões que mantêm o objeto num nível parcial, idealizado e onipotente. A referência que possuímos indica a contínua existência de uma mãe contaminada, leucorréica, impossibilitada de conceber seu útero como limpo, con-

Dora: uma perspectiva kleiniana

vidativo e aprazível, obsessivamente ocupada em limpá-lo, e de um pai cujo pênis é veículo constante de contaminação, isto é, de um pai possuidor de um pênis deteriorado e malévolo.

Freud escreve que "ela presumiu que ele [o pai] lhe havia transmitido sua má saúde por hereditariedade" (p. 75). E mais adiante: "por vários dias ela se identificou com a mãe". Evidentemente, a contaminação implícita é a *psíquica*, de origem retaliatória. A auto-acusação de que nos fala Freud (p. 76), implícita no material de Dora, refere-se, pois, não só à masturbação passada, mas à culpa pela *vigência* de fantasias masturbatórias sádicas *intra-sessão*, organizadoras do modo transferencial. É o que Freud capta quando descreve a manipulação que Dora faz com sua bolsinha, "abrindo-a e colocando o seu dedo dentro dela [...] anúncio pantomímico e irretorquível do que ela gostaria de fazer com eles [os genitais], isto é, masturbar-se" (p. 77). Evidentemente não se trata de "anúncio", nem de algo que ela *gostaria de fazer*", mas de algo em curso que ela *está* fazendo no aqui e agora da relação, encenação corporal da fantasia transferencial. Esta implica a apropriação do pênis do pai-analista *atacado* através da própria operação de posse, resultando na internalização de um pênis estragado e repulsivo. A mãe com a qual Dora se identifica é, pois, aquela que possui dentro de si um pênis deste gênero. A figura combinada resultante não é só espelho dessa concepção, mas também produto da fantasia masturbatória (oral-uretral) que assim a construiu. É possível, então, especular que é na contraface dessa apropriação, na sua dimensão cindida e idealizada — que confere a Dora a posse de um pênis fantástico e magicamente criativo —, que vai se organizar a relação homossexual. Esta teria por função justamente "forçar" uma reparação magnífica. Se, de um lado, a mãe abriga e ataca internamente o pênis sádico-destrutivo, ambos realimentando o sadismo através do relacionamento que estabelecem, de outro, *Frau* K., com seu corpo maravilhoso, não faz mais do que refletir a beleza e a potência do pênis (seio) de Dora e sua produção de sêmen (leite) nutritivo e admirável. Conforme Freud nos mostra, Dora manterá até o fim a idealização defensiva de *Frau* K.

O que é importante ressaltar aqui é a complexidade e a multiplicidade das identificações que existem e eventualmente operam de modo simultâneo. Dora deseja atacar o interior do corpo da mãe que possui o pênis, infectá-lo, deseja que o pênis se excite, deseja ser esse pênis que atrai o desejo dos homens e das mulheres etc. O básico é sua impossibilidade de usufruir um pênis prazeroso na medida em que as relações sexuais — como a dos pais — provocam nela um intenso ciúme e um sentimento de exclusão (conferir com episódio dos quartos no hotel) e a transformação dessa relação numa troca doentia. Este é o vínculo internalizado, de modo que sua atualização tende a provocar repulsa, defesa, ataque etc.

A descrição feita por Freud dos elementos ligados à crise de dispnéia de Dora fornece elementos que parecem substanciar o enfoque que estamos propondo. Freud escreve que, após uma caminhada na montanha, Dora associara seu próprio cansaço à idéia de que seu pai "estava proibido de escalar montanhas e que não lhe era permitido sobrecarregar-se porque sofria de fôlego curto" (isto é, não lhe era permitido... trepar): "em seguida [ela] recordou como ele se sobrecarregara naquela noite [tendo relações sexuais] com sua mãe; e se pergunta se aquilo não lhe havia feito mal; depois veio a preocupação se *ela* não se teria sobrecarregado ao se masturbar" (p. 80).

Uma concepção de funcionamento do aparelho psíquico baseada na teoria de relações de objeto apreenderia a disposição dos vínculos de outra forma, conferindo ao conjunto uma *dinâmica* calcada justamente na existência desses objetos e dos afetos circundantes. Proporia que *Dora* teria sobrecarregado e danificado o pai (na verdade, o casal) via identificação projetiva, através do ataque realizado por suas fantasias masturbatórias. A angústia persecutória decorrente se ligaria à internalização da figura combinada e sua retaliação no mundo interno (conferir as alusões que Freud faz da presença de dor gástrica após a masturbação, p. 79). A construção de Freud a respeito da crença inconsciente de Dora — "sou a filha de meu pai. Eu tenho um catarro [leucorréia + tosse] tal como ele. Ele me tornou doente assim como o fez com minha mãe. É dele que provêm minhas paixões más que são punidas pela doença" (p. 82) — pode ser compreendida como a identificação introjetiva de Dora com este objeto (figura combinada). Atente-se que esta identificação introjetiva é de certa maneira efetuada *contra* o objeto, que é atacado e roubado. Ela não tem, pois, caráter libidinal, sendo basicamente narcísica, de modo que o núcleo internalizado tem caráter deletério, ameaçador, gera angústia persecutória, é uma fonte de desestabilização da estrutura do ego. O deslocamento desta configuração para a garganta, dando origem à tosse histérica, funciona não somente como defesa, mas aponta também para o componente oral do ataque efetivado (aspecto que já apontamos ao comentarmos a fantasia de *fellatio*: Dora sugadora de polegar). A repulsa de Dora ao beijo de *Herr* K. (novamente comentada por Freud à página 84) prende-se à equação estabelecida entre boca-vagina-pênis-infectado-e-infectante. Como vimos, esse sistema continua a operar durante a sessão (manipulação que Dora faz, com seu dedo, na bolsinha que traz presa à cintura), o que termina por dar projetivamente à *fala* de Freud, ao contato oral vigente na transferência, um significado contaminante e invasivo. Esta fala precisa então ser controlada, mas o controle contínuo do objeto (na verdade, um ataque invasivo) recria a sua persecutoriedade. A ex-cisão defensiva primária, que poderia criar um pai cindido em "bom" (que funcionaria como núcleo identificatório protetor) e "mau" (que seria defensivamente atacado e destruído) falha porque o objeto "bom" também vai ser introjetado de modo narcísico, também vai receber um tratamento controlador que visa a apropriação de seu conteúdo e que acaba por esvaziá-lo. Esta ex-cisão é de certo modo descrita por Freud (p. 85) quando alude à existência de duas correntes conflitantes de pensamento expressas no sonho, uma de caráter persecutório ("preciso fugir desta casa, pois percebo que aqui minha virgindade está ameaçada") e outra de caráter libidinal, que "culminava na tentação de entregar-se ao homem [*Herr* K.] em gratidão pelo amor e carinho que ele lhe dedicara durante os últimos anos". A falha desse sistema defensivo, os ataques que terminam por atingir também o pai protetor, impedindo Dora de contar com um objeto benévolo para se identificar, são assinalados por Freud quando escreve: "seu pai era ele mesmo parcialmente responsável pelo perigo presente, pois ele a tinha entregue a este homem estrangeiro no interesse do seu próprio caso amoroso" (p. 86). Esta menção é repetida à página 89, quando Freud insiste em que afinal fora "o próprio pai que a atraíra para o perigo". Assim, o pai "bom" que a traz para o tratamento torna-se o pai hostil e perigoso que usa Dora para satisfazer seus desígnios amorosos ocultos e contra o qual se reativa o ciclo de vingança. Sublinho que ele se transforma de "bom" *em* "mau", e não que ele é percebido como "bom-*e*-mau". O pai protetor que a acorda para evitar a enurese, o pai que amorosamente provoca a excitação que umedece os genitais, é transmutado, através da forma de apropriação oral-uretral (fantasia masturbatória), no pai infectado, provocador do corrimento. Dentro desta perspectiva teórica não se sustenta a proposta de Freud de que: "mamãe recebeu de papai *ambas* [grifo nosso] as coisas: a umidade sexual e a descarga poluidora" (p. 90), já que a descrição do ritual obsessivo de limpeza da mãe indicaria a quase instantaneidade com que "umidade sexual" amorosa é transformada em contaminação infectante; as pérolas que compõem a jóia oferecida pelo pai (união do sêmen com a secreção vaginal durante a cópula dos pais) são transformadas em gotas de gonorréia + catarro.

   "O sonho foi uma reação a uma experiência *recente* de natureza excitante" (p. 92); "O sonho, que ocorreu *durante* o tratamento, ganhou um novo significado ligado ao *tempo presente*" (p. 93); "Os pensamentos oníricos [que sustentavam o sonho] incluíam uma referência ao *meu tratamento*" (p. 93) [grifos nossos]: Freud delineia intuitivamente o contexto transferencial que embasa o sonho. O fogo que produz a fumaça está *ali* na porta trancada do consultório, na intimidade produzida pelo isolamento, na moça deitada no divã acompanhada do analista sentado ao seu lado. O charuto aceso na sala deflagra a presentificação da trama objetal que compõe o mundo interno e a atmosfera afetivo-sexual que a circunda e move; e põe em marcha "a velha intenção de retirar-se diante de um perigo" (p. 93), perigo que não se localiza na história evocada, mas nos sentimentos que permeiam a relação presente.

O drama de Dora parece residir na inexistência da concepção de um objeto integrado, percebido na sua inteireza e na multiplicidade sincrônica de seus aspectos. Girando a chave por dentro, ela fica impossibilitada de captar o discurso freudiano na sua globalidade intrusiva e curativa.

3.
O MÉTODO PSICANALÍTICO

1.

O cenho carregado, sentado ao pé da cama, o médico observa no quarto em desordem o semblante lívido de seu paciente. Pensa consigo mesmo: "Não tenho a menor idéia da sua doença. Mas se lhe prescrever uma grande dose de sulfa ele logo ficará sofrendo dos rins. E de rins, ah!, de rins ninguém entende melhor do que eu".

Dirigida à classe médica, essa ironia, calcada em Millôr Fernandes, faz ressoar algo que é familiar aos psicanalistas: o procedimento de seu método. É que, aparentemente, este também opera por substituição:

> "[...] nós conseguimos dar a todos os sintomas da doença um novo significado transferencial e substituir sua neurose habitual por uma neurose de transferência que pode ser curada pelo trabalho terapêutico da doença, mas ela representa um artifício que é em toda sua extensão acessível à nossa intervenção" (Freud, 1914).

E ainda:

> "[...] não estamos mais interessados na doença inicial do paciente mas numa neurose recém-criada e transformada que tomou o lugar da anterior [...]. Todos os sintomas do paciente abandonaram seu significado original e assumiram um novo sentido estabelecido em relação com a transferência [...]. Mas a dominação dessa neurose nova, artificial, coincide com o desembaraçar da doença que foi originalmente trazida para o tratamento — com a realização de nossa tarefa terapêutica" (Freud, 1916/1917).

Porém, como ele mesmo já sublinhara em 1905, "o tratamento psicanalítico não *cria* transferências; ele somente as traz à luz, como tantos outros fatos psíquicos ocultos".

Já agora se delineiam diferenças básicas entre o procedimento do médico acima descrito e aquele proposto por Freud. O primeiro interfere por meio da introdução de um elemento estranho ao paciente, produzindo uma iatrogenia encobridora. Freud, por seu lado, "traz à luz" algo que lhe é inerente e a iatrogenia resultante, por seu caráter desvendador, torna-se terapêutica.

Freud vale-se, portanto, para a criação dessa neurose nova, da própria produtividade do processo psíquico da qual ela é expressão. Se "[...] a transferência é um fenômeno universal, existente em todos os espaços da subjetividade, como uma expressão da estrutura pulsional do sujeito, a neurose de transferência é uma figura típica do espaço analítico, *metodicamente* constituída para permitir a simbolização da repetição" (Birman e Niceas, 1982).

Freud, pois, lança mão de algo onipresente, inerente ao funcionamento da estrutura psíquica, e *metodicamente* o "comprime" e conforma de modo a, num só tempo, confirmar sua presença e significado e utilizá-los como ferramenta do método.

Assim, a transferência na relação analítica é um caso particular dessa contínua demanda da constelação objetal de estabelecer relações fundadas segundo esse gênero de vinculação. Colocada a serviço do método, ela, a transferência, dá ao conflito psíquico um caráter de atualidade, tornando também transparente sua forma defensiva de expressão. Toda produção do paciente vai adquirir um sentido de transferência, criando um campo que ultrapassa as figuras do analista e do analisando, que o construíram e que nele estão inseridos. O material que o compõe procede de uma seleção que não é arbitrária: os critérios de escolha são justamente expressivos dos mecanismos — de origem e dinâmica — inconscientes que contribuíram para formar e caracterizar o campo. Mas são também indicativos do próprio funcionamento do campo já formado (portanto, do funcionamento que promove a seleção que o constitui).

Nesse campo, todo o dito (e não dito) torna-se conseqüente, cria e adquire uma segunda inteligibilidade. O método opera criando um contexto específico, lugar que tanto possibilita a expressão de seu funcionamento quanto sua apreensão. Para situá-lo com precisão, devemos dizer que o método, além de referir-se à transferência, *nela opera*.

2.

A fala do analista mostra ao paciente que ele esteve a ouvi-lo; porém, há algo estranho no que o analista diz. É que sua comunicação enfeixa o discurso do paciente *nesse campo*, pondo-o então a manifestar:

"Interessa-lhe [ao analista] a maneira pela qual [esse discurso] 'posiciona' a dupla analítica no contexto da sessão [...] interessam-lhe as emoções e as conexões possivelmente remotas para que aponta a lógica das emoções [...]. O efeito dessa comunicação para o analisando é o de romper o conjunto dos pressupostos em que se assentava sua auto-representação. Gera-se uma crise de identidade [...] e uma intensa expectativa de se poder reestruturar noutro campo a auto-representação perdida. Há, pois, uma 'ruptura de campo'" (Herrmann, 1986a: 557).

A ruptura expõe as propriedades do campo rompido, os pressupostos de sua organização, e já faz vislumbrar o embasamento sobre o qual poderá se assentar a estruturação do novo campo.

Essa operação dá a ver, pois, o que aí está sendo obliquamente "forçado" pelo paciente: a ratificação da defesa, a repetição do procedimento que visa evitar a dor mental (repetição que terá agora, como pivô, a figura do analista). Essa ratificação corresponde à necessidade de transformar o campo em expressão de pura alteridade: ela visa institucionalizar a simetria. O método — a exemplo dessas lutas marciais que se valem da própria força do adversário para derrubá-lo — evoca a simetria para denunciá-la, desorganizá-la, deformá-la. Oferece o altar e impede que o rito se oficie.

Ao longo do tempo, ele se revela pulsátil e acaba criando, numa perspectiva diacrônica, não meros "blocos substitutivos", mas um trajeto, uma série de passagens — "suspensões" — nas quais significações (tramas objetais) são reconhecidas, dessignificadas e tornadas eventualmente disponíveis para a ressignificação. Esse exercício de contínua transgressão possibilita um ganho de informação, um maior domínio sobre o funcionamento do aparelho psíquico. Meltzer (1973) afirma mesmo que ele produz "um aumento da ordem dos processos mentais do paciente". Penso, entretanto, que esse aporte traduz-se como completude, como apreensão do sentido linear do tempo da vida.

Dissemos acima que o analista fala (do campo, no campo) mas sequer mencionamos até aqui a palavra *interpretação*. Detivemo-nos, é verdade, na caracterização do terreno onde esta opera, designando-o como um horizonte constante, seja de uma teoria de interpretação, seja de qualquer teoria pela qual a interpretação venha a se pautar. É chegado o momento de abordar essa fala, esse procedimento do método que instaura a ruptura. A interpretação encaminha-nos para a teoria das significações, para a semântica, para o estabelecimento de uma relação particular entre duas expressões "de modo tal que a segunda se confunde com a própria interpretação" (Ortiguez, 1987). Uma vez designado um elemento, como informação ou expressão significativa, a interpretação propõe-se a "acrescentar algo à compreensão da expressão original, introduzindo uma nova forma de expressão; [...] [ela] consiste em mostrar algo" (Ortiguez).

Assim descrita, ela se delineia como instrumento do método de investigação; entretanto, as hipóteses pelas quais procura-se explicar os fenômenos (por exemplo, as hipóteses sobre o funcionamento da interpretação) já estão impregnadas de um caráter interpretativo. Esse aspecto circular, porém, não se constitui em obstáculo, uma vez que por sua *posição* a interpretação está agindo como contato, como intermediário e mediador. Sua vitalidade está ligada à potencialidade de sua função articuladora (que inclui, é claro, a desarticulação).

Costuma-se figurar essa função operando sobre um texto "original", suporte possuidor de certa concretude, a ser desvendado, exumado, restituído na sua originalidade. A equação semântica efetuaria a tradução, orientando-se por regras explícitas que estabelecem os critérios de concordância (e discordância) entre as duas versões. Seria, na verdade, uma exegese, tal como, falando de si na terceira pessoa, Freud a definiu em 1904: "Freud desenvolveu [...] uma arte de interpretação que assume a tarefa de, por assim dizer, extrair o puro metal dos pensamentos reprimidos da ganga das idéias involuntárias".

Ora, a colocação em marcha do processo mostra justamente que o analisando "defende-se", resiste ao conhecimento e à operação de decodificação. Revela-se aí a existência, em íntima comunhão, tanto de algo a ser conhecido como de uma força ocultante e transformadora, capaz justamente de criar um segundo idioma, para não dizer um segundo universo. Como assinala Strachey (1969), investigar (ou revelar) o inconsciente, *vencer* a defesa, perde então primazia para a necessidade de se operar sobre a *dinâmica* da resistência.

Como instrumento do método, a interpretação então não se limitaria a fornecer um outro (oculto) sentido ao discurso do paciente, mas a desvendar a existência, presença e atuação de formas de vida psíquica inaparentes, porém tão "reais" e ativas quanto as explícitas. O resultado final não é a oferta e posse de um saber original, mas a revelação da existência e do funcionamento do processo de substituição (Fainblun, Goijman, Milmaniene e Resnicoff, 1987). Ela se diferencia da explicação — ilação *a frigidus* — da(s) teoria(s) psicanalítica(s) sobre o funcionamento do aparelho psíquico, por ser produzida no e pelo campo; ela é consistente na medida em que o exprime e não na medida em que o "sabe".

Trata-se, pois, de "uma produção gerada em termos intersubjetivos no espaço de uma relação" (Birman e Niceas, 1982), e tudo se passa como se o seu aspecto formal fosse transcendido pelo funcional. O campo transferencial torna-se por definição e constituição prenhe de interpretação. Isso permite a Abadi (1986) sugerir que interpretação "é tudo que produz conscientização (*insight*), mesmo quando não remeta em nada (no que explicita) à realidade do que se conscientiza".

Servindo ao método, dirigida ao campo e por ele balizada — tendo a teoria como guarda-chuva —, a interpretação torna-se uma intervenção disruptora, uma prática confrontadora. Tal como um obstáculo que, ao ser colocado no fluxo de um rio, revela a força e a direção da correnteza, a interpretação intercala uma cunha na compulsão à repetição, impondo uma diferença e implicando uma divergência. O trabalho de enfrentá-la, à interpretação, já é o desnudamento da dinâmica vigente, da circulação que, em torno desta cunha e por sua causa, reorganizou-se. E esse enfrentamento, vigindo na inter-relação analista-analisando, torna-se por sua vez — campo que é — apreensível e interpretável.

Esse processo é todo ele movido e envolvido pela vida afetiva. A informação produzida pela cunha confunde-se com a emoção provocada pela sua presença; e é esta mesma que estimula o movimento afetivo que visa removê-la.

Não se trata, pois, de uma "tradução simultânea", de deciframento de enigmas, de substituição. O método possibilita o surgimento de significações novas *apreensíveis como experiências* e que funcionam como aberturas. Estas não se voltam apenas para o conhecimento do modo de atuar do aparelho psíquico, mas também *para o próprio funcionamento da análise*, para o desvendamento da transferência como forma e produto da relação intersubjetiva.

Ao revelá-la como tal, ele possibilita sua liquidação. Descrevendo a interpretação, Meltzer escreve: "[...] observando a transferência e a contratransferência o analista ocasionalmente, e até freqüentemente, oferece ao paciente uma hipótese experimental a respeito da natureza da relação de objeto que está ocorrendo ali no momento" (Meltzer, 1973).

A descrição não alude ao vértice dessa observação. Este se constitui como fixação de uma perspectiva: de face, de frente, de flanco, para onde quer que o analisando se vire, deverá encontrar o analista exprimindo-se dentro e através do método analítico. Essa constância de postura permite justamente a visualização tanto do que pretende desorganizá-la quanto do que torna insuportável sua existência. É ela que mantém a assimetria e faz com

O método psicanalítico

que, no campo transferencial, o analista esteja sempre em lugar diverso do analisando, cuidando para que a perspectiva se mantenha, de modo a evitar a fusão (para não dizer confusão) das duas figuras. Se o analista move-se *junto* com o paciente (e não *em relação* a ele) ou se ele *impele* o paciente a mover-se segundo o seu deslocamento, o que se obtém é um puro efeito de espelhamento. A aparente motilidade dos dois envolve apenas uma real imobilidade — o método girando em falso.

A hipótese experimental oferecida pelo analista contém, pois, um "efeito de surpresa" (Birman e Niceas, 1982) que "replanta" o analisando no interior de um conflito que se tornou discernível através da relação com o outro. Esse efeito, "esta experiência *vivida* das pulsões recalcadas" (Laplanche e Pontalis, 1967), indissociável do método e que o torna conseqüente, será agora foco de maior atenção.

3.

No ensaio "Relembrando, repetindo e elaborando", Freud (1914) escreve que o paciente "[...] habitualmente despreza (sua doença) como absurda [e] [...] de resto, estendeu às manifestações dela a política de avestruz e a repressão que adotara às suas origens".

Ele prossegue dizendo que o paciente deve

"encontrar a coragem para dirigir sua atenção para os fenômenos de sua doença. Esta [...] deve ser considerada como uma parte de sua personalidade, fundada em sólidas razões para existir [...]; se esta atitude intensifica os conflitos [...] devemos apontar ao paciente [...] que não se pode vencer um inimigo ausente ou fora da nossa vista".

Estamos longe de uma pura hermenêutica, de um destrinchamento do discurso que vise normatizá-lo. Propõe-se não a explicação, mas a problematização. E tudo se vincula a um movimento: *o gesto de presentificação*. A coisa deve ser colocada diante dos olhos, mesmo porque ela é parte do sujeito e "fundada em sólidas razões para existir". Sem este face-a-face não há sequer a luta.

O trabalho do método cria um novo campo perceptivo em que a duplicidade — impregnada de dubiedade — encontra um lugar para se expor. Abadi e Fainblun, Goijman, Milmaniene e Resnicoff (1987) escrevem: "para dar-me conta de um sentido, para lê-lo, devo primeiro abrir os olhos". O impacto é inelutável, pois este remete "ao mito que nos habita, que nos determina, que em último termo *somos*". O método dirige-se para a descoberta desse algo interno que faz corpo com nossa existência, que se coloca "de contrabando na realidade fática" (Abadi, 1986) e impede que nos concebamos como lineares — possuidores de um único sentido, minando a teoria que cada qual concebe a respeito de sua estrutura psíquica.

Não se trata apenas de utilizar agora "a consciência dos derivativos dos processos inconscientes visando o pensamento verbal enquanto algo diferente da ação" (Meltzer, 1967). O elemento disruptor não se encontra na matéria e organização "do mito que nos habita". Ele reside na necessidade de *convivermos* com ele, de assimilarmos a presença de um duplo registro, de inseri-lo, mantê-lo e instrumentá-lo, levando em conta a totalidade do percebido. Se o reencontro desse registro representa a possibilidade de lhe conferir um novo sentido, de indagar o porquê de sua constituição, sua publicação (abrir os olhos, dizê-lo, executá-lo) produz a turbulência que a prática do método reanima a cada passo de sua caminhada. A interpretação conduz a algo além da mera evidenciação: ela induz a uma freqüentação entre inimigos íntimos, a uma conjunção sobre a qual seus "criadores" — analista e analisando — já não têm o controle.

Trata-se de uma figuração de presenças contíguas, que se esclarecem justamente pela não excludência recíproca. A tensão gerada por essa vizinhança tende a se resolver não por uma afirmação voluntariosa — "não quero" —, mas pela expressão penosa de um "não posso": não posso conviver com o sofrimento e, portanto, não posso ver o que faz de mim o que não sou, não posso conhecer-me; não consigo deixar de separar-me de mim mesmo, não suporto a dor psíquica. Cria-se assim um estado de alerta contínuo (e/ou sua permanente negação), uma vez que cada interpretação (ou cada ausência de interpretação) reinstala a presença do mito e a necessidade de contestar-lhe evoca a angústia ligada ao desconhecido e estimula a premência da investigação.

Assim, é na *sustentação* do dilema, na sua contemplação, na luta dirigida para não falsear o conhecimento obtido, na manutenção desse espaço de abertura (e de um campo passível de ruptura) que o método exprime sua potência e depara-se com a estreiteza de seus limites.

Abadi sugere que "a palavra [do analista] é como o bisturi do cirurgião. O que mobiliza a cura é o talho, a incisão na carne viva que o bisturi, a palavra, produziu" (Fainblun, Goijman, Milmaniene e Resnicoff, 1987). Não há acesso, pois, sem talho prévio, sem o restabelecimento de uma simultaneidade

O método psicanalítico

contraditória, condição de visibilidade e virtualidade de ofuscamento. O saber — e com ele o poder — relativizam-se porque o método permite que se vislumbre não a verdade original, mas *a construção* da verdade e do conflito, a trama objetal que somos e nos habita.

A originalidade do procedimento parece então residir não na sua produção, mas no seu funcionamento como produção. O novo não se encarna na materialidade da dupla significação presentificada, mas sim na nova condição perceptiva, na possibilidade de uma multifocalidade que é, ela também, construção.

4.

Observando, no campo transferencial, a relação entre analisando e analista e assimilando seu funcionamento ao modelo emissor-receptor, poderemos descrever esse modo de operar valendo-nos da teoria da identificação projetiva. Ocorre aí um percurso que começa em uma das extremidades, a emissora, com ex-cisão de um aspecto do *self* (ou de um objeto desse *self*), e prossegue alocando esse aspecto num continente (outro *self*, outro objeto), numa outra ponta, que Bion chama de extremidade receptora. Espera-se desse receptor que possa conter e transformar o que lhe foi enviado de modo a devolvê-lo numa forma que já não contenha os aspectos originais perturbadores que então provocaram a ex-cisão e subseqüente projeção. Fédida (1986) fornece-nos uma descrição elegante do processo ao discorrer sobre a dinâmica da contratransferência. Assim, ele descreve no receptor um primeiro momento, dito de ressonância com o estado afetivo do emissor, e que aumenta a acuidade perceptiva do receptor, ressonância esta também vivida como angústia; um segundo momento de continência desse estado; um outro de metabolização do mesmo; e finalmente uma metaforização desses afetos.

A transformação ativa pelo continente — essa metaforização — tem sido habitualmente apresentada como a produção de um digesto desintoxicado. Mas há uma outra faceta — que chamamos acima de exemplar — de que se vale o método para gerar sua continuidade. É que o material devolvido ao analisando traz, no seu bojo, o *trabalho de elaboração* efetuado durante sua estadia no continente. Esse trabalho é um *modelo de procedimento* (o modo particular do continente de lidar com o aspecto ex-cindido) e satura os poros da resposta do analista: é veiculado conjuntamente com ela.

Desse modo, o produto que o emissor recebe de volta está impregnado do "método" de como ele foi fabricado. Nele está infiltrada, por exemplo, a indicação — que o emissor pode agora captar — que aquilo que ele tivera a necessidade de evacuar no receptor por identificação projetiva é passível de uma abordagem diversa: pode ser, por exemplo, contido e desintoxicado. Aliás, a prova está na composição do produto devolvido. Em uma palavra: o metaforizado devolvido, que vai ser introjetado, contém em si o modelo da metaforização.

Assim, dentre a gama de elementos que compõem os aspectos formais e funcionais da interpretação e que levam finalmente a dar transparência à relação de objeto vigente no campo, encontramos esta faceta específica: a interpretação veicula a capacidade interpretativa. Strachey (1969), descrevendo a análise, fala do processo de "infiltração de um superego originalmente rígido e inadaptável por um superego auxiliar, possuidor de um contato maior com a realidade". Mas a "infiltração", percebe-se, é muito mais abrangente, pois compreende tanto a correção da distorção quanto o descobrimento da capacidade de flagrá-la, contê-la e de experimentar a ambivalência. Esta pode ser compreendida como a hesitação entre a tendência epistemofílica e a epistemofóbica (Fairblun, Goijman, Milmaniene e Resnicoff, 1987) ou, segundo o esquema referencial kleiniano, como a submissão a uma tensão com dupla orientação: de um lado, pressão para reagir segundo um padrão esquizoparanóide; de outro, para orientar-se segundo um padrão depressivo. O analisando "permite" que seus objetos modifiquem-se e enriqueçam-se e "aprende" a usá-los assim transformados e reequipados, diria Meltzer (1967), numa relação de dependência criativa.

A operação contínua do método fornece, então, ao analisando a capacidade de colocar-se em perspectiva, de postar-se num vértice que também o torna, como o analista, observador e partícipe da experiência; possibilita, enfim, que o analisando faça-se intérprete. Seu fim último seria, portanto, destravar o ser interpretativo latente em cada um de nós (como o campo transferencial o faz com a transferência), facultando a cada um a criação de sua própria modalidade interpretativa.

Ilustração clínica

Chegado aos quarenta anos, este executivo bem-sucedido, que com seu labor amealhara certa fortuna, sentia-se agora envolvido por um mal-estar de cunho indefinido. Sua família, originária da Holanda, imigrara para o Brasil pouco antes da Segunda Guerra.

Casado, metódico, competente, organizado, sua vida decorrera sem questionamentos notáveis, pautada que fora pela bíblia que sempre orientara sua conduta: *Como fazer amigos e influenciar pessoas*, de Dale Carnegie.

Ultimamente, entretanto, esse livro, de cuja eficácia, é verdade, já começara a duvidar, não parecia mais dar conta das dificuldades com as quais se deparava. No trabalho, a competitividade acirrara-se a ponto de criar um inevitável clima de desconfiança. Em casa, a esposa, após anos de vida doméstica, passara agora a se dedicar com afinco a estudos universitários que lhe tomavam um tempo considerável. Seguidos episódios de impotência sexual vinham-no afligindo progressivamente, e talvez a análise o recuperasse.

Nesta primeira conversa conta ainda, num tom meramente informativo, que sua mãe falecera uma semana após o parto e que o pai, dois anos depois, casara novamente com uma jovem também de origem holandesa, que o educou. Terá irmãos desse segundo casamento.

Com um sorriso sincero e luminoso, prossegue dizendo do prazer que o meu consultório proporcionara-lhe: é que, no pátio destinado ao estacionamento, as vagas para os carros estavam claramente delimitadas por faixas brancas. Manobrara o seu com facilidade, encaixando-se no espaço que lhe fora destinado. Uma maravilha!

Iniciada a análise, vinha com freqüência às sessões trazendo programas de conduta, miniplanilhas que, retiradas do bolso, eram lidas em voz alta:

1) ser bom pai;
2) ser bom esposo;
3) ser menos tenso no trabalho;
4) etc. etc. etc.

Tal recitativo terminava em geral com a constatação pesarosa de que o planejamento não se implementara; ao contrário, a relação com a esposa tendia a se degradar e a análise evidentemente não se constituía em ajuda.

Alguns meses após o início do nosso trabalho, numa segunda-feira, chega vinte minutos atrasado: o trânsito o surpreendera. Senta-se e informa bem-humorado que durante o fim-de-semana tivera um sonho que, diferentemente dos outros, conseguira gravar. *Encontra-se no que parece ser uma loja. Pede para usar o banheiro. Sentado no vaso, nota que há um pedaço de merda no chão, junto ao vaso. É dele, acentua, embora estivesse ao lado. Entra uma moça, passa pela merda e por ele, encaminha-se para umas prateleiras. Quando ela se inclina ele vê, por trás, as pernas dela e a calcinha que aparece. A moça sai e dali a pouco entra outra ("certamente uma balconista") e acontece o mesmo. Elas parecem naturais e agem como se não o tivessem nota-*

do. *Depois sai da loja e está na sala de uma fazenda, imerso na escuridão ("como a penumbra do consultório"). Alguém pede que ele acenda a luz. Ele faz uma primeira tentativa e o que surge é uma iluminação provisória, precária: há apenas um fio elétrico que se estende até a lâmpada; ele tenta uma segunda vez e a sala ilumina-se.*

O sonho lhe parece *inexplicável*; não sabe o que dizer. "Bem, talvez... — no sábado foi ao teatro — uma peça meio sem sentido, divertida; porém não a recomendaria". Na peça há um momento em que a moça representa um robô: pega dois funis e os põe sobre os seios; quando se volta para a platéia, de frente, via-se no bico do funil uma luzinha (sorri). Depois, a moça aparece com um calção curto: reparou nas pernas dela; "a fazenda é da minha família... eu ia muito a essa fazenda quando era menino... passava as férias lá. As pessoas que no sonho pediram para eu acender a luz pareciam formar um casal... Ah... na sexta-feira, fui ao aniversário de um meio-irmão (do segundo casamento do pai). Perguntei para minha tia sobre 'aquilo'. Respondeu que certamente eu devo ter mamado, pois ela se recorda que se dizia às visitas para virem à maternidade em horas determinadas; deveriam ser os momentos em que me tiravam do berçário e eu ficava no quarto, com minha mãe".

Relembro ao paciente a sessão anterior, na sexta-feira. Ele falava de seu parto: nascera "sentado", o parto fora difícil; ao final, tudo parecia ter corrido bem. Mas a mãe desenvolve uma infecção, ocorre algo confuso com a medicação e ela falece uma semana depois. Tudo isso fora dito num tom entre emburrado e zangado, como a marcar sua distância com o episódio; a morte da mãe apenas dizia respeito a ela. Depois confessa que se perguntava se ela chegara a lhe dar de mamar. Na ocasião falei do seu desejo de saber o que ele representara para a mãe: *se ela tivera vontade* de amamentar, fazendo uma aproximação com o fim-de-semana iminente (se eu desejaria conservá-lo na minha mente, retê-lo durante a separação, como objeto querido).

Em seguida, digo que a análise, para a qual ele viera procurando uma vaga assegurada para estacionar, estava, ao que parece, obrigando-o a enfrentar um trânsito interno difícil, deixando-o "apertado". Ela o impele para os "fundos", para o banheiro da mente, onde se depara com dúvidas inquietantes. Seu receio é de que, por estar mal sentado dentro da mamãe, ele a infectara "cagando fora do lugar" e perdera-a. Em conseqüência, tivera que se haver com uma substituta, uma mãe-robô, fria e mecânica — que ele não recomendaria a ninguém. O medo de que seja esta a única mãe com que possa contar — com um analista distante e técnico — leva-o a reassegurar-se, desviando os olhos da "cagada" para o desfrute das pernas e nádegas das mocinhas.

O método psicanalítico

A manobra, entretanto, não o tirou do escuro (assim como a ida à festa e ao teatro não o distraíram do corte do fim-de-semana), do mistério inquietante que permanece em sua mente a respeito da morte da sua mãe, de sua infância, e da nossa conversa na sexta-feira. Ele se vê impelido a examinar, a trazer à luz o que foi dado à luz — e no sonho substituir uma primeira versão precária e persecutória por outra mais triunfante e luminosa: foi amamentado. Embora no sonho o esforço para "esclarecer" seja apresentado como iniciativa sua, havia na penumbra da sala-consultório um casal (eu e sua tia) estimulando-o a se aproximar daquele tão penoso "aquilo".

O paciente ouve-me atentamente e parece se deprimir; seu rosto torna-se sombrio. E depois: "enquanto você falava senti muito sono", acrescenta tenso, "e como operacionalizar tudo isso?".

A sessão prossegue e a abordagem pelo analista da angústia persecutória desencadeada pela interpretação e do modo como o paciente pôde lidar com ela acabam por torná-lo mais confiante e levam-no a discorrer longamente, e em detalhe, sobre as patologias ocorridas nas várias gestações da esposa. No fim da sessão tira de uma sacola um vídeo — *This is life* —, diz que é um filme formidável e pergunta se já o vi.

A sessão evidentemente comporta vários vértices de apreensão. Mas, se nos ativermos àquilo que particularmente salientamos quanto ao proceder do método, o foco do nosso interesse não seria tanto a "rememoração" da fantasia inconsciente sobre o parto quanto a instauração de um espaço em que duas versões conflitantes e pertinentes para o sujeito possam ser plenamente confrontadas.

O que aí se torna transparente não é apenas uma história finalmente evocada (ou os obstáculos para sua evocação), mas a constante *atualidade* da oposição mamada-cagada. "Trazida ao horizonte, ao campo perceptivo do paciente, ele construirá, ao confrontá-la, os desdobramentos que lhe forem possíveis".

Que estes se assinalem pelo pisca-pisca enganoso de uma luzinha na ponta do funil, pela transformação do seio ausente em nádegas apetitosas e juvenis, pelo sono ou emburramento na sessão, pela necessidade de dar ao final de nosso encontro um cunho hollywoodiano (*"This is life"*), por uma gama variada de "operacionalizações que lhe são necessárias", talvez não seja o mais importante. Desde que o método mantenha em perspectiva a oposição vislumbrada e libere o terreno em que ela possa transitar, cada "operacionalização" ganhará justamente sentido a partir desse contexto e não fará mais que alimentá-lo. Não é, pois, por acaso que o paciente começa reconhecendo como *sua* a cagada que está "fora" e termina, com certa candidez, discorrendo sobre os problemas que sua esposa sofrera nas sucessivas gestações. Surge um espaço em que o paciente encontra um interlocutor para o qual pode falar do medo persecutório de que seu mundo mental abrigue, desde sempre, um movimento para infectar e destruir o que gera a vida.

Nos meses que se seguem, a checagem da lista de bons propósitos intensifica-se, seguidamente acompanhada da expressão de seu desapontamento com a análise. Há uma queixa constante em que a piora que sente acopla-se à sua decepção com meu comportamento: eu não assumia a função de Dale Carnegie. As *interpretações* sobre essa sua necessidade são vividas como prova de meu desinteresse e aumentam o seu ressentimento: paralelamente, crescem as evidências de sua disposição (também seguidamente interpretadas) de abandonar a análise, decisão que é finalmente anunciada.

Ao chegar, então, na segunda-feira, para sua última sessão, o paciente diz que o seu carro enguiçara na porta do prédio e que fora necessário empurrá-lo até o estacionamento — "está precisando de uma revisão". Conta, em seguida, que tivera um sonho no fim-de-semana. *Estava na companhia da esposa, provavelmente em sua fazenda, quando dá um espirro. Sai de seu nariz um ranho longo, esverdeado, que num movimento circular envolve sua cabeça. Consegue por fim se desembaraçar e quando o joga ao solo ele parece composto de vermes. Repara que alguns respingos que atingiram sua camisa também se transformaram em vermes.*

Traz como associação o fato de que a esposa estivera resfriada e notara que ela expelia um muco esverdeado; suspeitava que seus filhos estivessem com vermes e instituíra para eles um tratamento. Ah! Um touro de sua fazenda, muito forte, fora encontrado no pasto, derreado. Tudo fizeram, mas não conseguiram recolocá-lo de pé. Foi necessário sacrificá-lo e quando o abriram o encontraram infestado de vermes semelhantes aos do sonho.

O paciente trabalha, como a análise revela, visando manter fixas a configuração do objeto, a forma de relação estabelecida com ele e o relato histórico-existencial que lhe é inerente. A simetria é a regra de ouro: a "operacionalidade", a função principal; o *status quo*, a meta; e a dualidade, a ameaça a ser vencida.

Fixemo-nos na trajetória percorrida. Ela se inicia com o prazer indisfarçável proporcionado pela vaga no estacionamento, tomada como verdadeira inscrição de sua presença na minha mente, e termina com a imagem do carro que não obedece mais ao motorista, touro combalido. De permeio, houve uma geleificação: a matéria pastosa que parecia estar fora, ao lado, embaixo e em repouso (primeiro sonho), torna-se um tentáculo viscoso e repelente

O método psicanalítico

que sai da cabeça, é por ela produzida, envolve-a e precisa ser abruptamente evacuada.

A ilustração clínica — um paciente que abandona a análise — poderia ser apreendida como a história de um fracasso; não do método, é claro, mas da capacidade do analista em utilizá-lo de forma adequada. Mas a afirmação indiscutível de que em mãos mais hábeis outro seria o destino da análise impediria o prosseguimento de toda discussão.

Por outro lado, o caráter pungente do relato final do paciente, de sua situação de perseguido e auto-infectado é revelador da sua capacidade de utilizar o método tanto para ver-se e ver-me (verme) sob nova luz, quanto para estabelecer os limites dos riscos que pode e deseja correr. O delineamento desses limites no paciente corresponde, no analista, à construção e à apreensão de sua identidade analítica. O método não visa transformar — e isso vale para analista e analisando — o intolerável em tolerável. Ele se propõe a captar o que é a essência desse intolerável e integrá-lo na intolerabilidade mesma de sua condição.

Poucas ostras produzem pérolas. E nenhuma é fabricada sem a irritação produzida pela areia.

4.
LIMITES DA ANÁLISE — LIMITES DO ANALISTA

O convite para participar desta mesa sobre "Limites da psicanálise em situações-limite"[1] serviu-me de estímulo para apresentar uma experiência clínica por mim vivida, e ainda em curso, que ao meu ver serve de ilustração para o tema e também para os fenômenos correlatos que o acompanham. Meu propósito, ao expor este material, é partilhar com os colegas as vicissitudes surgidas no confronto com uma situação-limite, descrevendo minha reação à mesma, isto é, a maneira como a identifiquei, como a vivi e o modo como lidei com ela. Procurarei também, mais ao fim do trabalho, problematizar uma questão especificamente vinculada a situações nas quais ficam patentes tanto os limites da análise quanto os do analista.

Um paciente procurou-me para análise, anos atrás, em plena vigência de um surto psicótico florido, já há algum tempo em evolução, apresentando alucinações variadas, idéias delirantes de cunho persecutório e megalomaníaco e experiências dissociativas intensas que o aterrorizavam, provocando angústia tão avassaladora que o suicídio parecia-lhe a única forma de terminar com seus sofrimentos. Nessa altura já havia tentado algumas experiências psicoterápicas que de certa forma terminaram por se integrar ao seu sistema delirante. Tinha então 23 anos.

Ao longo de uns seis anos de análise e de tratamento medicamentoso paralelo, foi ocorrendo uma notável defervescência dos sintomas, ao mesmo tempo em que se delineava uma sólida estrutura narcísica. Esta passou a funcionar como prisma através do qual o paciente conferia sentido às suas relações intersubjetivas e particularmente à experiência transferencial analítica. A mobilidade interna e externa alcançadas pelo paciente são balizadas e vigiadas por esta estrutura. Duas formas de comportamento, entre outras, podem ajudar a compreender o que descrevo. A primeira é o modo peculiar como o paciente utiliza certo material que poderia ser classificado como

---

[1] Trata-se da mesa-redonda "Limites da psicanálise em situações-limite", realizada no XIV Congresso Brasileiro de Psicanálise, Rio de Janeiro, em outubro de 1993.

"resto delirante". Este é evocado, à guisa de manobra defensiva, toda vez que a situação analítica flagra um momento conflitivo que poderia questionar o edifício narcísico. Não parece haver realmente emergência de uma crença delirante à qual o paciente esteja aderido, mas simplesmente a utilização da lembrança da experiência psicótica, empregada agora para bloquear uma evolução que se anunciava na análise. A segunda forma constitui-se de uma inatividade ostensiva, sustentada por projetos fantasiosos e inadequados porém não delirantes, e que têm, no registro da ação, função paralisante semelhante à que foi descrita acima para a relação analítica.

No último ano, ou ano e meio, perdurando até o momento, a situação analítica assumiu uma forma bastante próxima daquilo que é classicamente descrito como "reação terapêutica negativa". O paciente critica a análise de modo violento e contínuo, abrangendo na sua atitude demolidora tanto a pessoa do analista quanto o método e a teoria analítica e os seus resultados.

Em síntese, o que vem me repetindo, algo monotonamente, *é que está lúcido, curado, sem "fixações". Que encerrou-se um ciclo em sua vida e a loucura ficou para trás. Que quando permanece só, no quarto, fazendo auto-análise, sente-se perfeitamente bem e repersonalizado. Que precisa parar a análise, já que se tornou emocionalmente estável. Que pretende tirar férias e depois conseguir uma bolsa de estudos para ir estudar na Europa; eventualmente poderia até mudar de profissão ou retirar-se para a cidade X e lá escrever um romance ou roteiro de filme. Que seu problema "é um lance de cabeça" e nada tem que ver com a pessoa dele: é tudo químico, cerebral, e eu, analista, não consigo ajudá-lo pois não fiz cessar os sintomas. Que é a análise que lhe faz mal, que o descaracteriza, que o deixa angustiado; no quarto sente-se bem. Que não sente a menor simpatia por mim e não vê sentido nas coisas que falo: aliás, só digo coisas sem importância ou então que dizem respeito a ele quando eu deveria falar é da sua cabeça e dirigir-me a ela. Que seu mundo é completamente diferente do meu: ele nunca quis ser normal. Que acha ridículo que uma pessoa como ele (referindo-se à sua ideologia) faça análise com alguém que tem consultório nos Jardins. Que só lhe interessaria mesmo a explicação de como a loucura aconteceu, estando provado que eu não sei o que dizer para ele sobre este assunto. Que eu precisaria mesmo era cuidar da cabeça dele etc. etc. etc.*

A argumentação do paciente é correta se compreendida a partir de sua ótica. A sensação de lucidez e inteireza por ele descrita é conquistada através do refúgio profundo num estado narcísico cerrado, do qual são componentes importantes as longas horas de "auto-análise" que se confundem com o próprio espaço do "quarto". Já as relações intersubjetivas, tais como as propostas pelas sessões de análise, provocam o surgimento de angústia e intranqüilidade, o que não faz mais do que comprovar sua teoria de que o isolamento no quarto é a melhor terapia. O "quarto" habitualmente representa a operação de "repersonalização", isto é, o refúgio num objeto idealizado com o qual ele se identifica e que lhe confere o sentimento de onipotência. Já o contato com o mundo intersubjetivo-objetal (realidade externa e realidade interna) representa o "não-quarto" e rapidamente se transforma no "antiquarto", local do confronto entre a representação narcísica e a decepção transferencial. "Antiquarto" aqui é então vivido como destruição do quarto e, portanto, *fisicamente* como um ataque ao seu corpo e à sua mente. Através da ex-cisão, acompanhada de identificação projetiva, ele procura tornar as perturbações vividas estranhas à sua pessoa: passam-se exclusivamente na sua cabeça e são por esta produzidas; é a ela, portanto, que deve dirigir-se a análise, com função puramente médica. Enquanto indivíduo, nada tendo a ver com tais perturbações, que não se ligam à sua personalidade, não vê realmente sentido algum no que lhe digo. Se, entretanto, minha fala logra alcançar alguma integração, isto é, colocá-lo em contato com algum aspecto indesejado de seu *self* do qual se clivara, esta aproximação é vivida como persecutória e tão invasiva quanto a loucura. É que o analista está querendo "normalizá-lo" e ele precisa lutar para conservar sua identidade.

Essa dinâmica parece ser característica de pacientes psicóticos cujo ego extremamente frágil somente alcança alguma experiência de unicidade (que o meu paciente descreve como estando "repersonalizado") através da idealização da vivência narcísica e da recusa do diálogo, este último sendo por ele caracterizado como tentativa de efração por parte do objeto. Nesse contexto, os aspectos da personalidade que são experimentados como limitados e/ou limitadores, isto é, como não onipotentes — a exemplo da capacidade intelectual, da sexual, da dependência em relação ao objeto — são ex-cindidos e projetados em outro continente (analista, cabeça) e aí controlados ou atacados. Sua eventual integração através do processo analítico é vivida como contra-ataque que ameaça a "pax narcísica" assim conquistada.

Este quadro provoca no analista uma experiência contratransferencial complexa e oscilante. Para dizer o mínimo, ela pode se exprimir através de interpretações irritadiças e sardônicas ou da experiência de estados de mente nas quais impotência e depressão se alternam e se superpõem.

Para poder perseverar é necessário: a) recordar o percurso realizado, que indica diminuição da intensidade dos sintomas e um certo progresso ocorrido tanto na vida de relação do paciente quanto na sua capacidade de valer-se do ponto de vista psicanalítico para aproximar-se da sua vida psíquica;

b) manter a crença no instrumental teórico que orienta a apreensão da relação analítica; c) munir-se de paciência, isto é, contar com o auxílio de um superego benevolente; e d) controlar as reações de nosso próprio narcisismo ferido pela conduta do paciente.

Na verdade, o enorme empenho do paciente em provar para si mesmo e para o analista a futilidade e inutilidade da análise aponta para uma certa ambivalência, isto é, para a existência de uma faceta menos narcísica da personalidade cujas manifestações são, entretanto, imediatamente sufocadas.

Assim sendo, a análise poderia ter continuado seguindo este padrão, apoiada na esperança de alcançar aqui e ali, lentamente, algum ganho que viesse a permitir ao paciente lidar com o seu narcisismo de uma forma alternativa à que vinha empregando, não tivesse a minha atenção sido despertada por uma nova faceta que passou a fazer parte do procedimento analítico.

Fui percebendo que o aspecto repetitivo das sessões, já aludido, ligava-se não somente à dinâmica vigente acima descrita, na qual o trabalho analítico estava preso (para não dizer encalacrado), mas também ao fato do paciente construir as sessões regularmente segundo um padrão peculiar que passo a descrever. Ele revelava uma certa compreensão a respeito de algum comportamento de sua personalidade ou do curso da análise, referente seja ao plano intrapsíquico, seja ao intersubjetivo, seja à sua prática social, compreensão que parecia prenhe de sentido psicanalítico e que acenava para a possibilidade de uma mudança ou de uma "melhora". Esse movimento, entretanto, não tinha continuidade nem no interior da sessão nem no *continuum* da análise, transmutando-se numa certa idealização de sua personalidade "anterior". Como que desmemoriado, ele repetia este ciclo semana após semana.

Ao dar-me conta desta forma de organização, recordei-me de uma sessão ocorrida meses antes e do sonho nela narrado, que pareciam agora dar novo sentido ao rumo que a análise havia tomado. O paciente, que faz análise quatro vezes por semana, vem à sessão de segunda-feira após ter faltado às três sessões precedentes da semana anterior. Refere-se à sua ausência como um "retiro espiritual": a mãe fora viajar e ele resolvera ficar em casa. Não fumara tanto como de hábito e havia arrumado a cozinha, que estava uma baderna. Sentira-se muito bem, sem os sintomas dissociativos, "repersonalizado" — expressão *princeps* com a qual costuma descrever a ausência de sintomas e uma experiência interna de convicção de cura —, embora vez ou outra experimentasse uma sensação de vazio. Faz uma certa autocrítica de seus projetos de vida dizendo que estes eram calcados nas idéias do grupo que freqüentara na rua Augusta, mas que agora sentia-se livre desse modelo. Conta-me então o sonho que tivera no fim-de-semana. *Ele está na rua e encontra-se com Francisco e Laura. Conversa com eles, mas depois se separam. Deve ir a uma livraria em busca de um livro. Entretanto, acaba dirigindo-se a uma vídeo-locadora; quando entra ali, ao invés de pegar um filme, vai até a sala do fundo onde está sendo exibido um filme pornográfico e lá permanece.*

Traz várias associações. Francisco e Laura foram seus colegas no colegial. Eram pessoas que admirava, pois sabiam se divertir, sendo ao mesmo tempo bons alunos e colegas de convívio agradável. Francisco acabou tornando-se músico e Laura hoje trabalha como jornalista. Prossegue recordando sua vida de estudante. Costumava juntar-se a Bento e João Arthur, verdadeiros cafajestes, que só pensavam em "pegar mulher". Eles se comportavam grosseiramente e eram detestados pelas colegas. Pergunta, com alguma amargura, por que se aliara a eles. Bento e João Arthur são personagens conhecidos da análise, algo megalomaníacos, sem ocupação definida, que parecem levar uma vida parasitária (Bento há dois anos precisou ser internado por um curto período). Recorda-se também que seu sobrinho fora operado de fimose e estava acamado; ele prometera visitá-lo. Pensava entretê-lo lendo-lhe alguma história. Associa então a busca do livro presente no sonho com este projeto de leitura.

O sonho e suas associações ilustram em vários registros muitos dos aspectos da organização que vimos descrevendo. O paciente falta às sessões em simetria à ausência da mãe. "Ficar só", "fazer retiro espiritual", "auto-análise", "repersonalizar-se", "organizar a baderna da cozinha", representam seu empenho em afirmar um gênero de autonomia que passa pela dispensa do objeto, pela negação de suas qualidades, da dependência em relação ao mesmo e do impacto da separação. A redução do tabagismo e a crítica à rua Augusta visam comprovar sua capacidade de controlar, sem a ajuda de um objeto-continente (mãe-analista), os aspectos vorazes e mágico-onipotentes de sua personalidade que o levaram no passado ao uso da droga e o pressionaram a aderir a projetos megalomaníacos. O desenrolar do sonho expõe a contraface desse comportamento.

Francisco e Laura parecem representar os aspectos adolescentes mais harmônicos (depressivos, em linguagem kleiniana) da personalidade do paciente. Eles sabiam tanto se "divertir", isto é, eram capazes de ter uma vida sexual cujo prazer estava ligado ao reconhecimento das diferenças entre os objetos e ao respeito à individualidade, quanto sabiam "estudar", isto é, reconhecendo no objeto qualidades de que careciam, eram capazes de se rela-

Limites da análise — limites do analista

cionar com o mesmo segundo um vínculo de dependência que possibilitava a introjeção dessas qualidades e a manutenção da alteridade. Entre "diversão" e "estudo", Francisco e Laura se tornaram profissionais em áreas de criatividade. No sonho eles se afastam e o paciente deve ir em busca de um livro.[2] Há aí uma referência transferencial nítida: minha sala de estudo, coberta de livros e com uma escrivaninha geralmente desarrumada, forrada de revistas e papéis, fica em frente ao consultório onde se dá a análise. O paciente costuma olhar com curiosidade para essa sala quando a porta permanece entreaberta. Já me contou fantasias, e trouxe mesmo um sonho, onde me imagina rodeado de livros, escrevendo numa situação idealizada e prazerosa. Seu pai, que morreu quando ele tinha sete anos de idade, exercia uma atividade profissional próxima à literatura.

Assim, num primeiro momento, o movimento do paciente em busca do livro parece indicar a procura por um objeto adulto ("pai-psicanalista") possuidor de qualidades que admira e das quais necessita, com quem pudesse se identificar introjetivamente e que viesse a dar firmeza e densidade, isto é, que viesse a consolidar os aspectos identitários entrevistos e elaborados na adolescência. O sonho, entretanto, opta por um desvio de rota: ao invés de ir a uma livraria, o paciente entra numa vídeo-locadora. Há aqui uma referência iluminadora à sua opção profissional. Efetivamente, dando como desprezível a conclusão do curso colegial e considerando "quadrados" os que o seguiam, após ter sido reprovado ele passou a trabalhar em uma atividade ligada ao ramo cinematográfico. Aí, em parte devido à proteção de amigos de sua família e muito ao seu talento, fez uma carreira rápida e exitosa, interrompida pelo episódio psicótico. Em paralelo a esta carreira, vive uma paixão amorosa correspondida, cuja descrição se confunde com a da exaltação de qualidades do seu ego, impulsionadora de projetos de vida entre irrealistas e inconsistentes. O surto, de certo modo, desenvolveu-se a partir do rompimento ambivalente com a namorada idealizada.

As associações revelam que a procura do pai-analista-livro liga-se à existência, na personalidade do paciente, de uma parte do *self* criança-acamada-operada-de-fimose, isto é, impotente e castrada, que necessita de um objeto continente de seus temores de dilaceramento-desintegração, capaz de funcionar como modelo de reparação.

Entretanto, a transformação da livraria-consultório em locadora de vídeo e, em seguida, em sala de sessões pornô, aponta para o restabelecimento

---

[2] Embora tenha sido possível observar que, na análise, é o paciente que se afasta de objetos com os quais lhe é oferecida a oportunidade de "se divertir" e "estudar".

da aliança com Bento e João Arthur, cuja voracidade sexual se exprime por relações onde o objeto é masturbatoriamente manipulado e dominado. Tal aliança é buscada diante da experiência de um insulto narcísico insuportável relativo ao aspecto identificado com a criança operada. Este aspecto é então ex-cindido e o paciente dirige-se para o fundo da sala, área de sua mente onde triunfa maniacamente sobre o casal edipiano, que já havíamos entrevisto através do "divertir-estudar" que vinculavam entre si Francisco e Laura.

Parece-me que o paciente faz no sonho algo semelhante ao que realizou em casa: reage ao sentimento de solidão e separação pondo ordem sozinho na cozinha que a mãe inepta e desnecessária havia deixado numa baderna.

A trajetória inscrita no sonho parece pois esclarecer a organização que há algum tempo eu vinha observando no interior da análise, e que mencionei acima: uma apreensão, a modo de *insight*, da existência de uma parte do *self* identificada com o objeto infantil destruído, seguida da destruição deste *insight* e de sua substituição pela forma de ser oral-destrutiva-onipotente que caracterizava o *self* anterior ao episódio psicótico.

Retrospectivamente, à luz da organização e funcionamento atuais da relação analítica, o sonho também pode ser visto como aviso ou protocolo de intenções que finalmente terminou por se realizar. Assim, acompanhado pela sombra da criança narcisicamente ferida, o paciente vem à sessão em busca da função reparadora de que o objeto analítico seria capaz, e reconhecendo que dela necessita. Vem em busca de uma *palavra* outra que a sua (a leitura mencionada no sonho). Entretanto, ao longo da sessão (e na sucessão de sessões), esta fala é transformada numa "*imagerie*" excitatória, num filme pornô, e é usada masturbatoriamente como se fora *equivalente* à fala analítica. Não há mais, como vinha ocorrendo até há pouco, somente uma desqualificação frontal da análise e do analista para que se recomponha o narcisismo através da afirmação dos valores próprios e do denegrimento do outro, mas uma requalificação sutil que torna analista e análise cúmplices da operação onipotente do paciente. A sessão transforma-se assim em "quarto" e é simultaneamente transladada para o quarto, com a mesma configuração. O cerne da operação é esta manobra que visa tornar ambos os espaços — o da leitura e o da masturbação — igual e indiferentemente construídos pela relação analítica. O paciente anuncia que vai à livraria mas esta é *transformada* em sala de vídeo pornô, como se ambas fossem intercambiáveis e indiferenciadas.

O problema que o analista enfrenta ampliou-se, passando do impasse imobilista para o seu conteúdo, isto é, para o aprisionamento do analista e da análise numa relação perversa. Esta pode ser descrita como uma trucagem

Limites da análise — limites do analista

cinematográfica, um efeito especial inserido no filme, mas que é apresentado como se fosse uma seqüência "natural" através da qual o aspecto destrutivo da personalidade (ou do objeto) é representado como sadio e promotor de desenvolvimento.

Ao cabo de alguns meses durante os quais esta configuração foi continuadamente abordada — permanecendo, entretanto, estável —, sentindo-me impotente e acreditando firmemente que a análise se tornara senão deletéria pelo menos iatrogênica, decidi que deveria valer-me, para tentar mobilizar o quadro, de expedientes *grosso modo* tidos como extra-analíticos. Já que "quarto" e sessão haviam sido equiparados pelo paciente, tornara-se necessário novamente diferenciá-los e restabelecê-los como geografias conflitantes. Caberia, digamos assim, criar a sessão num outro espaço. Como o paciente estava inativo há alguns anos, disse a ele que a continuidade da análise dependeria de que encontrasse um trabalho nos próximos três meses. Frisei que trabalho não significava emprego, mas um compromisso pelo qual ele se responsabilizasse e seguisse um certo ritmo.

O paciente protestou, tergiversou e, passado o tempo estipulado, nada havia feito. Convoquei a família e com ela tive duas sessões, expondo meu ponto de vista e pedindo ajuda da mesma para a organização das atividades. Combinamos que o paciente interromperia a análise temporariamente e me procuraria assim que estivesse inserido em alguma atividade programada.

O resultado de toda essa operação foi um retumbante fracasso. O paciente durante algumas semanas freqüentou vagamente uma academia de *tai-chi-chuan* da qual logo se desinteressou, e mais tarde inscreveu-se num curso técnico. Após a segunda aula, disse-me que apresentou uma recrudescência dos sintomas, que se despersonalizara, o que o fez desistir do curso. Entrementes me telefonava de quando em vez e pedia um encontro para dar conta da sua situação, no que era atendido. Falava então de alguns projetos futuros e de seu desejo de retomar a análise, ao mesmo tempo que a denegria e desqualificava. Após as férias de julho, retomamos a análise no ritmo de quatro sessões semanais. Eu estava perplexo e lhe disse que minha intenção, ao dar continuidade ao trabalho, era reavaliar a experiência vivida. Minha impressão é de que nada mudou. Um sonho recente, de estrutura semelhante àquele aqui narrado, indica a persistência da operação perversa acima descrita.

Uma situação como esta, que eu classificaria de limite, pode ser abordada sob ângulos variados: competência do analista, abrangência de sua teoria, natureza de sua relação contratransferencial, estrutura da patologia do paciente etc. A discussão a partir desses vértices pode muito bem apontar para o fato de que o comportamento atribuído ao paciente é constituinte-organizador da análise, que faz parte de sua evolução e necessitaria apenas maior continência ou paciência por parte do analista. Poderia ainda indicar que o analista, em identificação projetiva com seu paciente e movido por onipotência semelhante, trava com ele um braço de ferro. Sem descartar a pertinência de tais colocações e permanecendo aberto a trabalhá-las, vou entretanto privilegiar como foco da questão um terreno mais restrito: a ética da postura analítica e os limites da mesma.

O analista estabelece com seu paciente uma relação enquadrada por uma perspectiva cujo ponto de fuga é a transferência. Para que este ponto mantenha-se constantemente no horizonte, isto é, para que a transferência torne-se transparente, é construído um espaço específico: o *setting*, nesse contexto, confunde-se com o estado de mente do analista, com a pura dedicação ao método analítico. É esse estado de mente uma forma de disposição que estou chamando de postura: a de confrontar a produção do analisando, e portanto sua transferência, somente com a atividade psicanalítica. O *setting* propicia a regularidade e estabilidade desta característica central da resposta do analista, e com ela se confunde. Essa constância da postura confere-lhe eficácia, pois permite visualizar tanto o que intenta desorganizá-la (a postura) quanto a exigência que determina esta ação; tanto o movimento para destruir a perspectiva quanto o que está tornando insuportável a manutenção da mesma. Em outras palavras: o sistema alimenta a transgressão contra esse alvo (a postura analítica) que, justamente ao se oferecer para ser transgredido, surpreende e acolhe o ataque que lhe é dirigido segundo um procedimento que instaura a percepção do ocorrido. O analista apreende a vibração afetiva do paciente, a elabora e a faz retornar sob uma forma metaforizada que contém em si um elemento adicional: a postura analítica descrita.

Com esse paciente, no entanto, ocorre uma inversão nesse itinerário. É que ele elude a diferença, o elemento adicional, ao tratar a postura como pura emanação do seu mundo interno, tornando-a suporte e ratificação de suas relações narcísicas. A transferência, que figurava como ponto de fuga que delineava a perspectiva da situação analítica, é agora substituída pela estrutura narcísica do paciente, de modo que o procedimento analítico passa a funcionar segundo as leis desta estrutura.

Instala-se um ciclo potencialmente interminável: o paciente vem à análise, encontra a palavra, a leitura analítica, a esvazia de seu conteúdo primordial e a preenche com outro, marcado pela excitação masturbatória e pelo domínio narcísico que lhe dão o sentimento de triunfo maníaco. O analista interpreta esta transformação através de mais palavra, mais leitura, que são metabolizadas da mesma forma que anteriormente, de modo que ao fim e ao cabo ele (o analista) passa a ocupar tanto a posição do traficante fornecedor de droga-palavra como a do perverso-adicto que não pode passar sem a excitação da sessão psicanalítica que o paciente lhe provê, ao projetar no fundo de sua sala-mente o vídeo-material-psi-pornô.

O paciente vem às sessões porque precisa manter este padrão, marcado pela inclusão do analista e da análise no seu modo particular de vida psíquica; este analista imobilizado encontra-se impossibilitado de ajudá-lo a conviver com o desespero inerente a uma relação não narcísica. Para o paciente é necessário que a análise se torne interminável, a encarnação de "toda a vida" ao invés de ser "para a vida". Análise e fetiche aqui se confundem.

Escrevi um pouco acima que minha intenção aqui era focalizar um aspecto dos limites éticos da postura analítica e suas implicações. Este aspecto pode agora ser mais claramente delineado através de uma interrogação: até que ponto deve o analista responsabilizar-se pela continuidade da manutenção da postura analítica?

Antes de mais nada é preciso aceitar que o impasse descrito, com sua forma cristalizada de relacionamento, possa ter raízes em respostas inadequadas que o analista terá dado ao seu paciente, em algum deslize de sua escuta. A compreensão aqui exposta da dinâmica assumida pelo encontro analítico não exclui a investigação daquilo que, no trabalho do analista, a alimentou e a tornou possível. Mas, para a discussão proposta para esta mesa, esta assertiva tem um efeito paralizante, pois torna o problema excessivamente conjuntural, centrando a questão na personalidade do analista (ou em sua formação, opção teórica etc.) e, eventualmente, na analisabilidade do paciente.

Se partirmos, entretanto, do fato consumado, seremos obrigados a reconhecer algo que de há muito constatamos: o encontro analítico, particularmente aquele com pacientes psicóticos, contém em sua estrutura, como limite, a latência do impasse. Quando a relação analítica assume a forma aqui exposta, isto é, quando o analista se convence de que o processo alimenta e expande os elementos patológicos da personalidade do paciente, a quem e a quê deve ele fidelidade?

Deve ele fidelidade à postura analítica, mantendo-a intacta e perseverando, com a esperança de que esta também contenha em sua estrutura uma latência a ser detonada pelo mero curso temporal, capaz de, ao se atualizar, produzir uma mobilização? E como diferenciar esta atitude da crença na onipotência da postura?

Deve ele fidelidade a algum aspecto construtivo-idealizado do analista (como a valorização de seu aspecto "leitor", espelhado na admiração da biblioteca e ilustrado no sonho), forçando sua utilização como elemento germinativo ou como âncora? Mas como conter no interregno a contínua crueldade corruptora do paciente, voltada contra análise, analista e, em última instância, contra si mesmo, crueldade estimulada pelo próprio funcionamento do processo e pela manutenção da postura?

Deve ele fidelidade à sobrevivência psíquica do paciente, sustentada por sua obstinação em confinar a análise, transformando-a em uma espécie de arcobotante que mantém de pé a parede psíquica pela pressão contrária que lhe opõe? Mas, se esta sobrevivência não for mais do que o sancionamento institucional da perversão-parede?

Deve ele fidelidade à sua percepção da iatrogenia do processo, propondo então o encerramento da análise, ato extremo que confirmaria o sentido de radicalidade implícito no conceito de postura? Mas encerrar a análise em nome da postura não implicaria num paradoxo, ou mesmo num sofisma velado?

Creio que de tudo que foi até agora narrado, o que surge como mais preocupante é a hesitação do analista, sua dificuldade em alinhar-se a um desses compromissos ou suas variantes e, conseqüentemente, arriscar sua identidade e crença analítica. Mas aqui também é preciso atentar para o fato de que, quaisquer que sejam as idiossincrasias da personalidade de um dado analista, este tende a trabalhar habitualmente imerso num contexto onde a noção de limite é colocada geralmente como objeto de especulação teórica, o que costuma eludir sua inelutável concretude. Talvez seja este o mais curioso dos limites.

5.
RUMOR NA ESCUTA: UM DEPOIMENTO

A mente do analista é seu instrumento de trabalho.

Preparada por sua própria análise, por supervisões e estudos teóricos, o fio de seu corte é mantido pela continuidade da prática clínica. Compreende-se portanto que seja natural e necessário que ela tome a si mesma como objeto de estudo.

Neste trabalho é apresentado o modo particular com que o analista, escutando o relato de sua paciente, reage oferecendo uma interpretação nascida de uma associação por ele mesmo evocada.

Nas duas partes iniciais, o texto transcreve a sessão e a maneira como o material foi apreendido, de permeio com as interpretações fornecidas. O todo segue os cânones habituais deste gênero de exposição.

É na terceira parte que é identificado e problematizado o momento fecundo, o elemento nodal captado pela escuta que vai provocar na mente do analista uma ressonância tal que magnetiza e integra aspectos emocionais que pareciam até então dispersos. Esta síntese permite que se apreenda o sentido expressivo da experiência relacional vivida por ambos, paciente e analista.

1.

A jovem paciente, que faz análise já há algum tempo numa freqüência de quatro vezes por semana, avisara-me que não viria na quinta-feira, última sessão da semana, pois decidira aproveitar as férias escolares dos filhos — um de sete e outro de dez anos — para levá-los à praia. Pensou em ir à fazenda mas mudou de idéia: o mar sempre lhe pareceu mais atraente. Além do mais, o marido viajara para o exterior, a negócios, o que a seu ver facilitava a escolha. Resolveu também convidar seus pais, que viviam no interior do estado, para acompanhá-la.

Efetivamente ela não comparece à sessão de quinta-feira e também falta à de segunda, que seria a primeira da semana; para a sessão de terça-feira, chega atrasada e permanece longamente em silêncio, comportamentos que lhe são habituais. Por fim contou que de domingo para segunda-feira, tivera um sonho e passa a relatá-lo.

Há uma casa que está para ser invadida; dentro da casa, junto à porta de uma sala, encontra-se uma mulher e uma menina que a observa. A mulher carrega consigo um rifle-cartucheira. Escutam-se ruídos que se referem à presença do invasor na casa. A mulher parece alerta; na verdade, toda a sua atitude denota que está interessada em se confrontar com o invasor; ela afirma mesmo (ou dá a entender) com um certo entusiasmo que pretende explodi-lo. Num determinado momento, ela depõe a arma junto à porta e se encaminha para a cozinha, que dá pra esta sala. Lá estavam uma senhora e um senhor, ambos mais velhos, algo alheios ao que se passava. A cozinha lhe parece estranha pois em suas paredes há também armários onde estão guardadas roupas. Ela volta à sua posição inicial junto à porta. Os ruídos tornam-se mais constantes e intensos; um médico é então subitamente entrevisto correndo atrás do invasor, pretendendo detê-lo ou dissuadi-lo, mas não atinge seu intento. A mulher então, determinada, empunha a arma e parte ao encalço do invasor. A menina e a própria paciente — ambas parecendo ocupar no sonho a posição de observadoras — correm para se refugiar; ouve-se o tiro, um imenso estrondo, e a paciente acorda.

A paciente dá a entender que sua ausência à sessão de segunda-feira de certa forma está relacionada ao sonho. É que este a incomodara — fora na verdade um pesadelo — e a perspectiva de relatá-lo na análise a inquietava do mesmo modo que a volta a São Paulo e a retomada do cotidiano após o fim-de-semana prolongado.

Passa então a contar-me suas impressões da estada na praia. Estivera em um desses hotéis onde há inúmeras atividades de lazer programado. Sua intenção, entretanto, era ficar recolhida, dedicando-se à leitura dos vários livros que levou consigo. Ocorreram, todavia, inúmeras interferências. O filho mais novo começou a apresentar um comportamento regressivo intenso, tornando-se muito dependente da paciente e exigindo que ficasse sempre ao seu lado. Os próprios pais da paciente, embora lhe dessem uma mão com as crianças, passaram a ser vividos como uma carga, já que se sentia obrigada a dar-lhes atenção constante. O filho mais velho, por sua vez, conservara sua autonomia, mas mantinha sobre ela uma vigilância ferrenha. Os organizadores das atividades esportivas e sociais, todos jovens e bonitos, como ela mesma acentua, convidavam-na seguidamente para nadar, jogar tênis, passear de lancha ou *jet-ski*. O filho mais velho se irritava muito com essa insistência e procurava cercear a mãe: "você não vai dançar hoje de noite, não é, já que o papai não está?". O clímax de sua fúria ocorria, porém, na hora do almoço, quando, num ambiente de descontração, um farto *buffet* era oferecido aos hóspedes vestidos ainda com as roupas de banho. Ao servirem minha paciente, os chefs, ao que parece franceses, gritavam com seu sotaque carregado: "mais um pouquinho aqui para a *sexy-mama*". O menino espumava. A paciente procurava ser ao mesmo tempo compreensiva e enérgica com ele: dava-lhe atenção, mas não permitia que a controlasse. Lembrou-lhe que após situações desse gênero ele costumava apresentar afecções psicossomáticas. Chegou a adverti-lo: "quer apostar que se você continuar assim daqui a três dias vai ficar com urticária?".

A paciente diz também que refletiu bastante sobre a situação que estava vivendo. Não era hábito seu tirar férias sem o marido. Percebia o quanto a ausência dele a expunha à ambivalência de seus sentimentos. De um lado, esta ausência lhe proporcionara uma sensação de liberdade, que incluía o prazer de ser admirada pelos outros hóspedes e funcionários do hotel; podia dispor do tempo segundo bem entendesse, sem ficar presa a horários ou às idiossincrasias do marido. Por outro lado, ela o evoca como um protetor, alguém cuja presença lhe inspira confiança e afasta os episódios de medo noturno — "seus medos" que a vitimam desde a infância e que, de certo modo, a pressionaram a procurar a análise. Seu próprio pai, acrescenta, era um homem culto, refinado, mas muito distante, ensimesmado. Conclui dizendo que na verdade sua família e a de seu marido são muito diferentes.

2.

Havia algo tocante no seu modo de comparar as famílias: era uma fala reflexiva, impregnada de tristeza, dita num tom desesperançado, que evocou *em mim* um episódio que ela narrara dois anos antes: o suicídio de sua tia querida. Relembro então para a paciente que ela me havia contado naquela ocasião que esta tia começara a apresentar crises de angústia intensas e freqüentes, acompanhadas de depressões e agitações motoras, o todo revelando a presença de profundo sofrimento psíquico. Precisou ser contida e hospitalizada e, depois da alta, quando convalescia em seu apartamento, jogou-se pela janela durante a madrugada. Cartas que deixou, associadas a outras atitudes suas, indicavam que o suicídio fora planejado.

No sonho, este distúrbio psíquico desorganizador está representado pela iminência da invasão, pelos ruídos indefinidos e ameaçadores que criam uma atmosfera de tensão e persecutoriedade, anunciando que a casa poderá ser tomada.

A mulher, armada, propõe-se a nada menos que "explodi-lo", isto é, provocar a morte da invasão através de uma fragmentação violenta. Parece evidente que um certo prazer sádico colore a antecipação que faz do encontro com o invasor e impregna a ação que se propõe executar. Entretanto, dois episódios, como que interpostos, retardam esse desenlace. No primeiro, a mulher depõe sua arma, e parecendo procurar uma alternativa, dirige-se para outra região de sua mente. Mas da cozinha não surge nenhuma nova opção: o casal idoso parece alheio à sua aflição, mais entretido na própria relação. Ademais, há algo desarmônico nesta cozinha que, além do fogão, contém também um armário de roupas: é um espaço que abriga mais de uma função, ou melhor, onde as funções parecem confundidas. Algo assim como se aquele casal cozinhasse no dormitório ou tivesse relações sexuais na cozinha, indistintamente.

O outro episódio interveniente está representado pela ação médica que, no sonho (tal como ocorrera na vigília), mostra-se claramente ineficiente, já que não consegue dissuadir nem conter o invasor. O sonho dá a ver com limpidez a ineficácia da cisão invasor-invadido. Se a loucura traz a turbulência e a confusão para dentro de casa, a sanidade não está do lado de quem pretende combatê-la explodindo-a.

O desfecho do sonho, com seu estrondo à distância, completa a representação elaborada pela paciente. Acordados de madrugada com a notícia do suicídio da tia, a paciente e seu marido imediatamente dirigiram-se ao apartamento da mesma. Ao fim, todos viram o corpo na calçada menos a paciente, que piedosamente fora poupada pelos irmãos da visão dramática do corpo caído. O som da queda do corpo e do seu choque contra o chão surgem no sonho como o estrondo fora do campo visual. Resta, é claro, a menina, testemunha onipresente de toda ação a apontar para a perspectiva "histórica" da tragédia, isto é, o quanto ela é uma conjunção de elementos "infantis" que não cessa de se atualizar.

O relato todo alude às iniciativas tomadas pela paciente para negociar suas dificuldades psíquicas, negociações que se revelam verdadeiras armadilhas. A estadia na praia deveria lhe proporcionar o recolhimento, isto é, o isolamento almejado que a distanciaria da trama de relações conflitantes, de certa forma já vividas como perigosamente invasivas. Procura-se aqui contornar a ameaça interna manipulando o mundo externo. O sossego pretendido é, no entanto, perturbado de imediato por uma constelação de ruídos inquietantes. O filho menor a coloca diante de seu próprio núcleo infantil e dependente, atemorizado ante toda perspectiva de abandono e desproteção. O filho maior presentifica o universo edipiano clássico, com sua referência constante à ausência do pai, aspiração enfim realizada e temida que o torna vigilante, culpado, impotente e agressivo. Os próprios pais da paciente emergem como um peso suplementar, apontando para a contradição do lugar onde se colocou: por um lado, filha adolescente em férias e, por outro, mãe obrigada a zelar agora por quatro crianças. Por fim, a sensualidade implícita na descrição que faz dos jovens e atraentes animadores de lazer que a cortejavam aponta para a contraface da segurança oferecida pelo marido. É que colado a esta — de fato nela projetado — se encontra o conjunto das representações internas que delineiam os componentes de sua sexualidade experimentados como invasivos e explosivos, presentes desde os tempos de menina e estampados na concepção que faz do suicídio da tia, com a qual está ameaçadoramente identificada (o que torna compreensível o tom algo melancólico com que alude às diferenças existentes entre as duas famílias).

Esse conjunto emerge de forma emblemática em dois registros. O primeiro se revela na evocação de sua figura "pública" junto ao *buffet* do hotel: a "*sexy-mama*" surge como presentificação híbrida de duas funções que gostaria de evocar como separadas, mas que acodem indissociadas à sua memória. O primeiro termo (*sexy*), carregado do sentido específico de turbulência e desorganização que a paciente lhe confere, "contamina" o segundo (*mama*), confundindo aspectos particulares da função materna, que perde então sua eficácia. O segundo registro onde este elemento se atualiza é o onírico: a cozinha, espaço onde a mãe exerce a função alimentar-provedora, contém também as roupas que se costumam guardar no quarto de dormir. A paciente depõe a arma e tenta recorrer ao casal enquanto entidade continente e protetora, mas o gênero de sexualização projetada na relação dos pais os torna auto-centrados (isto é, indiferentes) e interligados exatamente por um vínculo cuja natureza violenta e invasiva ela precisa dominar. No contexto o que sobra é retornar à violência, e aderir a ela idealizando-a simultaneamente.

É notável também a semelhança entre o hotel e a relação analítica. Ela procura ambos visando, na verdade, isolar-se de aspectos de sua personalidade extremamente perturbadores. Entretanto, por um efeito que lhe parece paradoxal, o próprio ato de isolamento, de separação de si mesma presentifica a relação temida e a atmosfera emocional que a circunda, fato que é vivido como falha e impotência do analista, representado pelo médico que não consegue deter o invasor. O resultado final é uma certa paralisia psíquica, uma insatisfação constante com sua pessoa da qual a ausência na segunda-feira já é um sintoma.

O relato acima condensa as intervenções — incluindo as interpretativas — feitas pelo analista em seu intercâmbio com a paciente, tanto nesta sessão como em algumas outras que se seguiram. Através delas o analista, partindo da evocação do suicídio da tia, e sempre apoiado no universo emocional que impregna as relações de objeto desveladas, vai basicamente delinear a forma introjetada do casal parental, a necessidade de um objeto protetor idealizado, o parcelamento projetivo de aspectos de seu mundo interno nos filhos; a acusação de indiferença ao analista-casal, a ambivalência relativa aos sentimentos de dependência evidenciados na transferência, o sentimento de desproteção diante das limitações do analista e o desamparo experimentado como invasão aniquiladora e geradora de violência explosiva.

3.

Até aqui este trabalho configurou-se como o registro de uma sessão começada com atraso, ocorrida após duas ausências e ocupada por um sonho, suas associações e interpretações. O todo remete ao habitual da clínica e aponta ao mesmo tempo para as filiações teórico-técnicas do analista, flagrantemente kleinianas.

Gostaria agora de acrescentar um "depoimento", isto é, revelar a existência de elementos que, operando na mente do analista, orientaram o modo de apreender o material da paciente e balizaram as respostas interpretativas. Na verdade, o depoimento compreende também especulações sobre o *modus operandi* desses elementos e dessas respostas.

O analista revela que se surpreendeu quando a paciente, ao finalizar o seu relato, insistiu na diferença existente entre os traços de personalidade de sua família e do marido. É que ao longo da escuta — que, deve ser dito, se realizara num estado de atenção eqüiflutuante — ele fora reagindo ao que ouvia produzindo associações, lembranças, evocações de imagens e momentos daquela análise, enfim, experimentando estados afetivos particulares, todo um conjunto que num determinado momento configurou, a modo de uma cristalização, o drama narrado como alusivo ao suicídio da tia. A surpresa surge então como uma forma de reconhecimento da presença desse processo interno, como impacto que impõe ao analista a necessidade de tomar conhecimento da configuração que em sua mente se constituíra ao longo e através da escuta. Esta surpresa funciona como um organizador de ressonância, mas já em segundo grau, pois opera a partir de algo já construído (a elaboração do analista).

Devemos então formular a hipótese de que existe um organizador de primeiro grau. Este funciona como um elemento seminal que, ecoando no analista, faria dessa vibração um ponto de imantação que atrairia e integraria o conjunto de experiências afetivas do analista, de modo a fornecer-lhes um sentido organizado, correlato ao da comunicação da paciente.

Acredito que o elemento da narrativa que teve esta função foi o barulho do tiro, o "imenso estrondo", onda sonora compacta que recobre a casa, as personagens, a ação e dissolve a *figuração* até então vigente.

Um corpo que cai de uma janela não produz, ao se chocar contra a calçada, ruído explosivo. Antes um baque surdo, resultante do encontro de sua solidez pastosa com o obstáculo que o detém. Na verdade, ele sequer se despedaça (como o corpo atingido por uma explosão): ele se rompe, se deforma, um pouco se derrama.

Mas para a paciente (que não viu o corpo) é o *movimento suicida* que vai funcionar como estímulo, de modo que ele serve tanto como modelo que possibilita contato com "seus medos" (que desde sempre existiram) quanto também para modelar (dar sentido a) aquilo que os provoca.

Percebemos então que se a paciente nos fala, através do sonho, de seu receio de ser habitada por uma força invasiva que nada é capaz de deter, o que se atualiza na experiência onírica (e no seu relato) é, na verdade, o sentimento de uma angústia caótica, inexprimível porque intuída como *fragmentação*, mas que encontra finalmente sua síntese expressiva no estrondo imenso, modo peculiar através do qual ela comunica o pavor de vir a ter seu corpo-mente pulverizados.

O analista, por sua vez, durante a narrativa não escuta um mero "barulho". Ele se sente imergir num acontecimento ímpar e dirige sua atenção para o modo como aquilo foi produzido e apresentado, que é o que lhe confere sentido. Nessa perspectiva, o estrondo contém como que uma estrutura significante, uma maneira própria de se presentificar que não permite confundi-lo com algo "dado", que está ali apenas se repetindo (ou reproduzindo). O analista organiza a captação do barulho *em sua estrutura significante*, isto é, na medida exata em que ele foi emitido *como estrondo*, segundo uma rede de relações complexas que o dão como expressão emocional vivida. Em outras palavras: o estrondo não está ali como reprodução de uma realidade situada em outro plano; ele já é a produção e a presentificação de uma realidade.

O sonho se desenvolve segundo uma imagética que recorre à invasão e remete à loucura da tia. Esta formalização assim constituída (relações espaciais, sons, eventos significativos) exprime um movimento do mundo afetivo

Rumor na escuta: um depoimento

da paciente pelo qual a perda de razão é *experimentada* como intrusão aniquilante e explosiva ("imenso estrondo"). O sonho se cria como síntese desse estado afetivo por meio de elementos formais pré-existentes, disponíveis, oferecidos para uma montagem, mas seguindo uma modelagem que encontra e constrói as formas expressivas adequadas a esses afetos.

O analista, por sua vez, ao escutar a narrativa onírica reconhece no estrondo a sua própria "tonalidade expressiva específica", que enfeixa e decanta todo um conjunto de elementos afetivos convergentes suscitados pelo relato. Veja-se como sonho e associações a ele vinculadas englobam e sugerem, desse ponto de vista, toda uma série de ruídos (em contraste com o silêncio-isolamento visado pela paciente): são aqueles referentes à invasão da casa, à movimentação do invasor, ao casal na cozinha, à manha do filho menor, à vigilância do filho mais velho, ao surgimento da urticária, aos *chefs* berrando "*sexy-mama*" etc. São ruídos que se tornam "escutáveis" na medida em que cada um ilumina e encarna um movimento afetivo da subjetividade da paciente e se tornam assim apreensíveis pela mente do analista.

A paciente procura evitar tudo aquilo que possa evocar sentimentos que culminem na experiência de "seus medos" (incluindo aqueles que têm a ver com as manifestações da sexualidade infantil). Mas o movimento de desvio (fim-de-semana na praia, ausência à sessão) a põe justamente em contato não só com os elementos constitutivos desse medo mas também com seu significado. Ela se torna cativa desse medo, ao mesmo tempo em que exprime o que ele significa em sua subjetividade: imenso estrondo que destrói a razão. Não se trata apenas de (como se pode fazer e foi feito) desvendar a linhagem edipiana correlata a esse medo. O que surge é a conexão íntima entre medo-loucura-estrondo-do-ser, sintetizada expressivamente pela paciente e captada pelo analista. É a apreensão deste momento expressivo que, por sua vez, vai tornar a narrativa onírica expressiva e passível de ser caracterizada como edipiana. Tudo que transcende o valor sonoro do estrondo vai permitir que ele se abra para o mundo de significações.

Já para o analista, na medida em que escuta o relato, vai-se criando a necessidade de encontrar uma síntese afetiva que seja expressiva da compreensão emocional que vai adquirindo. Correlações, elos de significação, um universo de sentimentos por estes elos evocados e organizados anseiam por uma concreção que vai se realizar na produção e no encontro do estrondo enquanto significante deste universo. O estrondo surge assim como constituição e criação tanto da paciente quanto do analista.

Embora real, o estrondo produzido pela paciente e escutado pelo analista não é pois um som do mundo "físico": ele é uma representação afetiva ligada a uma experiência emocional. É a emoção que permeia o sonho (e as associações) o seu verdadeiro significado: e ela se constitui como passível de expressão e apreensão na construção mesma deste sonho. É na textura do objeto criado (no exemplo aqui escolhido, o imenso estrondo que finaliza o sonho), isto é, do objeto por meio do qual se articula a experiência emocional interior, que a mente do analista apreende o sentido da vivência.

A psicanálise procede a um recorte que permite reconhecer não só o sentido expressivo da comunicação intersubjetiva mas também aquele que levou à constituição do objeto. Ao intervir-interpretar, o analista interpõe uma *cunha*, um estancamento de fluxo entre a intenção subjetiva da paciente e sua configuração no/do objeto, de modo que ela possa agora fazer face à sua intencionalidade e reconhecê-la.

Evidentemente, a intervenção do analista também é movida por uma intenção subjetiva ancorada na necessidade de tornar expressiva a sua experiência de escuta do relato. Ao cabo, analista e analisanda, ambos partícipes do processo, terminam por ganhar "consciência de si", por adquirirem conhecimento a respeito do modo específico pelo qual constituem o objeto.

6.
CINQÜENTA MINUTOS: CRENÇA E CONVENÇÃO.
DISCUTINDO A CONSTÂNCIA DO TEMPO DA SESSÃO[1]

Após um merecido descanso numa estação de águas proporcionado por um fim-de-semana prolongado, cruzam-se num trem, retornando às cidades onde são ativos, um padre e um rabino.

Sentam-se frente a frente e, mal a composição se move, já o padre desembrulha seu farnel do qual emerge, além de um cheiroso pão italiano, uma pequena e apetitosa perna de porco defumado. O padre corta algumas fatias e, atencioso, oferece uma porção ao rabino.

"Como, o senhor não sabe? Nossa religião nos proíbe tocar na carne de tais animais. Cometeria um pecado contra os sábios ensinamentos das escrituras e contra meu povo se aceitasse vossa oferta."

A conversa esquenta, o padre argumenta que em tempos idos, quando parcos eram os conhecimentos, podia-se compreender que por uma questão de higiene a religião impusesse uma proibição do gênero. Mas hoje, face aos progressos da ciência, isto não mais se justifica. Discutem um pouco e, como o rabino se mostra irredutível, ao cura inconformado só resta murmurar, entre uma mordida e outra: "O senhor não sabe o que está perdendo".

Mais um pouco e o trem chega à cidadezinha a que o padre se destina. Despedem-se e o rabino, educado, não esquece de dizer: "Recomendações à senhora sua esposa".

"Como, o senhor não sabe? Nós padres fizemos um voto de castidade; toda união que não seja com Deus é um pecado."

Ao que o rabino responde, penalizado: "O senhor não sabe o que está perdendo".

Um passageiro que viajava ao lado e que tudo acompanhara atentamente ostentava um sorriso que corria de orelha a orelha. É que, sendo ateu, sentia-se livre para comer tanto o presunto quanto a...

Bem, não cabe ser ateu em psicanálise. Abraçamos evidentemente um conjunto de pressupostos e os erigimos como base da teoria que orienta nossa

---

[1] Publicado na *Revista Brasileira de Psicanálise*, vol. 28, nº 3, pp. 497-507, 1994.

prática. Há, pois, na construção desta crença inicial algo que é da ordem da "convenção" (Ortiguez, 1987), do estabelecimento de suportes indutivos favoráveis ao desenvolvimento da investigação que se pretende implementar e da elaboração que a acompanha e sucede. O próprio vocabulário utilizado pela hipótese que se visa examinar é indicativo da teoria que a orienta. Freud (1915) o disse com todas as letras no parágrafo inicial de seu artigo "Os instintos e suas vicissitudes". Ele escreve:

"Freqüentemente escutamos a afirmação de que as ciências devem ser construídas sobre conceitos básicos definidos de modo claro e conciso. Na realidade, nenhuma ciência, nem mesmo a mais exata, se inicia com tais definições. O verdadeiro começo da atividade científica consiste sobretudo na descrição de fenômenos para que, em seguida, se proceda a seu agrupamento, sua classificação e correlação. Até mesmo na etapa de descrição é impossível evitar que se apliquem certas idéias abstratas ao material disponível, idéias derivadas de diversos setores mas decerto não somente das nossas observações [...] elas devem possuir necessariamente algum grau de indefinição [...] Enquanto elas permanecem nesta condição, nós podemos chegar a compreender o seu significado fazendo referências repetidas ao material de observação do qual elas parecem ter sido derivadas, *mas sobre o qual, de fato, elas foram impostas*. Assim, falando de modo estrito, elas têm a natureza de uma convenção".

Uma vez entretanto estabelecida a convenção, ficamos com ela comprometidos e é necessário seguir a lógica que as premissas exigem, "esticá-las" até o limite de sua ruptura, testando sua eficácia e veracidade *no interior* do sistema em que são operativas. O estudo da própria crença, pois, nada tem a ver com proselitismo e catequese.

A proposta deste trabalho é tomar uma dessas convenções — a constância do tempo de duração da sessão —, algo aparentemente arbitrário, e examiná-la verificando sua consistência e compatibilidade com a lógica da teoria que este gênero de prática propõe.

Se aceitarmos, mesmo que seja apenas como ato de fé, que a mente existe e que ela tem uma estrutura, a evolução do processo psicanalítico pode ser concebida como produto natural desta estrutura. Seu valor, isto é, seu grau de veracidade deriva então da medida em que este processo é por ela determinado (Meltzer, 1967).

Segundo a teoria das relações de objeto, essa estrutura pressupõe a existência de um mundo interno onde um *self* composto por partes variadas, mais ou menos evoluídas, relaciona-se interna e externamente com objetos cujas características também são variadas e que, por sua vez, também interagem entre si. A maior ou menor evolução dessas partes implica numa diferenciada e variegada forma de relação; delas entre si, com os objetos e vice-versa. Esta relação é extremamente complexa, na medida em que estas partes do *self* podem ser ex-cindidas e projetadas no interior do objeto, transformando-o, aprisionando-o ou dele se tornando prisioneiro. Da mesma forma, o objeto, ex-cindido ou não, pode "possuir" o *self* e suas funções, apoderando-se em maior ou menor grau da estrutura mental e imprimindo-lhe uma marca qualitativa. Por meio do processo psicanalítico, é possível "dar a ver" essa estrutura e seu funcionamento, isto é, criar condições para atualizá-la.

A consecução dessa empresa implica um procedimento peculiar. Ele supõe: a) a presença de outra mente (que, como toda mente, é também uma estrutura em funcionamento) que, operando a modo de um foco imantatório, torna-se o referente das relações mencionadas — implica, pois, na referência contínua à transferência; b) a construção de uma geografia particular, um terreno que dê transparência a este processo — implica assim na construção de um *setting* no qual evolui a transferência.

A transferência será o elo entre a estrutura mental e o processo psicanalítico (como há duas mentes, este elo é também "formado" pela contra-transferência).

Vai-se depreendendo do exposto que cabe ao analista a tarefa constante de manter a organização propiciatória e continente do evolver da transferência. O *setting* se confunde aqui com o estado de mente do analista (Meltzer, 1967), com a pura dedicação ao método analítico, do qual se torna a encarnação.

Esse estado de mente é na verdade uma disposição, uma postura: a de confrontar a produção do analisando e, portanto, sua transferência, somente com atividade psicanalítica.

O analisando vai tendo a experiência dessa batida, da regularidade e estabilidade da resposta, qualquer que seja o norte por ele escolhido, para onde se vire deverá se deparar com o analista expressando-se dentro e através do método analítico. Esta constância — da qual faz parte como convenção o tempo fixo de duração da sessão — funciona como uma reiteração que confere a ela um valor histórico e funcional, e possibilita a construção de uma forma de relação específica. Retrospectivamente, percebe-se então que todo o conjunto (que eventualmente se iniciara baseado em alguns aspectos convencionais) está organizado para possibilitar um *contato* restrito à esfera psíquica, para garantir sua manutenção e propiciar a apreensão de suas características. Trata-se da lenta sedimentação de um modo de observar (que, inevitavelmente, torna-se também um modo de participar) inerente a este instrumento de percepção.

Digo observar porque o *setting* é a condição de percepção da transferência já que opera fixando uma perspectiva artificial mas não arbitrária, uma vez que sua constância de foco retira-lhe justamente o caráter aleatório. Percebe-se que a convenção estabelecida gera uma determinada produção cuja coerência e compreensão dependem da manutenção desta convenção, que vai sendo testada e justificada dentro e a partir do *modus operandi* do sistema.

Assim, o *setting* torna-se um arranjo eficaz, na medida em que permite visualizar tanto o que intenta desorganizá-lo quanto a exigência que determina essa ação; tanto o movimento para destruir a perspectiva quanto o que está tornando insuportável a manutenção da mesma.

O sistema se alimenta então dessa transgressão (ou distorção, se o preferirmos) contra esse algo que, justamente ao se oferecer para ser transgredido, surpreende e acolhe o ataque que lhe é dirigido segundo um procedimento que instaura a percepção do ocorrido.

A constância da postura analítica corresponde pois à constância da assimetria, da manutenção de um campo transferencial onde analista e analisando estão sempre em lugares diversos, o primeiro cuidando para que a perspectiva se mantenha de modo a evitar a fusão (para não dizer confusão) das duas figuras. Se o analista se move *junto* com o paciente (e não em *relação* a ele) ou induz o paciente a mover-se segundo seu deslocamento, o que se obtém é um puro efeito de espelhamento, e a aparente motilidade dos dois apenas encobre uma real imobilidade. A postura do analista cria um efeito paradoxal. Na medida em que ele "sempre está" (e apenas como analista), o *setting* é uma presença muda e silenciosa. Mas como o analista é "móvel", ele deverá estar lá onde não é esperado, frustrando a pre-visão do encontro e obrigando a dupla a debruçar-se sobre o impacto do desencontro. A estabilidade do *setting* evoca a sua própria interpretação.

No esquema referencial que estamos expondo, a regularidade que embasa e constrói a postura analítica transcende seu caráter técnico para atingir uma certa dimensão metapsicológica. É que esta passa a participar do mesmo registro que as ditas regras fundamentais. O analista é solicitado a servir o campo transferencial. A liberdade de sua inventiva está cerceada por esta mão única: servir o campo sem sucumbir ao impulso de trafegar na contramão, de servir-se dele.

Assim, o processo decidirá de seu ritmo, forma e modalidade expressiva. Porém, se com o olho que se volta para Pequim o analista observa essa livre tramitação, com o outro, que olha para Nova York, ele mantém firme o pulso sobre o campo. Ocorre na psicanálise este estranho paradoxo: é sendo estrábico que o analista consegue atingir a visão binocular.

Por isso toda tentativa sua de fazer com que as duas imagens coincidam num ponto por ele determinado, para poupá-lo do trabalho de acompanhar a sua dialética, corresponde à tendência onipotente de substituir a relação de objeto pela relação narcísica, a interpretação pela atuação, a abordagem analítica pela abordagem médica, o processo analítico pela pessoa do analista.

Poderíamos concluir satisfeitos que a racionalidade do sistema implica que o analista não deva confundir o paciente e nem com ele se confundir. Ora, a questão reside justamente no fato de que tal confusão não é um epifenômeno da relação, mas o seu centro dinâmico. Com efeito, o campo transferencial sequer pode se constituir se não ocorrer, por exemplo, um *splitting*, uma ex-cisão de algum aspecto do *self* do analisando, com a simultânea identificação projetiva sobre o analista. A dependência é pois um fenômeno processual e necessário e funciona como armadilha constante, instigando o estabelecimento de regras *ad hoc* que ao borrar, ao longo do jogo, o seguimento da regra fundamental, sequer permite conhecer por que este borramento tornou-se necessário. A resposta que o analista pode dar é o constante apagamento da sua pessoa, conferindo primazia ao processo através da manutenção do *setting*. Assim ele interpretará não apenas *a* transferência mas, principalmente, *na* transferência: a resistência do paciente e a sua, a relação de objeto vigente no campo e sua participação nela, o objeto que o está figurando e o que ele deseja figurar. Esse gênero de interpretação tem a função de resgatar o analista, recuperá-lo como tal e impedi-lo de funcionar tanto como pura emanação do mundo interno do paciente quanto como emanação do *seu* próprio mundo interno. A operação fica mais clara se a ilustrarmos através do modelo do vínculo emissor-receptor.

O percurso começa com a ex-cisão de um aspecto do *self* (ou de um objeto deste *self*), que é alocado num continente (outro *self*, outro objeto), isto é, numa extremidade dita receptora. Deste receptor é esperado que possa conter e transformar o que lhe foi enviado, de modo a devolvê-lo numa forma capaz de ser recebida e aceita pelo emissor original, isto é, numa forma que agora não contenha os aspectos mais perturbadores que justamente provocaram a ex-cisão e subseqüente projeção. Fédida (1986) nos fornece uma descrição particularmente elegante desse processo ao descrever a dinâmica da contratransferência. Assim, ele distingue no receptor um primeiro

Cinqüenta minutos: crença e convenção

momento de *ressonância* com o aspecto afetivo do emissor que aumenta a acuidade perceptiva do receptor, ressonância vivida também como angústia; um segundo momento de *continência* desse estado; outro de *metabolização* do mesmo e, finalmente, uma *metaforização* desses afetos.

O metaforizado que vai ser devolvido ao emissor para uma eventual introjeção é entretanto veiculado segundo um balizamento: a postura analítica operante no *setting* (que coloca o analista, como temos enfatizado, unicamente a serviço do método analítico). Se colorirmos o modelo com a terminologia kleiniana, podemos dizer que esta postura se institui por meio de uma tensão: de um lado, a contínua pressão para o analista responder ou agir segundo um padrão esquizoparanóide; de outro, a necessidade de produzir respostas caracterizadas pelo padrão depressivo. Segundo esta orientação teórica, a psicanálise torna-se operante quando o analisando introjeta esta postura, isto é, aceita, tal como faz o analista, instalar-se no epicentro de uma tensão sem pretender de imediato resolvê-la ou saturá-la.

Dissemos no início deste trabalho que o processo psicanalítico, em sua evolução, deve ser concebido como produto da atualização da estrutura mental. Percebe-se que aqui vai-se além da pura atualização. É que o fluxo composto pelas associações do analisando, guiadas pela transferência e as interpretações do analista, filtradas pela contratransferência, cria também um potencial, uma *eficácia* voltada "para utilizar a consciência dos derivativos dos processos inconscientes com a finalidade de pensamento verbal como algo distinto da ação" (Meltzer, 1967). É possível comunicar e se comunicar — portanto, conter — os aspectos disruptores e imaturos das relações objetais.

A tensão a que aludimos é fomentada, digamos assim, de fora para dentro pela modalidade de transferência do paciente, e de dentro para fora pela maneira que o analista tem de reagir a este estímulo. Esta maneira de reagir do analista prende-se tanto à natureza do material projetado quanto à natureza do próprio analista. O fascínio da prática e a constituição da identidade analítica advêm da capacidade do analista de colocar os atributos de sua natureza, quaisquer que sejam, a serviço da postura analítica. A intersubjetividade produzida *nesse contexto* possibilita a cada um a intimidade consigo mesmo.

Ilustração clínica

Clóvis, um paciente que acompanho há algum tempo e que apresenta intensa e profunda sintomatologia psicótica — alucinações auditivas, experiências de dissociação, distúrbios de pensamento, idéias delirantes e contínua ameaça de suicídio —, começa sua sessão de terça-feira (após uma semana em que se sentira mais integrado) aludindo a um só tempo a uma certa melhora e à indigência de sua psicanálise. A melhora que experimentara advinha, segundo afirma, da auto-análise que praticara conversando consigo mesmo, em seu quarto. Acrescenta que, ao entrar no consultório, escutou a voz de seu perseguidor-mor, aquele que o invadiu e de certo modo governa sua consciência — o Dr. R. —, seu primeiro analista; a voz mencionava algo sobre vidência. A revelação da existência de alucinações auditivas *durante* a sessão é algo novo e, com o prosseguimento da mesma, ele confessa seu medo de falar dessas vozes, assim como de outra experiência que tivera ao despertar pela manhã: o sentimento de estar novamente apaixonado pela antiga namorada, que o abandonara (e que o levara a procurar o primeiro analista, o Dr. R.). "É que ao falar", ele me explica, "tudo pode voltar". Irônico (porém curioso), me pergunta se eu o considero vidente.

Na interpretação, aludo ao seu temor de que, quando ele entre na sala, eu queira, tal como o Dr. R., usar poderes de vidente para roubar sua melhora e passar a habitar dentro de sua mente e de seu corpo, a governá-lo, obrigando-o, para defender-se, a refugiar-se na paixão por sua namorada e na "auto-análise" que o isola de si e dos outros.

Um pouco mais tarde menciona a visita que um amigo lhe fizera e descreve então o sentimento penoso que experimentara ao conversar com ele: sua fala tornava-se automática, mecânica, desligada; saía, por assim dizer, apenas da boca. A experiência pôde ser generalizada para outras circunstâncias e particularmente para o momento do diálogo presente. Na interpretação digo que, imprensado entre o medo de minha invasão e o medo de ficar preso na namorada-quarto, ele se desliga de si e de mim, fica estranho à sessão, "liga o piloto automático"; e que, se isso o livra da angústia, o faz entretanto sentir-se penosamente vazio e sem sentimentos. Acrescento que a sessão deve ser para ele muito persecutória, pois a qualquer momento um dos dois aspectos pode "ganhar".

A fugacidade de sua melhora e a experiência de despersonalização levam-no a falar de uma série de incapacidades funcionais e de sua preocupação com o futuro: mostra-se apreensivo quanto às possibilidades de retomar o trabalho, as relações afetivas, a vida social. O paciente, que jamais usara relógio em nenhum dos nossos encontros, estava com um no pulso, aliás desde o dia anterior. Pergunto-lhe se o uso do relógio estaria ligado a esta preocupação com seu futuro. Ele diz que sim e acrescenta espontaneamente que comprara o relógio num *free-shop*, viajando de Nova York para Paris.

Cinqüenta minutos: crença e convenção

Lembrava-se que o seu analista em Paris marcara sessão para as dez horas e que ele lhe respondera: "em torno das dez horas".

A interpretação que se segue procura relacionar o medo da sessão-analista invasivo com a necessidade que tem o paciente de controlar a emergência dessa entidade (daí mantê-la vaga, imprecisa, distante, "em torno de"). O uso do relógio é caracterizado como uma mudança, isto é, como o contato que ele está podendo estabelecer com algo de que é carente (a psicanálise, com seu tempo e espaço delimitados). O medo que surge *agora* se liga ao receio de perder e/ou não poder reter este contato no qual deixou de sentir-me "em torno de Clóvis" e de sentir-se "em torno de LM", conseguindo então participar da criação de um vínculo Clóvis-LM. Ele responde que efetivamente algo parece ter mudado mas não sabe o que é melhor: ser ou não ser louco.

A dinâmica da sessão mostra pois a imediata e recíproca polarização entre as relações de objeto: de um lado, o aparelho mental do analisando sendo invadido e governado pelo objeto perseguidor maléfico R. (vidência onipotente) e, de outro, o refúgio-encapsulamento defensivo no quarto-auto-análise-namorada-idealizada. A tensão desta polarização evoca, num segundo tempo, uma defesa de caráter obsessivo (fala mecânica, isolamento e evacuação do afeto) cujo custo, por sua vez, o leva de volta à relação de objeto (viagem Nova York-Paris) a ser porém controlada pela parte onipotente e autocrática do *self* (ela dita que a sessão deverá ser "em torno de"). Já o uso do relógio e a preocupação com os aspectos carentes, isto é, não onipotentes do *self* (dificuldades profissionais, amorosas) parecem indicar um movimento nascente voltado para o convívio com a ferida narcísica (ter uma hora-espaço pela qual espera e cuja perda é inevitável, *desenvolver e manter a consciência dessa hora*).

A seqüência clínica procura ilustrar a relação existente entre a postura interpretativa e a regularidade do *setting*. A constância da postura do analista — por exemplo, a linguagem metafórica que usou para interpretar as experiências concretas de perseguição, despersonalização e onipotência vividas pelo paciente — cria um tempo-espaço até então inexistente, um lugar delimitado por uma pele elástica, que se torna estruturante e desvendador da falha estrutural do paciente, ao mesmo tempo que o confronta com a mesma. O uso do relógio é a concreção deste tríplice encontro, e a vinda à sessão remete constantemente a esta contínua operação. O analista zela para que a pele não se rompa, para que o paciente nunca cesse de forçá-la e para que ele, analista, nunca deixe de sentir a pressão que sobre ela é exercida. É a manutenção do *setting* que, por transparência, permite colocar em perspectiva os aspectos evidenciados da trama objetal (e aqui, em particular, o valor adquirido pela regularidade do tempo da sessão). Não é por acaso pois que o paciente, quando "flagrado", se pergunta o que convém mais: viver no tempo do "em torno" ou sofrer as vicissitudes da relação.

Esta pergunta, é claro, pode ser eludida, mas aí então é a própria elusão que se tornará evidente. É o que acontece, por exemplo, quando em *Alice no País das Maravilhas* o chapeleiro maluco diz para Alice que desde que ele matou o tempo são sempre seis horas, e ela compreende subitamente por que há na mesa tantos talheres e louças dispostos para o chá, embora sejam apenas três os participantes. Como é sempre hora do chá não há tempo para lavar os pratos no intervalo.

> "— Então vocês se movem em torno da mesa na medida em que as xícaras vão sendo usadas? — pergunta Alice.
> — É isto — responde o chapeleiro.
> — Mas o que acontece — pergunta Alice — quando vocês chegam de volta ao ponto em que começaram?
> — Ora, mudemos de assunto — responde o chapeleiro."

Evidentemente o mesmo problema se colocaria se *nunca* fosse a hora do chá.

Alice mergulha no País das Maravilhas e o atravessa, *mas não se confunde com ele*. Ela conserva a *perspectiva* do tempo linear, o que lhe permite discernir a presença do tempo circular e as conseqüências de seu modo de operar — que se abateram sobre o chapeleiro tornado maluco.

Conclusão

Toda teoria psicanalítica procede a um recorte, privilegiando uma base sobre a qual assenta seu desenvolvimento. Cada paradigma privilegia uma área de captação e cria os instrumentos que a otimizam. Cada paradigma aciona uma escuta particular e a processa segundo seus parâmetros. Trata-se de um reducionismo necessário que, delineando um universo específico, permite um intenso aprofundamento. É por isso que, a meu ver, aquelas que ganharam força, status de "escola", são irredutíveis entre si.[2] Elas são, en-

---

[2] O termo "irredutível" é empregado no mesmo sentido com que Thomas S. Kuhn usa a palavra "incomensurável" no seu livro *The Structure of Scientific Revolution*, Illinois, The University of Chicago Press, 1970.

Cinqüenta minutos: crença e convenção

tretanto, suscetíveis de comparação, passíveis de, por contraste, delinearem a natureza do recorte particular que as torna irredutíveis.

Dentro do paradigma exposto, que dá primazia à dinâmica da interação analisando-analista sobre a dinâmica intrapsíquica do analisando, a constância do tempo de duração da sessão já não surge como arbitrária. Ela se integra a uma concepção particular do *modus operandi* do método psicanalítico, a qual por sua vez se liga a uma maneira específica de conceber a estrutura do aparelho psíquico e seu funcionamento. É um dos elementos da "amarração" que fornece consistência à trama do tecido teórico-clínico. Ela não surge como um aspecto problematizável da relação intersubjetiva operando no campo transferencial, mas como um dos elementos que possibilitam a apreensão do modo de funcionar desta relação.

Nesse contexto, variar o tempo da sessão ou impor a ela diferentes durações torna-se manipulação do *setting*, atuação.

Para adquirirem *sentido psicanalítico* e serem, portanto, abarcadas pelo método, que opera segundo o esquema referencial descrito, as variações temporais de qualquer ordem devem emergir no campo transferencial, transbordá-lo de dentro para fora como produto gerado por sua dinâmica. O *setting* só pode ser analisado dentro do *setting* (Bleger).

Freud, na citação transcrita no início deste trabalho, alude a "idéias derivadas de diversos setores" que não nasceram da observação, isto é, da evidência propriamente dita, mas que são tratadas como se dela adviessem — quando de fato a ela foram impostas.

Como saber então se a teoria derivada de tal gênero de observação serve agora para justificar essa inclusão (dessas "idéias abstratas") ou se, ao contrário, é essa mesma inclusão que vai possibilitar a apreensão e emergência da teoria latente no campo de observação?

Uma resposta guiada pelo viés operacional (por exemplo: a teoria torna mais clara a compreensão do contato com a estrutura psíquica e seu funcionamento) é tentadora. Mas ela elude a questão do embasamento na crença — na crença da convenção. Talvez, então, tenhamos que admitir que a prática analítica — tal como a descrevemos acima — contenha um incessante perguntar-se, um questionamento de si própria, uma circularidade indagativa, uma intolerância à sedução — contenha, enfim, uma estrutura de tal modo marcada pelo modelo da racionalidade (e sua procura) que o ato fundante da diversidade possa ser a convenção — e não a regra.

É uma prática que verifica a cada instante que ainda não nasceu a tartaruga que ganhou a corrida da lebre.

7.
REALIDADE PSÍQUICA NOS ESTADOS PSICÓTICOS[1]

Nos parágrafos finais de seu livro sobre *A interpretação dos sonhos*, Freud (1900) escreve: "Se examinarmos os desejos inconscientes reduzidos à sua forma mais fundamental e verdadeira, teremos que concluir, sem dúvida, que a realidade *psíquica* é uma forma particular de existência que não deve ser confundida com a realidade *material*" (p. 620).

O que seriam estas formas "mais fundamentais", isto é, iniciais e básicas, e as "mais verdadeiras", a que os desejos inconscientes podem ser reduzidos, e que tornam a realidade psíquica uma *"forma particular de existência"*?

Laplanche — que serviu de fonte e inspiração para muito do que estamos aqui expondo — nos chama a atenção para o fato de que Freud caracteriza os conteúdos do inconsciente como sendo *sachvorstellung*. O termo, em sua significação, é portador de ambigüidade, já que possibilita duas formas de tradução: "ele pode ser a representação *de* coisa, caso em que uma coisa se encontra representada por uma imagem ou esquema que está mais ou menos em relação a ela" (1987: 112). Mas o termo pode também ser compreendido como "representação-coisa, isto é, uma representação que no interior, no inconsciente, tomou a consistência mesma da coisa, como se ela tivesse tomado desta coisa toda realidade" (1987: 112). Se for este último o sentido que se vier a dar a *sachvorstellung*, teremos que conceber então a *representação-coisa* como cortada da coisa, isto é, cortada do seu referente. Em conseqüência, a expressão "realidade psíquica", onde "psíquica" surge como adjetivo que qualifica tal realidade como psicológica, deve agora ser apreendida como aludindo a um "psíquico que seria realidade, seria coisa, inconsciente" (1987: 239). Nesse sentido, é inútil cotejá-la com a realidade histórica: o historicismo objetivista só poderia nos dar, da realidade psíquica, uma visão redutiva. O inconsciente, o mundo onírico, não é formado por "memorização", pela revelação de acontecimentos infantis. No sujeito ele

---

[1] Trabalho apresentado no XXXIX Congresso Internacional de Psicanálise, realizado em São Francisco, de 30 de julho a 4 de agosto de 1995.

não surge como resíduo da história mnêmica, mas como criação deformante exercida sobre esta história.

Seguindo esta concepção, a realidade psíquica não se confundirá então com o subjetivo, com o sentimento que o sujeito tem de si próprio, com o "material-fantasia", relato, associações, criações que o paciente nos oferece. Ela deve ser compreendida aqui como aquela parte da existência do sujeito que justamente torna necessária a criação desse "material" segundo uma forma expressiva que lhe é particular. Para além da percepção investida pela subjetividade e da vivência subjetiva do acontecimento infantil, nos deparamos com o *depósito* inconsciente dessa vivência, com um "núcleo duro" que é justamente esta "expressão última e mais verdadeira de nossos desejos psíquicos" a que Freud alude.

Concebida deste modo, a realidade psíquica opera como um centro de gravitação, a referência em cuja órbita volteia aquilo que nos é comunicado pelo paciente e que já expressa a relação que ele mantém com este centro, o qual induz a gravitação mas também a ordena. Ao abordá-lo, nossa preocupação básica não se volta para sua origem, seu modelo inicial — deformado que foi pelos processos primários de introjeção —, como que visando restaurar (separar, talvez) uma verdade histórica. O que nos interessa é delinear a presença e a força desse centro, suas necessidades, seu modo de agir — enfim, nos atrai mais sua função do que sua gênese histórica.

Ao mencionarmos a vivência infantil, dissemos que ela é deformadora (em relação à verdade histórica, ao "acontecimento") e que concebemos o núcleo duro não como a vivência propriamente dita, mas como o seu depósito. A deformação se liga ao fato de que a atividade psíquica da criança não tem meios para qualificar o que seja "realidade", ou melhor, não tem a seu dispor um índice de irrealidade. É que a criança é assoberbada, como acentua Laplanche (1987: 94), por um "excesso de realidade", por experiências de hipersignificância, por um transbordamento da sua capacidade de estruturar a exuberância de mensagens que recebe — a respeito das quais não possui a chave —, mas que reconhece como mensagens. Essas mensagens vêm de um mundo que precede a existência da criança e no qual ela está imersa. Esse mundo é significado à criança, mas de um modo enigmático: o seio, por exemplo, é significado como agente da alimentação *e* também é "o significante de algo nebuloso que é o desejo sexual da mãe" (1987: 234). Percebe-se que a transformação, a deformação a que aludimos, opera neste nascimento do sexual, tornando irreconhecível sua fonte. O mundo adulto não cessa de propor à criança situações excitantes, enigmáticas. Por outro lado, as "explicações" dos adultos não fazem sentido para a criança porque não correspondem às suas vivências. É em relação a esse excesso que ela deve estabelecer suas defesas.

Melanie Klein, descrevendo a organização dos estados precoces do conflito edipiano, ressalta em 1928 o quanto "aflições amargas" resultam do fato de que a criança "é exposta a uma avalanche de problemas e perguntas [que] ainda não podem ser expressas em palavras [e] permanecem sem resposta [...] A sensação precoce de *não saber* tem conexões múltiplas. Ela se une com a sensação de ser incapaz, impotente" (1928: 188). Dois anos mais tarde, ela nos diz que "a realidade mais precoce da criança é inteiramente fantástica; ela é rodeada por objetos ansiógenos e, nesse sentido, coisas animadas e inanimadas são, de início, equivalentes. À medida que o ego se desenvolve, a relação com a realidade é gradualmente estabelecida a partir desta *realidade irreal*" (1930: 121). O depósito desta vivência enigmática — e certamente ansiógena — torna-se uma realidade que, no psíquico, opera como corpo intruso; a criança — e todos nós — *somos vividos* por alguma coisa que nos é estranha. É em torno da estruturação do superego e dialogando com Freud que Melanie Klein descreve, em 1940, sua concepção deste estranho:

> "Portanto o fenômeno reconhecido por Freud, de uma maneira geral, como as vozes e influências dos próprios pais estabelecidas no ego é, de acordo com minhas descobertas, um complexo mundo objetal, sentido pelo indivíduo, em camadas profundas de seu inconsciente, como estando concretamente dentro dele, e para o qual eu e alguns de meus colegas usamos o termo 'objetos internalizados' e 'mundo interior'" (1940: 362).

Nesta concepção de realidade psíquica e de funcionamento mental, a concretude desses objetos desempenha um papel fundante. Assim, não podemos descrevê-los como possuindo uma "correspondência" no real; eles não são evocáveis como "imaginação do real", como maneiras subjetivas de visar o real. Os objetos kleinianos, Laplanche o sublinha, são interiores, são cortados desta referência ao real, e possuem ainda outra característica nuclear: eles se tornam dotados de propriedades afetivas específicas que balizam os movimentos de intersubjetividade. Assim, esta mãe interna não vai permitir ao sujeito uma escolha *qualquer* de "mãe". Em nosso trabalho psicanalítico, nos interessamos não apenas por desintrincar os pais reais dos pais da infância, ou por deixar que surjam os pais como eles realmente foram para esta infância; para além desse interesse, visamos "as imagens arcaicas a que eles deram origem" (Laplanche, 1987: 188).

Realidade psíquica nos estados psicóticos

Lidamos, pois, não com um mundo subjetivo mas com um mundo no interior do sujeito que funciona como centro de gravitação imantador. São objetos verdadeiros que, a partir de uma introjeção primária, levam uma vida própria no interior do sujeito e aí provocam efeitos reais e variados: amor, paixão, controle, agressão e excitação. Na teoria kleiniana, o objeto interno assume uma autonomia radical.

Há alguns anos sigo em psicanálise um paciente que é uma pessoa meticulosa, obsessiva, organizada, imensamente desconfiada, que mantém sobre tudo e sobre todos um controle vigilante e policial. A relação estabelecida com seu sócio é emblemática deste padrão: assim, substituiu por um painel de vidro a parede de tijolos que separava ambas as salas de trabalho, para melhor poder acompanhar seus movimentos e atividades; além do mais, escuta suas conversas telefônicas e, quando o expediente se encerra e o escritório está deserto, costuma examinar o conteúdo de suas gavetas à procura da comprovação de que ele o "traíra", isto é, que teria outros negócios que mantinha secretos. Para além da vigilância, ele necessita privar o outro de autonomia, colocá-lo a seu serviço, explorá-lo, enfim, privá-lo da posse de um espaço próprio, na medida em que esta é sentida por ele como perigo e ameaça. Em seu comportamento mostra-se frio, distante, rígido, calculista, mas também é violento e agressivo, sendo tomado por ataques de intensa raiva e irritação quando as ordens dirigidas a seus empregados não são obedecidas ou quando as tarefas que lhes assigna não são executadas segundo o rigor e a qualidade impostas por suas instruções. Tem o sentimento de que é capaz de fazer tudo melhor do que os outros e que os "erros" que detecta à sua volta são frutos da desobediência de seu sócio, empregados e familiares. Nas relações comerciais com clientes e fornecedores, é um negociador implacável que procura maximizar suas exigências e acuar o parceiro, sempre preocupado em obter *toda* vantagem financeira possível. Ele vive imerso numa atmosfera paranóide que envolve a sua vida de relação, provocando contínuo desgaste emocional. Assim, por exemplo, se conclui um negócio com um fornecedor, seguindo o procedimento que acima descrevemos, começa a temer que o "forçou", que ultrapassou o limite de sua tolerância, que fez exigências desmesuradas que não poderão ser atendidas, que este fornecedor se vingará fornecendo mercadorias defeituosas e assim por diante. Em geral enfrenta esse temor valendo-se de racionalizações que tornam justificáveis sua atitude espoliativa (por exemplo, dizendo-se que tudo que fez foi para proteger os interesses dos acionistas de sua empresa).

Seu pai é descrito como tendo uma personalidade semelhante à sua; da mãe praticamente nunca falou. É bastante evidente que nunca contou nem parece contar com um interlocutor continente e receptivo, interno ou externo, para os momentos de dor e sofrimento, especialmente aqueles experimentados na adolescência, época em que vivia assoberbado por angústias persecutórias e fobias ligadas à afirmação de sua identidade sexual, freqüentemente representadas em seus sonhos.

Mais recentemente — particularmente a partir da ruptura com seu sócio — começou a apresentar episódios breves, encapsulados, de delírios persecutórios razoavelmente organizados e consistentes que podem ser classificados como "estados psicóticos". Num desses episódios, por exemplo, uma de suas funcionárias pediu-lhe que a demitisse do emprego para que ela pudesse voltar à sua cidade natal. Tal procedimento — em que a pessoa é demitida pelo empregador — permite, segundo as leis trabalhistas vigentes em nosso país e mediante certos acordos que aqui não vêm ao caso, que o empregado possa valer-se de um fundo de pensão para desemprego. Meu paciente, usando os mais variados argumentos (por exemplo, que ela era boa operária e não queria dispensá-la), recusou-se a atender o seu pedido, com o que ela desistiu de sua demanda e permaneceu no trabalho. Imediatamente o paciente passou a acreditar que essa empregada, encarregada de lhe servir café, iria envená-lo. E embora a mantivesse no cargo tomou várias medidas — entre elas, é claro, não beber o café que lhe era servido — para evitar que fosse assassinado. Inúmeros episódios deste gênero se sucederam com pessoas variadas, *havendo um elo comum entre todos eles*: aquele a quem o paciente recusou um pedido, ou a quem dirigiu sua crítica, ou com quem se mostrou agressivo, reagia de forma passiva e submissa, como que silenciando qualquer insatisfação a respeito do modo como fora tratado.

O trabalho analítico permitiu que, de um modo muito lento e laborioso, não isento de atuações, desvendássemos a presença, no interior deste paciente — e impregnando o vínculo de nossa relação —, de um núcleo duro que possuía o poder de imantar a vida psíquica do paciente, que surgia como tendo existência própria, concreta e que funcionava como um *objeto terrorífico* que, correspondendo à descrição de Melanie Klein, "tomou posse de toda iniciativa e em relação ao qual o ego sente-se compulsivamente inclinado a entregar a execução de todas as atividades" (1931: 245). Este objeto muito se assemelha ao "*objeto enlouquecedor*" descrito por Badaracco (1986), cujo artigo muito nos ajudou na compreensão da dinâmica do paciente. Tal objeto se apresenta como um superego tirânico, violento, exigente, ameaçador, espoliativo, sádico, analmente intrusivo. Como a *gang* descrita por Rosenfeld (1971), ele age também de modo sedutor e aliciante, impondo o terror como a forma de relação capaz de manter a onipotência e o narcisismo prometidos. Através de sua ação, ele induz o paciente a adotar relações marcadas por um ódio intimidador, apresentadas como meio de atingir a dominação.

Dissemos há pouco que este paciente não parece ter tido a experiência de um objeto continente, que ele não parece abrigar em seu mundo interno um objeto percebido como capaz de lhe oferecer um vínculo de dependência de uma natureza que se contrapusesse, enquanto modelo, àquele oferecido pelo objeto terrorífico. Resulta então que a relação com este último lhe aparece como indispensável, a dependência e a rendição ao temor-terror surgindo como a forma possível de sobrevivência. Assim, o comportamento e a estrutura psíquica do paciente podem ser compreendidas como a incorporação, no seu aparelho psíquico, deste elemento autônomo e intrusivo que força as outras funções mentais a se submeterem e a gravitarem em torno dele, como uma resposta a uma demanda impossível de ser satisfeita. O paciente forma então com este objeto um vínculo psicotizante. Não podendo ser dependente dele, mas somente submisso, seu ego se estrutura de modo "defeituoso", numa identificação que impede o desenvolvimento para a autonomia. Essas identificações patogênicas "funcionarão como as fundações das estruturas defensivas e, a partir destas, formações estruturais secundárias, defensivas e compensatórias, serão organizadas" (Badaracco, 1986: 136). Elas se tornam dissociadas e organizadas como partes ex-cindidas da mente. O ego entretanto precisa se defender dessas "identificações-introjetivas patogênicas que já se constituem como núcleos ex-cindidos" (1986: 134), isto é, desses núcleos duros que agem como possuindo uma vida própria e que *vivem* o paciente.

Ele precisa se livrar da identificação patogênica de modo a *"evitar assumir* a maldade do objeto" (Badaracco, 1986: 135), *mas também* precisa se organizar para não se tornar o foco dessa maldade. O modo *princeps* de que o paciente se vale para alcançar este objetivo pode ser ilustrado por um sonho muito simples ocorrido no início da análise: *ele trafegava numa estrada livre, inteiramente disponível para si enquanto, numa estrada paralela, o trânsito engarrafado se escoava lentamente.* Outra maneira de entender esta dinâmica é através da frase lapidar que me disse na mesma época: "em nossa indústria, João é meu sócio mas eu não sou sócio dele".

O sonho da estrada, em sua singeleza, veicula entretanto uma operação defensiva complexa, reiterada e lentamente desvendada ao longo dos anos de análise.

Através da ex-cisão e identificação projetiva, toda uma série de elementos variados (sócio, analista, estrada lateral, familiares), vividos pelo paciente como ameaça à manutenção de sua integridade psíquica, são alocados em outro continente. Evidentemente, o primeiro destes elementos a ser excindido e projetado é o próprio objeto terrorífico, mas isto se faz, por assim dizer, acompanhado de todos os conteúdos que constituem seu alvo. O sócio era descrito pelo paciente como vaidoso, consumista, *"bon vivant"*, flexível, sociável, dado a aventuras extraconjugais — características de personalidade intoleráveis para o objeto terrorífico e que atraíam os seus ataques. Podemos entender que o paciente então se esvazie de todas estas características (o que acarreta notável empobrecimento de sua vida psicoafetiva) e as encarne no sócio de modo a que *lá, nele,* elas serão vigiadas, controladas e atacadas pelo tirano.

Esse processo é vivido como submissão do sócio ao seu poder de dominação e também lhe dá o sentimento de que toda realização do objeto externo passou por seu crivo, que foi implementada com sua permissão, apresentando-se como evidência de seu controle e de seu poder, como o ordenador de todo o tráfego psíquico.

Entretanto, todo este sistema de afirmação narcísica é construído e mantido de forma onipotente, isto é, *segundo os métodos do objeto terrorífico,* apontando para a identificação do paciente com o mesmo. Como o objeto terrorífico opera como um núcleo ex-cindido, conforme descreveu Badaracco, com vida própria no interior do paciente, essa identificação passa a ameaçar o paciente *de dentro.* Percebemos pois que o paciente ocupa ambos os pólos da relação aterrorizador-aterrorizado. Enquanto *vítima* do objeto, vive ameaçado e em pânico; já *identificado* com o mesmo, o sentimento é de triunfo e onipotência; mas a identificação, por sua vez, cria as condições para torná-lo vítima, num círculo infernal.

Vários sonhos — na verdade, pesadelos — têm exprimido esta constelação. *Ele está com sua mulher numa atitude erótica, numa rua parecida com a do meu consultório, como que protegido, diante de minha casa; surge um policial na esquina que passa a atirar no casal.* Em outro sonho, *ele está fechado num prédio escuro, que é invadido por uma turba. Mas os policiais que devem conter os invasores passam agora a provocar o paciente, o humilham, riem de seus esforços para proteger-se e quando ele empreende finalmente sua fuga para andares inferiores, vai mergulhando num universo cada vez mais sujo, disforme, com outros policiais que continuam a cercá-lo.* Em inúmeros outros sonhos, é queimado, violentado e sadicamente perseguido.

Assim, para a estrada lateral, onde o tráfego escoa com lentidão, são dirigidos não só os aspectos libidinais do paciente mas também os produtos — os *débris* — resultantes dos ataques e da violência do objeto terrorífico, as queixas e reclamações vingativas contra as figuras arcaicas soturnas e inafetivas, conjunto que acaba por se incorporar à estrutura do objeto terrorífico.

Gostaria de terminar expondo minha compreensão da forma que assumiu a transferência com este paciente e de como ela, a meu ver, funciona num duplo registro: de um lado, mantendo quase iatrogenicamente a estrutura patológica e, de outro, propiciando, digamos assim, nas suas brechas ou falhas, algum *insight* ao paciente sobre sua estrutura psíquica.

Um acontecimento banal mas representativo de seu cotidiano pode nos servir de modelo. Para obter uma informação que lhe era necessária, o paciente se dirige à mesa de uma funcionária e esta então, à sua aproximação, desliga o computador no qual estava trabalhando. Ele imediatamente pensa que ela o fizera porque estava executando um trabalho para si própria, que deveria ocultar pois estava utilizando o equipamento e o tempo da firma durante o horário de serviço. Durante a sessão, quando ele se surpreende entretido com fantasias e desejos "pessoais", vive minha aproximação a este mundo como a do objeto terrorífico e então "desliga", passando a tratar a mim e à minha aproximação como uma investigação policial. Esse desligamento tende a fazer do analista um inquiridor e o compele, de certo modo, a preencher contratransferencialmente, e por identificação projetiva, a área "ocultada" pelo paciente, tal como ele o fizera com o trabalho de sua funcionária que de pronto transformara em "clandestino".

Por outro lado, o aparato analítico, com seu ritual formalístico, sua interação verbal e as interpretações voltadas para a transferência, é percebido pelo paciente como o "desligar" do analista, como um conjunto de manobras elusivas que este põe em marcha para manter oculto o que está ocorrendo no seu mundo interno quando o paciente dele se aproxima. Ao valer-se da identificação projetiva, modelarmente metaforizada no sonho das estradas, ele tenta, como assinala Kernberg (1986), através de um mecanismo onipotente, estabelecer uma fronteira entre o *self* e o objeto terrorífico. Acontece que este elemento divisório que organiza o tráfego em duas vias, dando-as como contrastantes, é o mesmo que as une, é a fronteira comum, a interface dos dois sistemas. O mundo das relações internas e externas ganha sentido, esclarece-se por assim dizer, para o paciente na medida em que as duas vias *separadas e acoladas* se constroem e se reconstroem reciprocamente. É importante lembrarmos que os episódios psicóticos tinham em comum o fato de que o sujeito que emerge como o perseguidor do paciente havia na verdade se mostrado passivo e submisso à sua irritação, crítica e controle. Este *silêncio* do continente da identificação projetiva é vivido como sua abdicação total diante do objeto terrorífico, como uma fusão com este, provocando então o apagamento da fronteira que separa as duas estradas.

Assim, é fundamental para o paciente que o objeto externo reaja ao intento de controle do paciente, "desobedeça", "desligue o computador", pois tal reação funcionará como confirmação do êxito da identificação projetiva, isto é, como garantia para o paciente de que ele está clivado tanto do objeto terrorífico quanto dos conteúdos que este visa atacar e da destruição que ele produziu. Uma resposta ativa do objeto externo lhe confirma que toda a luta se passa *lá*, na outra estrada, e o trânsito que se escoa com lentidão, como que empurrando a si mesmo, é a confirmação desse processo.

Mas se o objeto externo não reage, se ele não assinala para o paciente que está oferecendo resistência à ação do objeto terrorífico nele projetado (portanto, mantendo-o "ocupado"), se o paciente não recebe nenhuma confirmação da eficiência do seu controle através do protesto do objeto, se o trânsito na estrada lateral se estanca de vez ao invés de fluir com dificuldade, tudo se passa como se o objeto terrorífico tivesse dominado por completo o continente (tal como o paciente teme que ele domine inteiramente sua personalidade). Neste ponto, a estrada-continente transborda, se abre por assim dizer para a estrada livre e nela se derrama: começa o delírio — o ataque e a perseguição sendo vividos como procedendo de fora.

Acredito que ao longo destes anos o paciente tenha usado a análise para manter a cisão defensiva e evitar a irrupção de episódios psicóticos. Por outro lado, quando do surgimento dos surtos, as sessões puderam ser usadas para o restabelecimento da estrutura patológica estável.

O aspecto central desta dinâmica não reside no fato de que o analista venha a ocupar transferencialmente o lugar do objeto externo. Ele se caracteriza, a nosso ver, pela maneira como o paciente concebe o empenho interpretativo do analista: este é vivido como reação à sua ação controladora. O paciente fornece "material" e a resposta que escuta é primordialmente experimentada como a tentativa do analista de escapar a seu controle, *como a luta que este trava para a sobrevida de sua mente*. Isto dá ao paciente o sentimento de que a identificação projetiva foi hesitosa e que, portanto, a sua própria mente não está submetida à ação do objeto terrorífico. O analista não é utilizado, na maior parte do tempo, como um aparelho de *rêverie*, segundo a descrição de Bion (1962), cuja função levasse a processar e dar sentido aos aspectos ameaçadores projetados. Aqui não é tanto o *conteúdo* da fala do analista mas sua apreensão pelo paciente enquanto enunciação concreta, presença falante, que lhe assegura a existência de um elemento externo, temporalmente contínuo, onde ele pode visualizar e controlar o estado de men-

Realidade psíquica nos estados psicóticos

te que o habita e o reifica. O relato dos surtos psicóticos *durante a sessão* e sua recepção pelo analista pareceram justamente ter esta função: o *silêncio* do objeto externo, que fora vivido persecutoriamente como sua capitulação e fusão com o objeto terrorífico, era agora substituído por uma *fala*, representação da luta travada pelo analista contra este objeto e cujo sentido é apreendido pelo paciente como a recuperação da capacidade de organizar sua vida psíquica segundo um sistema de duplo tráfego.

O que a análise vem podendo fornecer a este paciente é uma crescente capacidade de observação a respeito deste seu funcionamento. Um *insight* iluminador ocorreu quando ele assistiu ao filme de Claude Chabrol, *L'enfer*, narrativa de um casamento que se desagrega na medida em que o marido desenvolve lentamente um delírio de ciúme e passa a torturar a esposa com seu comportamento inquisitivo. O que chamou a atenção do paciente foi a submissão desse marido (malgrado seu esforço para dela escapar) a uma força interna e sedutora, claramente representada no filme por uma voz proveniente de uma imagem especular que, à maneira de Iago, confundia seus sentimentos e o instigava a vigiar e perseguir a esposa. O paciente pôde se identificar com o personagem, com seu conflito, e flagrar a existência da voz enlouquecedora e destruidora dentro de seu próprio mundo mental, reconhecendo-a como francamente patológica. Este efeito ampliou-se a modo de um *scanning* através do qual ele vai conseguindo flagrar procedimentos iguais aos seus em outras pessoas, sempre se reconhecendo nelas e surpreendendo-se com a extensão e o perigo deste comportamento.

A capacidade de perceber a existência desta voz o tem levado paulatinamente também a controlar sua adesão a ela, a manter uma distância crítica ao efeito sedutor que ela exerce e a mostrar-se acabrunhado quando cede às suas exigências.

8.
O SONHAR DO ANALISTA:
COMENTÁRIOS SOBRE UM
SEMINÁRIO DE ANTONINO FERRO[1]

> "No dia que o analista cozinha com suas
> próprias panelas sujas, freqüentemente o
> paciente tem dor de barriga."
>
> Antonino Ferro

A finalidade deste trabalho é comentar o seminário "O sonhar do analista", publicado no livro *Antonino Ferro em São Paulo* (França e Petricciani, 1998).

A apresentação será dividida em duas partes: na primeira, exponho as idéias de Ferro que convergem para dar apoio ao tema central da discussão; na segunda, balizado por essas idéias, reproduzo a sessão comentada por Ferro e, em seguida, abordo o material clínico. Em ambas as situações procuro problematizar os conceitos básicos do autor, suas implicações técnicas, discutindo sua relação com outras formas de pensamento analítico.

1.

Antonino Ferro é um analista siciliano, radicado em Pavia, na Itália, que através de seu trabalho (publicações, supervisões, conferências) vem se afirmando como um pensador original e instigante no cenário contemporâneo da psicanálise. Sua obra se caracteriza por uma apropriação singular de certos conceitos, de Willy e Madeleine Baranger e, principalmente, de Bion, que privilegiam o funcionamento/disfuncionamento da vida mental do analista na sessão e o campo relacional que este forma com o paciente, cuja dimensão inconsciente se torna objeto de sua exploração. Ferro também se vale de elementos de teoria literária, análise semântica e narratologia, contextualizados para a prática analítica. Este referencial lhe tem servido para o desenvolvimento de uma técnica e teoria analítica pessoal, ligada ao que ele

---

[1] Trabalho apresentado no ciclo de debates "Da Clínica às Hipóteses Psicanalíticas", realizado em São Paulo, em 23 de abril de 2003.

chama de terceiro modelo (pós-Freud e Klein), cuja característica central é a valorização "dos fatos emocionais" que ocorrem na sessão. Uma ilustração desse modo de pensar pode ser encontrada no capítulo de abertura do livro mencionado.

Apoiado em Bion, ele postula a necessidade de metabolização de "qualquer impressão sensorial e emocional". O produto desta metabolização é a formação, a partir do insumo mencionado, de um "pictograma ou ideograma visual". Uma das definições de "pictograma" no dicionário é: *imagem que representa um objeto, ou uma idéia, mas não o designa*". A função dessa imagem, que para Ferro tem característica poética, é sintetizar a resultante emocional nascida da impressão sensorial ou de uma somatória delas. Esta imagem é o elemento alfa. Em suma: o sujeito experimenta uma impressão sensorial e emocional cuja metabolização produz imagens que sintetizam tais impressões. O que parece implícito, pois, é que inicialmente tais impressões estão como que dispersas ou fragmentadas e é a sua colocação em imagem que lhes confere um caráter expressivo e um primeiro grau de inteligibilidade. Se minha compreensão for verdadeira o adjetivo poético, aposto à imagem, não se refere então a um suposto *valor* poético, isto é, à qualidade estético-artística da mesma, mas a seu modo de organização, à sua estrutura, disposta de modo a conferir-lhe caráter simbólico, alusivo, e não designativo.

Ferro diz que o elemento alfa é a "maneira" através da qual é pictografada toda experiência senso-estereo-perceptiva. Sendo um pictograma não pode ser uma "maneira"; talvez a maneira seja a metabolização, a função alfa que cria esses elementos alfa, que por sinal são "incognoscíveis, a não ser através dos derivados narrativos", isto é, da fala do paciente.[2] Ferro propõe então que se esta fala tem a ver com a história do paciente, com seu mundo interno, certamente terá a ver "com o que a mente está pictografando em cada instante relacional". As comunicações do paciente têm portanto a ver com sua história, seu mundo interno e fantasias correlatas, mas elas devem ser abordadas "a partir de um novo ponto de vista, coexistente com os acima mencionados": elas devem ser apreendidas como "respostas em tempo real vinculadas ao pensamento onírico de vigília em contínua formação".

---

[2] Há uma conexão evidente entre essa teorização e a noção freudiana de representação-coisa inconsciente e que se torna apreensível apenas através de sua conexão com a memória dos restos acústicos, transformando-se em representação-palavra. Para Freud a representação-coisa derivava de recalque (isto é, da necessidade de suprimir da consciência uma demanda pulsional); para Ferro, o pictograma se origina da experiência emocional e, de certo modo, nasce recalcado, necessitando da linguagem para se dar a ver.

Todavia, a coexistência com os "outros pontos de vista" é, a meu ver, um *modus falandi*, pois em seus textos o elemento histórico — a transferência como repetição — e o mundo interno — a projeção para o exterior das fantasias inconscientes — estão estreitamente subordinados ao pensamento onírico de vigília do paciente que "sonha" a resposta à interpretação em tempo real. Esta resposta é o guia que orienta o analista naquilo que deve ser sua preocupação central: o escaneamento constante de sua contratransferência, que vai lhe possibilitar entrar em sintonia com a demanda inconsciente do analisando. O analista deve "tolerar" que o paciente lhe ensine o estilo interpretativo que melhor convém a "este" paciente, "neste" momento, e assim operar uma transformação do campo relacional que os une. A epígrafe deste trabalho — "*No dia em que o analista cozinha com suas próprias panelas sujas, freqüentemente o paciente tem dor de barriga*" — traduz à perfeição essa postura. Nas mãos de Ferro ela opera como uma retórica. Se você perguntar por que as panelas estão sujas, ele responderá que o analista as usou de modo inadequado; se você lembrar que o paciente pode tê-las sujado, ele dirá que cabe ao analista mantê-las limpas. Se você lembrar que o paciente pode ter sujado a comida (limpa) que recebeu, ele responderá que devemos nos perguntar o que fizemos (no campo relacional) para o paciente agir dessa maneira.

Ferro escreve que uma mesma seqüência de elementos alfa pode ser narrada através de vários suportes (filme, lembrança da infância, crônica do cotidiano etc.); o importante é que este gênero veicule a experiência relacional e que o faça "escolhendo o conteúdo mais adequado para narrar a seqüência de elementos alfa". Mas aí ele acrescenta algo instigante: esta escolha também é orientada por uma "preferência particular que cada mente pode ter por algum gênero, que escolhe porque lhe serve melhor". Ora, esta preferência particular, esta escolha que se encaixa com maior precisão à necessidade expressiva do paciente deve ser fruto de alguma determinação, *alheia ao "instante relacional"*; no mínimo estará atada à história de fluxos pictogramáticos anteriores que sedimentaram formas particulares de relação de objeto no mundo interno do sujeito.

Entre os gêneros narrativos, Ferro menciona o sonho que "quando relatado na sessão é um acontecimento do instante relacional no qual é narrado (embora não seja assim no momento em que o sonho é sonhado)". Segundo esta concepção, no momento de seu *relato na sessão*, o sonho se apresenta como um derivado narrativo vinculado ao "instante relacional" vivido na sessão, sendo aparentemente secundários os elementos (históricos, por exemplo) que o precederam. Mas isto não acontece — segundo ele — no momento

O sonhar do analista

113

em que o sonho é sonhado (provavelmente porque ali não estaria ocorrendo um "instante relacional"). Esta é uma teorização problemática já que é difícil deixar de conceber o sonho (no momento em que é "feito") como uma metabolização — para ficarmos no mesmo termo de Ferro — de uma experiência de apreensão do mundo (interno, externo, emocional) com a finalidade de organizá-la e dar-lhe forma expressiva. Nesta perspectiva, o sonho é a "solução" encontrada para apreender a experiência que é comunicada a um interlocutor — na maioria das vezes o próprio sonhante — que desta forma capta as questões que seu próprio aparelho psíquico vai gerando. Parece-me que este conjunto funcional pode muito bem estender-se à sessão, *moldando o instante relacional* e não apenas limitando-se a exprimi-lo. Conceber o sonho relatado na sessão como um acontecimento *do* instante relacional contém o perigo de desarticulá-lo da história de sua própria elaboração, isto é, dos determinantes que geraram "a preferência" do gênero narrativo escolhido.

A seqüência de elementos alfa e a formação de pictogramas é uma atividade constante do aparelho psíquico. O que é narrado na sessão é "colocado no ar" numa geografia específica (*setting*) que leva o sujeito a inquirir sobre o sentido e a necessidade de sua cadeia expressiva. Entretanto, o fato desta seqüência emergir no aqui e agora da relação analítica não nos dispensa de inquirir sobre sua vinculação com cadeias expressivas pretéritas, tal como se poderia depreender da insistência de Ferro em focar o instante relacional.[3] Assim o sonho relatado na sessão é, como diz Ferro, "um acontecimento do instante relacional no qual é narrado", *mas* é também determinante desse instante porque contém a história das necessidades — das exigências — que conduziram à formação da seqüência de elementos encadeados. O autor privilegia, a meu ver, a sincronia, em detrimento de sua dialética com a diacronia, o que acaba conduzindo a uma visão septada, compartimentada do indivíduo, isolada do processo construtivo de sua cultura interna.

Na verdade, esta crítica precisa ser melhor afinada. Como para Ferro todo elemento alfa é idiossincrático, isto é, uma criação nova do sujeito, ele difere tanto das fantasias originárias[4] descritas por Freud quanto das típicas

---

[3] Na verdade, a história do sujeito e a da formação e funcionamento de seu mundo interno só podem ser compreendidas como organizadas sob forma relacional, geradoras, portanto, de um fluxo contínuo de pictogramas; são os atributos do instante relacional descrito que estavam sendo discutidos aqui.

[4] As fantasias originárias referem-se ao coito parental, à sedução e à castração. Na verdade, remetem a cenas (por exemplo, à cena originária), a enredos — guardando um ca-

fantasias inconscientes kleinianas, ambas tendo para ele como característica "serem comuns a várias mentes", "universais". Ferro relega estas fantasias a uma posição secundária porque elas, embora funcionem como estruturas básicas, organizadoras do desenvolvimento e do funcionamento do aparelho psíquico, necessárias e irredutíveis enquanto "teorias vividas", prescindem da experiência *factual* do sujeito para se atualizarem.

Já o pictograma não é "universal": ele se origina na atualidade de um campo emocional-relacional *particular* do qual se torna um sinalizador, sendo, no entanto, incognoscível. Percebe-se que segundo esta concepção o inconsciente é *radicalmente histórico*, "experiencial", não havendo lugar em sua composição para conteúdos inatos ou primários. Entretanto, esta é uma historicidade paradoxal pois, na medida em que o pictograma é concebido como apartado do "universal", ele, conseqüentemente, deve ser visto como independente da massa lingüística em que o sujeito está imerso. Seria mais correto dizer que o pictograma *agrega* algo de novo, forjado pela capacidade criativa do sujeito *em relação* à bagagem de fantasias inconscientes organizadas em seu mundo interno. No exemplo que ele gosta de citar, a exclamação — um *flash* de sua paciente, após lhe ter anunciado que a partir do próximo ano faria um reajuste de honorários — "*Vejo na parede em frente uma imagem de um frango que está sendo depenado*", o analista só pode compreender o que estava em causa, e a paciente exprimi-lo, porque na história pessoal desta paciente, o que vale dizer, na história transferencial desta análise, o sentimento de ser escorchada encontra uma ressonância que se atualiza na relação e se exprime segundo uma imagética e um discurso comuns à cultura da dupla.

Evidentemente, entendemos *também* que o sonho, narrado na sessão, explicita a dinâmica do aqui-agora, isto é, funciona "como relato que exprime a qualidade do elemento alfa ativado naquele momento". Assim, tal como escreve Ferro, quando um paciente num momento da sessão nos diz que lembrou de um sonho ou o faz em resposta a uma interpretação, parece-nos evidente que estamos recebendo uma informação relevante sobre a dinâmica em curso. Entretanto, uma ocorrência desse tipo exige que o analista se indague tanto sobre as condições de emergência do sonho quanto sobre aquelas que a *impediam*. Isto implica articular o "instante relacional" com a história

---

ráter que contém "a expressão da situação vivida" na linguagem de Ferro. Na teorização freudiana estas "cenas" ocupam o lugar de representante psíquico da pulsão, e na kleiniana são abordadas como fantasias inconscientes, vinculadas à organização e funcionamento da assembléia de objetos internos.

O sonhar do analista

das experiências relacionais do paciente — ao menos aquelas que ocorreram naquela análise. O instante relacional não é "em si", não se esgota em si mesmo. Ferro critica o "treino" de pacientes para que contem sonhos e propõe que se favoreça sua emergência nos momentos significativos. Mas o "treino" consiste justamente em fazer interpretações que, articulando o sonho com os vários registros de vida do paciente (e não apenas limitando-o ao momento relacional), desvendem o sentido extenso que exigiu sua formação ("no momento em que é feito") e que abarca o aqui-agora da sessão.

Isso talvez fique mais claro no exemplo que ele nos fornece:

> "Após uma interpretação de transferência, uma jovem paciente tem um sobressalto e responde: 'Fui picada por um mosquito, olha o calombo se formando'. A interpretação foi uma fonte de turbulência, formou-se um elemento alfa, um pictograma emocional que permanece como uma foto polaróide virada para dentro. Mas podemos conhecer seu derivado narrativo ('Fui picada por um mosquito, olha o calombo se formando'), um derivado narrativo que fala de um pictograma que deu forma, cor, expressão a uma experiência de surpresa, dor, irritação".

Parece-me que o autor passa de uma maneira um tanto apressada sobre a informação de que se trata de uma *interpretação de transferência*. Embora não saibamos qual é o seu critério para classificá-la como pertencente a esta classe, podemos, para implementar a discussão, tomá-la num sentido genérico, como tendo sido uma interpretação que explicitou as determinantes e a natureza do vínculo emocional vivido com o analista naquele momento, o que, por sua vez, a torna referida ao modo de funcionar do aparelho psíquico da paciente. O derivado narrativo — a resposta da paciente — informa que ela sentiu-se picada, e que lhe deixou uma marca. Ferro escreve que a interpretação agiu como uma fonte de turbulência, gerando a cadeia: metabolização —> elemento alfa (pictograma emocional), que ele compara mui engenhosamente a uma foto polaróide (aparelho que produz a imagem instantaneamente) *virada para dentro*, isto é, incognoscível. Esta se revela através de um derivado narrativo "poético", isto é, valendo-se de *recursos simbólicos*, alusivos, conotativos, para exprimir a turbulência. O que Ferro deixa de elaborar é o fato de que a turbulência não foi gerada pelo conteúdo de sua interpretação, nem por ocorrer num "instante relacional", mas por sua contextualização: ela é transferencial. Creio então que não é a experiência emocional em si, ou seu delineamento, ou a turbulência ou a formação do pictograma que conferem valor analítico ao encontro, mas sua captação e explicitação na rede — campo, se preferirmos — transferencial que o paciente precisa formar para dar sentido ao seu funcionamento psíquico.

Na verdade, se o fluxo de sensopercepções que precisam ser metabolizadas é contínuo — estamos sempre em relação —, sempre se formará uma cadeia de "fotos polaróide". Segundo Caper (1999), "uma característica básica dos elementos alfa é a de poder se unir uns aos outros" e é esta vinculação que produz sentido, ou seja, a aposição e comparação dos elementos entre si produz uma comunidade de idéias interligadas. Ainda assim, como sublinha Elias Rocha Barros, não basta desvendar a face interna dessas fotos, ou da cadeia formada por elas: é preciso que a interpretação crie a possibilidade de novas significações — rearticulações com o conteúdo do mundo interno do paciente, o que só pode ser feito através da referência às transferências possíveis.

2.

Propomos-nos agora fazer, a partir dos conceitos expostos, um pequeno exercício examinando material de uma supervisão realizada por Ferro, e reproduzida no livro já citado *Antonino Ferro em São Paulo* (pp. 19-26), no seminário intitulado "O sonhar do analista":

> "Coordenador: Com o objetivo de conhecer os conceitos teóricos do Dr. Ferro teremos esta noite um seminário temático sobre 'O sonhar do analista'. O material clínico será ponto de partida para as reflexões e comentários do Dr. Ferro e, posteriormente, poderemos trocar idéias. Em consonância com as idéias do Dr. Ferro, vamos trabalhar de uma maneira insaturada, sem saber de antemão o que vai surgir.
>
> Apresentador: Luís, um executivo de 58 anos, está em análise há pouco mais de quatro anos, três vezes por semana. Fez duas análises anteriores por vários anos. Esta sessão vem após uma ausência de duas semanas: seu trabalho envolve muitas viagens, o que o leva a freqüentes faltas. Mas ele nunca faltou por tanto tempo como agora.
>
> Luís entra, me cumprimenta verbalmente, coloca o paletó na cadeira, deita-se e logo diz, em tom sarcástico:

Paciente: *Faz tempo que não venho.* (Silêncio.) *Você deve estar puto comigo.*

Analista: *Talvez você esteja puto comigo e por isso não veio.*

Paciente: *A análise dá muito trabalho para um homem ocupado como eu. Tive reuniões e viagens de trabalho. Como poderia estar aqui? Não poderia deixar de viajar nem dizer aos outros para esperar porque tenho análise.* (Silêncio.)

Durante o silêncio, sinto a tensão que existe no nosso reencontro. Sinto algo tempestuoso no ar, uma hostilidade. Vejo-o digladiando comigo e me provando a importância de seu trabalho, e demonstrando como é trabalhoso estar comigo e com seu mundo interno. Parece que algo vai desabar e temo não segurar.

Luís intervém novamente, agora num tom irritado:

Paciente: *A análise também é inócua. Não mudou o meu problema com as mulheres. Eu só repito coisas.*

Analista: *Estranho que você continue vindo e pagando por algo tão inócuo. Penso que você luta nesta análise para me tornar inócuo e me paralisar. Será que não é para paralisar sua necessidade de contato?*

Paciente (após uma pausa): *Eu queria era paralisar o tempo, a vida, minha idade. Não quero envelhecer. Não quero me aposentar do trabalho. Isso parece que é o fim, que vou me sentir inútil e sem importância. Que horror é a passagem do tempo! Não queria que o tempo tivesse passado também para S. (secretária e amante). Nem que ela envelhecesse. Ela já foi tão bonita e agora também está envelhecendo. Cada vez mais vejo sinais disso, embora ela ainda esteja enxuta. Precisaria arrumar outra amante mais jovem, mas não consigo. Meu casamento com M. acabou há muito tempo. Eu nunca a aceitei e sempre a testei. Acho que aqui também o testo. Eu o estou examinando, acho que ainda não o aceitei como meu analista, como não aceitei minha mulher. Como poderia aceitá-lo se não vi seu* curriculum vitae, *nem sei se você é médico? Meu analista anterior era médico e professor. Vim aqui somente pela indicação de A., sua ex-paciente.*

Luís já referira outras vezes que se sentira atraído por A., mas ficara intimidado porque ela era uma artista bonita e inteligente.

Analista: *Você me testa e me desvaloriza para que eu sinta o que você sente quando desvaloriza suas mulheres e a si mesmo.*

(Silêncio longo.)

Paciente: *Fiquei olhando aquele bicho na janela. O bicho não pode voar* (acho que era uma mosca ou uma vespa), *está aprisionado porque o vidro impede e ele não procura a saída, que está ao lado. Eu também me sinto assim. Estou aprisionado com as três mulheres* (a esposa, a amante-secretária e uma colega de trabalho) *e uma quarta, que é uma jovem de Nova York, e uma quinta, que é outra mais jovem, do trabalho.* (Em tom irônico:) *Sabe o que é um Don Juan?*

(Fico em silêncio.)

Paciente: *Sinto-me como Don Juan, tentando ter mulheres e não podendo usufruir.*

Imagino então um Don Juan desejado, poderoso, desfilando com várias mulheres. Imagino também um inseto frágil, solitário e prisioneiro. Vejo uma cena tragicômica e insólita: Luís como um inseto disfarçado de Don Juan. Será que ele cria os impasses na análise para não perder o disfarce e evitar um desmoronamento?

Digo:

Analista: *Com as mulheres você faz testes de potência e comigo faz testes de sabedoria, para saber se eu posso lidar com seu temor da fragilidade, da solidão e da destruição.*

(Silêncio.)

Paciente: *Não sei por que, agora me lembrei de um sonho que tive esta noite.* (Há muito tempo que o paciente não relata um sonho nas sessões.) *Não sei se vale a pena falar disso, porque não vejo relação com nada. Você certamente vai dizer que é coisa do meu inconsciente, mas eu não vejo nada.*

Analista: *Você quer saber de tudo e não contar comigo.*

Paciente: *Sonhei com um colégio em que estudei por oito anos. Fui muito infeliz lá. No sonho, eu visitava o colégio e via as portas das salas de aula fechadas. Vi também a sala em que fui testado para entrar no colégio. Vi no pátio sete piscinas com água transbordando. Os padres não apareciam no sonho. Depois, vi alguns colegas daquela época com a idade atual.*

Analista: *O que pensa do sonho?*

Paciente: *Pensei em como os padres tinham enriquecido com o colégio. Antes havia só uma piscina.*

Analista: *Parece que você vê os padres como exploradores. Quando você teme que eu também o explore aqui e que não me interesse por você como pessoa, fica infeliz e não pode usufruir da análise.*

Paciente (em tom enfático): *Usufruí, sim, de alguma coisa, com a análise: consegui um melhor relacionamento no trabalho e com os meus filhos.* (Silêncio.) *Ah! Lembrei-me agora de que no colégio havia o retido. Sabe o que é retido?*

Analista: *Não.*

Paciente: *É quando o aluno comete três falhas e depois é suspenso. Eu tinha medo disso e me afligia para não ser o retido.*

Nesse momento imagino um robô pregado no vidro, suspenso pelas pernas e despedaçado.

Analista: *Penso que você se aflige com a possibilidade de suspender e conseguir destruir totalmente o contato humano. Aqui você me testa para saber se eu agüento ou se também vou suspender nosso contrato.*

Paciente: *Mas eu faltei por viagem de trabalho.* (Pausa.) *É, acho que o testo para saber se você me suspende ou não.*

Termina a sessão.

Dr. Ferro: Gostaria de começar pelo material clínico, embora eu não saiba exatamente como iniciar. É um material bonito, rico e interessante, que se presta a várias possibilidades de intervenção.

Penso rever a sessão aos poucos e deixar que as coisas fluam ao longo dela, tendo em vista, principalmente, o sonho do analista e a maneira como podem ser entendidos os personagens dentro da própria sessão.

O primeiro personagem que toma corpo na análise — e que nos vem assinalado antes mesmo da própria sessão — é o trabalho que o paciente faz. Eu pensaria o trabalho do paciente como um primeiro personagem da sessão, no sentido de que o trabalho é algo que ele faz no mundo exterior e que o impede de vir à sessão; porém, podemos também pensar nele como um trabalho interno que o paciente faz consigo mesmo. Mas o que me interessa privilegiar é o tipo de trabalho que o paciente faz no interior da situação analítica. E isso vale para qualquer personagem que entre na sessão. Se o paciente fala do gato que possui, podemos pensar que ele fala do gato e dos sentimentos ligados a esse gato, podemos pensar que fala de um gato como de um objeto interno, que pode ser projetado ou não sobre o analista, ou então que fala da felinidade dentro da relação.

Existe um quadro belíssimo de Escher, chamado *Relatividade*, no qual há vários planos unidos por diversas escadas, e não se entende bem em que direção essas escadas vão, como se unem. Os personagens podem ser colocados em diversas escadas, de modos diferentes: numa escada o personagem enquanto faro real, em outra o personagem enquanto objeto interno do paciente, e em outra escada — para mim a mais significativa — o personagem como algo que diz respeito especificamente ao que acontece dentro da sessão. Tentarei focalizar a atenção sobretudo neste terceiro tipo.

Tenho a impressão de que o trabalho desse paciente dentro da sessão, ou dentro da sua análise, é o de parar o tempo. Ao não vir à sessão, ele de fato faz um trabalho: é esse o seu trabalho, ele deve parar o tempo. Não sei se vocês lembram do filme de Bergman, *Morangos silvestres*. O filme começa com a cena dramática de um funeral e de um relógio sem os ponteiros. Penso que o trabalho desse paciente seja o de tirar, continuamente, os ponteiros do relógio, na medida em que ele é um homem ocupado — muito ocupado principalmente em evitar de pensar, como uma criança hipercinética que tem sempre de correr de um lado para o outro, caso contrário cai em um abismo profundo de desespero. Num certo momento o paciente diz isso, quando fala que gostaria de paralisar o tempo, a vida, sua própria idade. Essa fala me lembra o conto de Edgar Allan Poe, *A carta roubada*, no qual a melhor maneira de esconder algo é colocá-lo em extrema evidência.

Parece-me que a verdade psíquica desse paciente está dentro desse refrão: 'Eu queria paralisar o tempo, a vida, a minha idade'. Mas a maneira de não permitir que isto seja descoberto é exatamente colocá-lo à mostra, exibi-lo como algo sem importância, para que o analista se mobilize para procurar em outro lugar, o paciente continua dizendo: 'Eu não quero envelhecer, não quero me aposentar'. A aposentadoria também pode ser pensada como per-

O sonhar do analista

sonagem da análise; a aposentadoria como o fim do seu trabalho e também como o fim da análise, ou seja: 'Tenho de ficar sempre com você, porque existe um drama que não pode ser enfrentado na solidão, que é o do tempo que passa, das coisas que acabam'.

Depois ele fala de S., a amante-secretária que também está envelhecendo. Ela poderia ser pensada como S., e também como o analista, para quem o tempo também passa e que também muda mês após mês. Ele pode ver isto no seu próprio rosto e no rosto do analista — e é trágico. É como se houvesse uma temática, como a que poderia existir na crise de meia-idade, que em geral é passageira e tolerável.

Eu pensava no movimento depressivo que encontramos no início da *Divina comédia*, de Dante — 'No meio do caminho da nossa vida, nos encontramos em uma floresta escura' — que é uma maneira de representar esse impacto da meia-idade. A vantagem é que, no passado, isso acontecia aos trinta anos e hoje foi retardado. Elliot Jacques diz, a respeito da crise de meia-idade, que somente a capacidade criativa pode ajudar a elaborar e a superar essa crise. Não me refiro especificamente à meia-idade, mas a todas as crises existenciais pelas quais passamos: adolescência, meia-idade, a crise dos sessenta e a da senilidade.

Acho bonito o que o paciente diz, num certo momento, sobre a indicação para análise: esta veio de A. Poderíamos entender A. como um personagem real que indicou a análise, mas, também, nessa outra escada que me interessa mais, poderíamos pensar em A. como uma capacidade criativa do próprio paciente. Mas ele ficou intimidado, assustado frente a essa possiblidade. Acha mais fácil continuar o seu trabalho de parar o tempo. Poderíamos iniciar uma espécie de sonho acerca desse material que nos remete, de modo riquíssimo, a uma série de imagens literárias: *O retrato de Dorian Gray*, o filme *Casanova* de Fellini...

Depois, o analista capta o trabalho de desvalorização do paciente e procura aproximar-se progressivamente dele — e aqui surge a imagem do inseto, como algo que, de alguma forma, traz vida, movimento. Interessante porque o analista faz a interpretação sobre a desvalorização que ele faz com as mulheres depois que o paciente falou de A., ou seja, depois que o paciente falou de sua própria parte potencialmente criativa. Vejo aqui um primeiro sonho do analista, como se ele sonhasse que precisa dar essa interpretação sobre a desvalorização das mulheres imediatamente após a fala sobre A. Quando o paciente sente que o analista se aproxima dessa parte que denominamos A., surge algo vivo, o movimento do inseto. Porém, um vidro se interpõe, impedindo que o inseto voe. O paciente diz que se sente aprisionado por três mulheres — e depois surgem uma quarta, uma quinta, como se isso remetesse ao fato de sentir-se aprisionado pelas três análises e, talvez, pelo projeto de uma quarta e de uma quinta.

Num certo momento, o paciente indaga: 'Sabe o que é um Don Juan?' — como se aquelas coisas escondidas, colocadas de uma forma muito clara na mesa, fossem retomadas pela fala sobre Don Juan. Aqui há uma *rêverie* do analista, na qual ele imagina um inseto vestido como Don Juan. Nesse momento, há uma situação de impasse, relativa à figura do inseto — como se este não fosse inofensivo, mas um inseto cuja picada provocasse doenças mortais, porque é o inseto que fala do tempo, do fim das coisas e da morte. Então, ele deve ser coberto com roupas, como as de Don Juan ou Casanova, para ficar escondido.

Creio que há uma grande proximidade do analista quando ele pergunta se pode enfrentar a fragilidade, a solidão e a destrutividade — que no fundo são representadas pela morte — e o paciente responde com um sonho, como se nesse momento sentisse que pode entrar em contato com algo profundo com que o analista pode, por sua vez, contactar.

Gostaria de ouvir as associações de vocês sobre esse sonho, porque não consigo ter muitas fantasias sobre ele, como se nele houvesse muitas portas fechadas. Vou dar uma idéia geral e depois gostaria de ouvir a platéia.

Penso que as portas fechadas são aquelas impossibilidades que impedem que o discurso possa ser compartilhado nesse momento. As sete piscinas cheias de água remetem, não sei bem por que, a um tema mítico ou bíblico. Associei ao filme O *sétimo selo*, de Bergman, onde há aquela terrível partida de xadrez entre o Cavaleiro e a Morte, na qual esta vai inevitavelmente comendo todas as peças do Cavaleiro.

É muito intensa também a passagem em que o analista capta o drama do paciente — que é o de sentir-se tão só e, ao mesmo tempo, não poder utilizar-se da análise. E este é o outro drama, ou seja, não poder utilizar A., mas ter sempre que parar o tempo em vez

O sonhar do analista

de transformar essa angústia em algo criativo. O analista capta isto, e o paciente responde que ele pôde usufruir de algo, que melhorou no trabalho e com a família, como se nesse momento se abrisse uma pequena porta para a entrada de A.

Para finalizar, temos aqui um outro grande *insight* do analista, quando ele fala do robô que está pregado no vidro, suspenso pelas pernas. Creio que esse robô representa o próprio funcionamento do paciente, que é mecânico, exatamente o oposto do que faz A., que é uma artista; ao passo que o paciente, de modo automático, procura parar o tempo e impedir qualquer movimento na análise. O sonho central me parece ser o sonho do analista relativo a esse inseto, pelo qual a dupla não deve ser picada. Isto poderia ser visto, do ponto de vista clássico, como um impasse em que se constitui uma área de resistência da dupla, na qual existe esse lugar que não pode ser metabolizado. Porém, prefiro considerar como algo em torno de que analista e paciente estão trabalhando".

Há uma chamada inicial convocando os presentes *"a trabalhar de maneira insaturada, sem saber de antemão o que vai surgir"*, uma construção que não deixa de ter sua graça acaciana. Afinal, nunca se pode realmente saber de antemão o que ainda não surgiu. É que este zelo purista evoca aqui o medo de contaminação por memória e desejo. Bastaria ficar atento às próprias sugestões de Ferro para não se deixar intimidar por uma ameaça tão infantilizante que, a julgar pelo andar da carruagem, precisa ser esconjurada como um anátema. Lembremos que Ferro, falando da emergência do sonho na sessão, menciona o valor daqueles que são espontaneamente lembrados e/ou que surgem em resposta a uma interpretação. Seguindo este modelo o apresentador, se não quiser falar da "saturadora" rotina analítica, estaria livre para expor algo da memória afetiva ("espontaneamente lembrada") da relação estabelecida com seu paciente. Poderia também falar "em resposta" à fonte de turbulência representada pela própria apresentação do caso aos colegas e ao ilustre visitante, certamente geradora de impressões variadas, a se resolverem em pictogramas emocionais, que convergiriam para um derivado narrativo cujo estilo literário seria o da "apresentação de caso" e cujo eixo diretor seria a experiência analítica vivida (acoplado agora à necessidade de comunicá-la).

Entretanto, uma vez que a questão da saturação foi mencionada pelo apresentador, convém detalhar como Ferro a concebe. Para ele, este é um problema que diz respeito à *interpretação*: no convívio de uma análise, "durante longos momentos ou durante momentos particulares, partilhar a vivência é mais importante do que a elucidação/decodificação do conteúdo". Daí sua preferência por interpretações narrativas, que ele também chama de fracas, por oposição às que nomeia saturadas. Sua *bête noire* não é tanto a interpretação de cunho histórico, ou reconstrutiva, de linhagem freudiana, e sim a interpretação kleiniana, onde o paciente surge como aquele que "compreende mal, deforma, ataca, distorce" (o que não deixa de ser uma visão um tanto quanto saturada do trabalho clínico kleiniano). Desse modo, para ele, interpretar os conteúdos das relações de objeto e as fantasias que as organizam cria o risco de saturar a comunicação impregnando-a de "conhecimento enciclopédico". O relato dos pacientes não deve ser escutado enquanto levantamento de recalque ou integração de partes cindidas mas ser captado como criação que concebe uma "nova" história (embora eu não veja por que o levantamento do recalque e a integração não possam também, *contextualmente*, ter valor de "fato novo"). Ferro pensa que a interpretação exaustiva — aquela que se refere ao funcionamento mental do paciente como se fosse um "solo" (no sentido musical da palavra) perde sua centralidade e deve ser substituída pelo trabalho mental do analista, feito na sessão, segundo um gradiente que vai de elemento beta para elemento alfa.

Embora Ferro não o mencione acredito que, para ele, a interpretação saturada é o equivalente do que Bion chama de propaganda: *propaganda da teoria do analista*. Esta, como é sabido, tenta induzir um estado de mente através de coerção e indução, cujo resultado é uma manipulação, que vai se opor ao mapeamento das forças presentes e atuantes no campo e à lógica que as solicitou.

Mas, pelo visto, tal como a fraqueza tende a encontrar uma brecha na carne, também a saturação encontra aqui sua vez. Acabamos sabendo a idade e o sexo do paciente, sua profissão (que é, de certo modo, uma informação sobre sua condição social), o tempo de duração da análise, a freqüência, assim como sua longa experiência analítica anterior.

Mas o acontecimento nuclear, que precede a sessão e sobre ela se projeta, é a ausência do paciente, que faltara por duas semanas; o apresentador sublinha que ele nunca se ausentara tão longamente (*"mas ele nunca faltou por tanto tempo como agora"*). Como analistas somos obrigados a aceitar que nada aqui é gratuito — por mais que a tentação, freqüentemente atuada, seja a de *turn a blind eye* ao que incomoda e ao que não se entende. Então, *acompanhando Ferro*, podemos supor que o analista não apenas "sabe" que o paciente faltou (registro factual) mas que esta ausência, separação e distanciamento têm também caráter de estímulo, gerador no analista de uma cadeia, ou melhor, de um leque de pictogramas cujos derivados narrativos (eventualmente comunicados a si próprio *a bocca chiusa*) estariam exprimindo o impacto criado pelo comportamento do paciente (caracterizado como variação imprevisível e não controlável do ritmo de freqüência). A ponta do iceberg são *"ele nunca faltou por tanto tempo"* e o próprio título dado à sessão, "O Reencontro", situação que, todos sabemos, é das mais propícias para gerar turbulência em quem dela participa.

As primeiras trocas entre paciente e analista são:

> "Luís entra, me cumprimenta verbalmente, coloca o paletó na cadeira, deita-se e logo diz, em tom sarcástico:
>
> > Paciente: *Faz tempo que não venho.* (Silêncio.) *Você deve estar puto comigo.*
> > Analista: *Talvez você esteja puto comigo e por isso não veio.*
> > Paciente: *A análise dá muito trabalho para um homem ocupado como eu. Tive reuniões e viagens de trabalho. Como poderia estar aqui? Não poderia deixar de viajar nem dizer aos outros para esperar porque tenho análise.* (Silêncio.)"

Continuemos o nosso exercício tendo como guarda-chuva as formulações técnico-teóricas de Ferro.

A primeira frase do paciente, em tom sarcástico, nos informa haver um certo grau de sintonia (ou de coincidência, se o preferirmos) entre paciente e analista. Assim, *também para o paciente* a idéia de ausência e separação — e, portanto, de reencontro — parece impregnar seus sentimentos. O sarcasmo que infiltra a melodia de sua fala, com sua conotação de ironia, zombaria, assinala que ele não está meramente constatando a separação e o retorno mas que estes têm uma implicação e repercussão afetiva profunda e complexa. Tomada como um derivado narrativo, a frase *"você deve estar puto comigo"* fornece ao analista alguma indicação dessa experiência, sobre a qual podemos fazer conjecturas imaginativas. A mais imediata é que a turbulência emocional do paciente se resolve (via pictograma e seu enunciado) inserindo no reencontro a imagem de um objeto autoritário, ameaçador, controlador, que exige do paciente obediência, submissão... e presença, e que pode repudiá-lo e/ou tornar-se agressivo quando contrariado.

Parafraseando Ferro, que para melhor explicar seu ponto de vista nos oferece vários derivados narrativos alternativos para uma *mesma* configuração de elementos alfa, podemos supor outras opções para a fala do paciente. Por exemplo: "Quando eu cabulava aula meu pai brigava comigo e só dava bola para minha irmã"; ou: "Se eu ficasse jogando futebol até mais tarde e perdesse a hora do jantar minha mãe me mandava para cama sem comer e nem me dirigia a palavra".

O que está implícito nessas formulações (do paciente e nossas) é a presença no seu mundo interno de um superego rígido que faz o paciente sentir-se culpado, negligente, incapaz, e cuja relação de objeto configura o gênero específico de turbulência emocional experimentada e apresenta a forma necessária de pictograma para exprimi-la. Podemos acrescentar que esta relação (com o superego), ex-cindida e projetada, é atribuída ao analista ("*você* deve estar puto comigo"). Melanie Klein deu a esta operação o nome de identificação projetiva. *Ferro não desprezaria esta teorização mas tecnicamente se voltaria para tentar compreender aquilo que no campo — e particularmente na contribuição do analista para formar o campo — levou o paciente a reagir dessa maneira.* De qualquer modo, todas estas formulações convergem para a existência da configuração emocional já descrita, que confere sua marca ao "instante relacional" em vigência. Bion, o autor em que Ferro se apóia para desenvolver seu pensamento, propõe uma teoria — melhor seria dizer, um modelo — para a forma de acolhimento pelo analista deste gênero de experiência emocional. Acredito que ela pode ser melhor compreendida se a contrastarmos com um "instante relacional" extra-analítico.

Assim, na vida de relações contratuais, aquelas geridas e avalizadas pelo senso comum, seria cabível um diálogo do gênero:

> Personagem A: *Se é para você continuar a dar o cano desse jeito, o melhor é cada um ir para o seu lado; não pense que vou deixar você me fazer de bobo!*
>
> Personagem B: *Ah, é? Quem é que você pensa que é para mandar na minha vida? Você acha que sem você eu não me viro? Olha, tá assim de gente por aí querendo me paparicar. E eu tenho outras coisas a fazer!*

Já na vida das relações íntimas, aquelas que interessam à psicanálise, as formulações devem tomar outro rumo — por parte do analista. Bem, o paciente está livre para dizer o que quiser, por exemplo, "para atuar na transferência" (algo assim como externalizar o seu objeto interno — um que tenha função de superego — e depois estabelecer com ele, no mundo externo, uma relação transferencial; no nosso exemplo ficcional vimos como a atuação da personagem A provoca como resposta também uma atuação por parte da per-

O sonhar do analista

sonagem B). Mas o analista, atento à função opacificadora da linguagem da vida contratual e das respostas a nível do senso comum, não deve reagir através de um *acting out*. Ele foi treinado de modo a desenvolver um equipamento que lhe possibilite receber, compreender e conter (é a isto que Bion se refere) a identificação projetiva do paciente; ele se vale das manifestações do inconsciente emergentes no vínculo transferencial e daquelas provindas de sua contratransferência para transformá-las em derivados narrativos de cunho psicanalítico e não para externalizá-las a modo de atuação. Como entender isto?

O processo não é muito diferente daquele que ocorre com o paciente submetido à "impressão sensorial", tal como foi descrito por Ferro, havendo, porém, uma diferença fundamental. Se a fala do paciente que impressiona o analista é pictografada num elemento alfa (e numa seqüência de elementos) vindo a tornar-se cognoscível através de um derivado narrativo (cuja forma literária mais sofisticada é a interpretação), agora todo este processo está — digamos assim — "preso" à postura analítica e a serviço dela.

O fato de o "campo emocional" ser formado pela contínua inter-relação entre o pensamento onírico de vigília *do paciente e do analista*, e de ele "continuamente narrar-se a si mesmo", não deve nos impedir de perceber que as obrigações da dupla para com este campo são diferentes: na verdade, deve haver uma assimetria sem a qual o campo sequer se constitui. Desse modo, quando "a atividade de metabolização que fazemos de qualquer impressão sensorial e emocional" ocorre *no setting analítico*, esta operação deve estar a serviço de um objetivo específico: o trabalho psicanalítico. Este é realizado pela mente do analista em diálogo com, ou apoiado sobre, o sedimento de relações objetais que se decantou — para sermos sintéticos — ao longo de sua formação e das experiências de vida que a enriqueceram. Foi a isto que chamei de "equipamento": é ele que orienta o aparelho perceptivo do analista para que sua escuta seja efetivamente psicanalítica. Um exemplo histórico do funcionamento deste modelo é dado pelo que Freud chama de "atenção eqüiflutuante", que pode ser compreendida também como o desenvolvimento de uma disciplina para permitir a atualização, na mente do analista, do lapso ou ato falho.

No caso da relação da mãe com o bebê, que para Bion é a situação *princeps* desta atividade, por ele chamada de *rêverie*, o equipamento é formado pelo núcleo resultante da elaboração edipiana materna, isto é, por sua identificação introjetiva com os objetos primordiais, pela natureza dos vínculos que unem estes objetos e pela relação interna que mantém com estes objetos e suas funções. É o funcionamento deste equipamento que torna psicanaliticamente relevante a frase do apresentador *"mas ele nunca faltou por tanto tempo como agora*", assim como as conjecturas imaginativas que propus relativas à primeira fala do paciente.

Retornemos agora ao material e à primeira fala do analista: "*Talvez você esteja puto comigo e por isso não veio*".

Se aceitarmos que as teorias propostas por Ferro contêm algum grau de veracidade e que são de valia para o psicanalista, a resposta — reação do analista — pode ser caracterizada como uma recusa da experiência emocional do paciente ("o retorno") e do seu modo de organizá-la. O resultado é a devolução, em estado cru, da identificação projetiva, sob a forma de um enunciado acusatório, o que, de certa forma, configura a identificação projetiva como exitosa, isto é, torna o funcionamento do analista realmente semelhante a um superego perseguidor.

O emprego da palavra "recusa" não é aleatório: aqui ela é usada em sua penumbra associativa, que evoca tanto o valor semântico que possui na linguagem coloquial (repelir, não atender) quanto sua definição em termos psicanalíticos (*Verleugnung, disavowal, denial*).

Como sabemos, o mecanismo da recusa foi descrito por Freud em seu artigo sobre o fetichismo referindo-se a uma forma de dissociação do ego, como defesa face à angústia de castração: a ausência de pênis na mulher é simultaneamente aceita e negada, isto é, uma parte do ego a aceita e outra a recusa. O conflito se resolve na criação de um sintoma, na escolha de um objeto externo substitutivo, investido de valor sexual, que mantém o sujeito a salvo da percepção geradora da angústia dissociativa. Se abordo este ponto é porque a fala que introduz a apresentação do caso alude à situação de *espera do analista*, à sua ignorância e impotência face à ausência do paciente, à expectativa gerada pelo seu retorno, elementos que reunidos convergem para dar ou retirar sustentação ao processo psicanalítico em curso e, por extensão, à *identidade* analítica do analista. Aqui a ausência do paciente pode estar minando a confiança do analista em sua auto-representação, situação por demais conhecida por todos nós, e que ecoa como ameaça de castração.

Vejamos como o paciente responde ao que o analista disse:

"Paciente: *A análise dá muito trabalho para um homem ocupado como eu. Tive reuniões e viagens de trabalho. Como poderia estar aqui? Não poderia deixar de viajar nem dizer aos outros para esperar porque tenho análise.* (Silêncio.)"

Parece-me haver em sua fala um tom de desalento; ele precisa se explicar, se desculpar, se justificar. Os "outros" que ele menciona são aqueles que o compelem a entrar em contato com seu conflito de lealdades (trabalho/análise), com a ambivalência que este lhe causa, com o temor de suas escolhas, com o trabalho interno para processar a inquietude que cada opção eventual provoca. Os "outros" são, no aqui-agora, "os personagens da sessão [que] podem ser vistos como agregados funcionais, em decorrência do funcionamento onírico da dupla".[5] Os "outros" correspondem à multiplicação de superegos a quem deve dar satisfação.

Acredito que o modo de pensar de Ferro, apoiado em sua base bioniana (teoria da *rêverie*, do continente-contido), abordaria a situação vigente na sessão por um outro viés, por exemplo, valendo-se da parábola do filho pródigo como modelo:

> "Disse Jesus: Um homem tinha dois filhos. O mais moço disse a seu pai: 'Meu pai, dá-me a parte do patrimônio que me toca'. O pai então repartiu entre eles os haveres. Poucos dias depois, ajuntando tudo o que lhe pertencia, partiu o filho mais moço para um país muito distante, e dissipou sua herança vivendo dissolutamente. Depois de ter esbanjado tudo, sobreveio àquela região uma grande fome: e ele começou a passar penúria. Foi pôr-se a serviço de um dos senhores daquela região, que o mandou para os seus campos guardar porcos. Desejava ele fartar-se das vagens que os porcos comiam, mas ninguém lhas dava. Entrando então em si, refletiu: 'Quantos empregados há na casa de meu pai, que têm pão em abundância, e eu, aqui, a morrer de fome! Levantar-me-ei e irei a meu pai, e dir-lhe-ei: Meu pai, pequei contra o céu e contra ti; já não sou digno de ser chamado teu filho; trata-me como a um dos teus empregados'. Levantou-se, pois, e foi ter com seu pai. Estava ainda longe, quando seu pai o viu, e, movido pela misericórdia, correu-lhe ao encontro, lançou-se-lhe ao pescoço e o beijou. O filho lhe disse então: 'Meu pai, pequei contra o céu e contra ti; já

---

[5] A noção de "personagem que entra na sessão" — pessoa, acontecimento, situação com poder de figurar um aspecto vital da relação emocional — é básica em Ferro. A esse tema ele dedica o último capítulo, extremamente denso e complexo, de seu livro *A psicanálise como literatura e terapia*. Simplificando ao extremo suas idéias, devemos considerar "o personagem enquanto fato real, enquanto objeto interno do paciente e [para ele o mais significativo] [...] como algo que diz respeito especificamente ao que acontece dentro da sessão". Ao emergirem na sessão, esses personagens podem ser abordados tanto no seu estatuto histórico quanto no de objeto interno, mas esta apreensão visa torná-los "personagens-hologramas afetivos da cena psicanalítica presente".

não sou digno de ser chamado teu filho'. Mas o pai disse aos servos: 'Trazei-me depressa a melhor veste e vesti-lha, e ponde-lhe um anel no dedo e calçado nos pés. Trazei-me também o bezerro cevado e matai-o; comamos e festejemos. Este meu filho estava morto, e reviveu; tinha-se perdido e foi achado'. E começaram a festa...".
(Lucas, 15, 11-24)

Bem, um analista não precisa ser tão efusivo, mas talvez lhe convenha considerar os possíveis significados (e conseqüências) de um afastamento. Por exemplo: a necessidade que um filho tem de explorar o mundo — seja por curiosidade, seja como defesa narcísica diante da dependência ante o objeto primário. E o quanto esta experiência pode resultar em penúria e o retorno vir a impregnar-se de humilhação, arrependimento e revolta. Ao analista evidentemente não cabe matar um bezerro cevado para festejar a volta do paciente, mas certamente seria proveitoso para a análise que, além de investigar o gênero de sentimento que experimenta diante do filho que se afastara (e pode mesmo ser dado como morto), ele pudesse também, face à oportunidade que o retorno lhe oferece, interpretar (*tornar inteligível*) para este filho a forma e o funcionamento da configuração objetal, atualizado na transferência, *que está na origem* da dificuldade de convívio, do afastamento resultante, do sentimento de fracasso, da contrição submissa e do temor à punição.

O cerne dessa experiência não é o perdão que o pai dá ao filho, ou o seu regozijo ante a volta, mas sua capacidade de não recusá-lo, de acolhê-lo ("estava ainda longe quando seu pai o viu", "correu-lhe ao encontro"), isto é, de *integrar o filho que tem* com toda a complexidade depressiva que esta operação comporta. O filho, neste contexto, "torna-se um fardo tal que, para sentir-se aliviado, convém carregá-lo".[6]

Neste momento uma objeção poderia ser levantada, denunciando o derivado narrativo (um trecho do evangelho) por mim escolhido para problematizar o material apresentado como produto de uma reação estritamente pessoal, que não alcança o que foi experimentado na sessão, pela óbvia razão que dela não participei. Creio que este é o gênero de argumento subjetivista que impede qualquer troca entre analistas, tornando cada uma das afirmações das partes uma verdade compartimentada, incontestável e inatingível, porque nascida de uma experiência no fundo inenarrável e, portanto,

---

[6] Sermão de Santo Agostinho sobre o Filho Pródigo (Sermão 112A, sobre Lucas, 15, 11-32), *in*: Jean Lauand (org.), *Cultura e educação na Idade Média*, São Paulo, Martins Fontes, 1998.

O sonhar do analista

impossível de ser captada pela escuta alheia. Acontece que essa escuta não é aleatória — já dissemos o que a orienta quando falamos sobre o equipamento do analista. No caso da presente leitura estamos procurando trabalhar no interior do aparelho conceitual de Ferro, o que em princípio permite conhecer sua eficiência e seus limites. E compará-la às respostas que outros aparelhos conceituais oferecem a questões semelhantes. Além do mais, ao usar esta parábola como um nó narrativo que demarca a compreensão do material, estou criando condições para que surja uma história prevalente com força suficiente para afastar as outras histórias possíveis, conjunturais.

Em seguida, o analista vai dizer ao paciente, depois que este se queixa (*"A análise também é inócua... não mudou o meu problema"*), que estranha que ele continue a vir à análise e a pagar, sugerindo que ele luta para paralisá-la e torná-la inócuo. Sublinha que o paciente deseja *"paralisar sua própria necessidade de contato"* (justamente ele, que agora retorna!). O paciente reage dizendo, entre outras coisas: *"que horror é a passagem do tempo!"*. Se pensarmos transferencialmente, isto é, se tomarmos o tempo, não no seu sentido literal, mas como um personagem *"que diz respeito especificamente ao que acontece dentro da sessão"*, tal como nos sugere Ferro, ele emerge no aqui-agora como representação tanto do "horror" da separação e do distanciamento que dela resulta, quanto da necessidade de promovê-la. Ele simboliza o que o afastamento da análise tornou evidente e que não pode ser paralisado. O tempo *é* a prova a que o paciente submete o analista para avaliar sua capacidade de acolhimento e tolerância; que emerge em suas falas: *"acho que aqui também o testo"*; *"nem sei se você é médico"*. É a presença *deste* tempo no campo relacional que o levou a dizer *"você deve estar puto comigo"*, derivado narrativo que pode também ser escutado como "meu pai já não sou digno de ser chamado teu filho".

A fala seguinte do paciente sobre o inseto preso na janela (*"fiquei olhando aquele bicho... está aprisionado"*) é um exemplo extremamente próximo do que Ferro chama de "sonho de vigília". Ele se assemelha ao pictograma "que escapa" do continente: neste caso um *flash* "onírico" que revela o sentimento claustrofóbico que o paciente vive *na sessão*. O derivado narrativo detalha seu modo de procurar "saídas" através de relacionamentos femininos, múltiplos (*"sinto-me como um D. Juan"*), da compulsão à repetição, cujo fracasso já se esboçara em seu lamento, em fala anterior: *"eu só repito as coisas"*.[7] Tal como o inseto, *"ele também não procura a saída, que está*

---

[7] A compulsão à repetição é aqui mencionada mais no seu sentido objetal que econô-

ao lado" ("*Há* [...] *na casa do meu pai* [...] *pão em abundância, e eu aqui a morrer de fome*") porque, a esta altura, isto revelaria sua fome (de análise) *e o medo de não ser atendido.*

O analista tem então o seu primeiro sonho ("*imagino um D. Juan*[8] [...] *poderoso* [...] *também um inseto frágil*") vigorosamente expressivo da situação relacional *em curso*: o paciente é um inseto frágil mas *se disfarça* (sarcasmo, ironia, desvalorização do analista) ocultando a carência que motivou seu retorno à análise e nela se presentifica ("dissipou sua herança vivendo dissolutamente [...] ele começou a passar penúria"). A compreensão do analista — uma interpretação transferencial ligando a desconfiança do paciente ao seu receio de não ser compreendido e ao estado de seus objetos no momento da sessão ("*para saber se eu posso lidar com seu temor da fragilidade, da solidão, da destruição*"), cria condições para o acontecimento que Ferro considera como situação ótima: um sonho em resposta a uma interpretação ("fundamental porque remete à possibilidade de [...] se interligar o sonho como narração do aqui-agora"). O sonho é contado, apesar do analista comentar, diante da hesitação do paciente, que ele "*quer saber tudo e não contar comigo*", ao invés de ressaltar que ele *teme* não contar com o analista e sua compreensão, o que estaria mais afim com a interpretação anterior que mobilizou o sonho ("*você faz testes* [...] *para saber se eu posso lidar*").

---

mico: cada relação amorosa do paciente, na verdade, expõe sua ferida narcísica ao invés de aliviá-la, alimentando assim o círculo vicioso em que está enredado.

[8] A menção ao don juanismo, vastamente estudado na literatura psicanalítica, incita por sua vez a uma leitura explicitamente edipiana do material, apoiada na teoria da castração, viés que já tínhamos aventado quando mencionamos o conceito de recusa. Se a repetição *ad nauseam* do comportamento de sedução representa defesa contra a angústia de castração, a zombaria e a ironia ("*Sabe o que é um D. Juan?*") funcionam como cortina de fumaça para ocultar o fracasso da operação e o aprisionamento que ela representa. Lorenzo da Ponte, que escreveu o libreto de *Don Giovanni*, ilustra esta conjugação de modo perfeito na fala em que Leporello narra a uma desconsolada dona Elvira a aritmética amorosa de seu patrão:

> "*Madamina, il catalogo è questo*
> *Delle belle che amò il padron mio;*
> *Un cattalogo egli è che ho fatt'io;*
> *Osservate, leggete con me.*
> *In Italia seicento e quaranta:*
> *In Alemagna duecento e trentuna:*
> *Cento in Francia, in Turchia novantuna;*
> *Ma in Ispagna son già mille e tre*".

O sonhar do analista

Neste sonho surge novamente o sentimento claustrofóbico (as portas das salas de aula fechadas), já mais claramente vinculado a uma situação de exame, de avaliação (*"vi a sala em que fui testado para entrar no colégio"*), o todo centrado numa transferência de caráter paterno (pai-padre) que, ao mencionar o enriquecimento dos padres, parece aludir ao ressentimento do paciente pelas sessões a que faltou e que eventualmente terá que pagar.

Enquanto cadeia pictogramática e derivado narrativo "convocado" para exprimir o "instante emocional" em curso, o sonho comunica a aflição vivida pelo paciente de estar *preso* ali, no interior de uma *relação* que lhe é necessária (a paterna) e de cujo afastamento, motivado justamente para negar a dependência, resultou, entretanto, a penúria ("Desejara ele fartar-se das vagens que os porcos comiam, mas ninguém lhas dava") que o obriga a retornar, obviamente, perseguido, culpado ("pequei contra o céu e contra ti"), carente.

O analista capta o sentimento do paciente e dele se aproxima basicamente ao dizer *que percebe* que ele está infeliz (*"você teme [...] que não me interesse por você como pessoa [...] fica infeliz"*). *O paciente pode agora falar de modo inteiramente aberto a respeito do sentimento claustrofóbico que a relação lhe está causando naquele momento* (*"lembrei-me do retido"*) e da punição que receava receber por suas falhas-faltas (*"o aluno comete três falhas e depois é suspenso"*).

A fala do paciente joga com a ambigüidade da palavra retido (preso, imobilizado) que no contexto quer dizer também suspenso (expulso da aula, impedido de freqüentar o objeto). Ela traduz a ambivalência dos sentimentos que impregnam o retorno e lhe dão seu sentido específico. Ao comunicar a experiência emocional que o relacionamento com o analista está provocando o paciente diz textualmente: *"Eu tinha medo [...] me afligia para não ser o retido"*. Já o analista, em seu sonho, transforma este inseto aflito, que, sentindo-se aprisionado, precisou afastar-se ("Meu pai, dá-me a parte do patrimônio que me toca"; "partiu o filho mais moço para um país [...] distante"), em um robô suspenso pelas pernas e despedaçado, isto é, recusa o sentimento vivo (o temor da clausura) agora mais organizado e coerente — mais orgânico —, desvitalizando-o (robô) e cindindo-o (despedaçado).

Assim, é num tom de desculpa melancólica (*"mas eu faltei por viagem de trabalho"*) que ele termina a sessão, justificando sua ausência, ainda indagando sobre os sentimentos de continência do analista (*"testo para saber se você me suspende ou não"*).

Antonino Ferro esteve em São Paulo várias vezes de modo que muitos de nós tivemos a oportunidade de vê-lo trabalhar, particularmente em seminários clínicos e supervisões. Quem já participou desses encontros — como eu o fiz — não deixa de notar a harmonia existente entre o comportamento de Ferro e sua teorização. Ele fala sem afetação, criando à sua volta uma atmosfera de receptividade e tranqüilidade. A bonomia resultante facilita a transmissão de seus conceitos, o que é feito sem proselitismo mas com firmeza. Sua fala segue uma certa estratégia: ele não confronta o material apresentado nem o desconstrói. Em vez disso, pinça aqui e ali elementos que vão servir para substanciar suas idéias, utilizando-os como ilustrações de suas teorias, de modo que ao fim e ao cabo o material original é colocado entre parênteses e uma nova rede, paralela, de significados vai se tecendo à guisa de modelo de seu pensamento. O encanto desta caminhada vem em grande parte da clareza pedagógica do discurso, que é feito sem nenhuma pressão ideológica.

Os dois parágrafos iniciais da discussão do caso parecem ser exemplos deste procedimento — ou de sua introdução —, bastando ao leitor seguir seus comentários para ir acompanhando a trama conceitual que Ferro lança sobre o material para recolher aquilo que acha que deve privilegiar: o delineamento dos personagens, sua presença e trabalho no interior da situação analítica, os níveis estruturais do material, o privilégio do uso contínuo do aqui-agora, a produção artística como modelo do funcionamento mental (neste seminário ele cita Escher, Ingmar Bergman duas vezes, Edgar Allan Poe, Dante, Oscar Wilde, Fellini, Indiana Jones; já os únicos analistas mencionados são Bion e Elliot Jacques).

Esta sistemática — como todas — produz ganhos e perdas. Entre os ganhos contabilizamos a varredura contínua que o analista é obrigado a fazer de sua contratransferência, tornando o material do paciente compreensível a partir da reação da dupla, uma contribuição que me parece das mais realistas para abordar o trabalho psicanalítico.

Por outro lado, quero registrar uma certa generalização e frouxidão interpretativas — claramente procuradas — ligadas ao aspecto reducionista de sua teoria e técnica, que podem certamente retardar o trabalho elaborativo. Veja-se, por exemplo, como esta sua maneira de trabalhar o leva a associar, como que distraído em suas divagações, as sete piscinas transbordantes do sonho ao filme *O sétimo selo*, de Ingmar Bergman, e à questão da morte, ao invés de — mais prosaica e, creio eu, eficazmente — vinculá-las às sessões perdidas e à presente: o paciente faz análise três vezes por semana e faltara por duas semanas. Nesta sessão, ainda, ele se resguarda de dar ao tempo o status de personagem e é muito discreto quando menciona o aprisionamento do paciente pela/na análise, durante a sessão (*"se sente aprisionado por três mulheres* [...] *como se isto remetesse ao fato de sentir-se aprisionado pelas três análises*").

Segundo ele, as dificuldades ali presentes de comunicação entre analista e analisando poderiam ser vistas "*do ponto de vista clássico, como um impasse em que se constitui uma área de resistência da dupla*". Porém, ele prefere "*considerar como algo em torno de que analista e paciente estão trabalhando*".

Certamente, aqui, ganhar-se-ia muito em compreensão se a noção de "clássico" não fosse apresentada com a conotação de ultrapassado.

9.
VIDA ONÍRICA E AUTO-ANÁLISE:
UMA EXPERIÊNCIA CLÍNICA

Muitos analistas se deparam, ao longo de sua vida profissional, com situações únicas, inusitadas, que, em alguns casos, são aproveitadas e se transformam em estímulo e desafio para o pensamento e a prática psicanalítica. Relato aqui uma experiência desse tipo. Telefonou-me uma pessoa, A., moradora de uma cidade distante que desejava prosseguir sua análise — já feita com outro analista — trazendo unicamente sonhos como material. Ele sabia que Donald Meltzer (1984a) costumava fazer um trabalho desse tipo e que eu mesmo já o experimentara. Neste modelo de análise o paciente anota seus sonhos e depois, na sessão, os lê para o analista como uma fonte estimuladora para associações e como uma maneira de preparar o caminho para expor sua própria compreensão do material. *O conjunto é concebido como uma auto-análise monitorada pelo analista.*

O caso pareceu-me propício para uma experiência do gênero. Ele propunha uma situação que se afastava da clínica-padrão que venho praticando há trinta anos, representando a oportunidade de pesquisar o método psicanalítico e apostar na sua potência. Parecia alguém favorável para este tipo de pesquisa devido a seu interesse em psicanálise e, acima de tudo, como sublinharemos mais tarde, por causa de seu profundo envolvimento com sua análise anterior, um fator crucial na implementação deste tipo de trabalho.

Porém, antes de apresentar a análise de três sonhos da última sessão do paciente, penso ser necessário fazer algumas considerações a respeito da distância que existe entre a comunicação analítica que visa o diálogo com os colegas, e o trabalho clínico usual realizado com o paciente. Este último, a meu ver, deve ser leve, alusivo, mínimo, não saturado e, principalmente, imprevisível. Já neste escrito minha escuta e compreensão dos sonhos estão informadas pelas idéias de Klein e Meltzer. Faço-as "naturalmente", um pouco como um pianista que interpreta a música seguindo uma partitura. Mas há uma diferença importante a ser sublinhada. No caso do pianista existe *de fato* uma correspondência entre os signos do pentagrama e os sons produzidos. Entretanto, no caso do analista há apenas a internalização, devidamente metabolizada e apropriada por ele, de certa forma de escutar, dentro de um referencial teórico que opera como uma partitura interna flexível.

Assim, este relato, feito em grande parte no léxico kleiniano, é uma *narrativa altamente concentrada* de minha maneira de escutar, e da compreensão teórica atingida durante e depois das sessões, e, portanto, não corresponde necessariamente ao que foi dito ao paciente e também não representa o trabalho de outros analistas kleinianos.

Meu objetivo, ao dar ao texto esta forma, é colocar em evidência um certo modo de trabalhar com sonhos e de como os sonhos trabalham — trabalho explícito ou implícito — que, mesmo numa situação singular como esta, mostrou ser altamente potente e heurística. Entendo que uma análise é potente sempre que o analista, partindo de alguma apreensão metapsicológica do conteúdo manifesto, permite ao paciente responder às interpretações com novas associações que levam à produção de novos sonhos *a elas relacionadas*. Deste ponto de vista, acredito, o trabalho revelou-se bastante fecundo, como espero transmitir ao leitor.

Parto do pressuposto de que a realização de uma experiência deste gênero implica no fato de que o paciente, na sua análise anterior, tenha estabelecido uma identificação introjetiva com a *função analítica*, o que abre caminho para o exercício da auto-análise (Meltzer, 1967a).

A identificação introjetiva com a função analítica é semelhante àquela com as qualidades criativa, provedora e protetora dos objetos primários, e ocorre plenamente no momento que Meltzer denomina "The Weaning Process",[1] etapa final do processo analítico quando a criança aceita a autonomia e separação do casal parental e reconhece seus atributos, dos quais é dependente. No dizer de Meltzer (1978b):

> "[...] um dos principais modos de operação do método terapêutico consiste em possibilitar que novas qualidades sejam introjetadas nos objetos internos, provendo-os assim de capacidade analítica que é o necessário equipamento para a auto-análise".

A função analítica deve ser compreendida então como o estabelecimento de um diálogo inconsciente entre um *self* que reconhece necessitar de uma ajuda específica e um objeto capacitado a oferecê-la. Esta ajuda está voltada para a compreensão do funcionamento do mundo interno e também para a apreensão da forma como o sujeito constrói essa compreensão. A função

---

[1] Que corresponde ao quinto capítulo do livro mencionado.

analítica a que nos referimos não é um equipamento *"problem solving"*, não oferece soluções, mas delineia para o *self* o sentido que ele dá à situação que está vivendo, e quais caminhos levaram a ela, pois deste sentido decorre o modo de que o *self* se vale para abordá-la e apreendê-la. As experiências emocionais que levaram à situação e/ou são dela resultantes tornam-se então inteligíveis. A análise torna-se então não só o desvendamento do funcionamento do mundo interno mas, também, o mapeamento tanto das questões que levaram a este funcionamento como daquelas que o funcionamento coloca para o sujeito.

Acompanhar a vida onírica de pessoa já analisada, empenhada em sua auto-análise, conduz à observação das circunstâncias que levaram à produção desta vida onírica, que provocaram a sua necessidade. Isto permite conhecer qual a situação do mundo interno que foi delimitada e apresentada como questão, qual o sentido que lhe foi atribuído, a solução encontrada para exprimi-la, assim como o uso da função analítica introjetada para sua abordagem, compreensão e elaboração.

A. efetivamente me procurou e combinamos encontros quinzenais, de hora e meia de duração. Ele vinha com seu caderno, no qual anotava sonhos ocorridos no intervalo entre as sessões; sentávamo-nos frente a frente e, após ler o primeiro da seqüência, como que se desligava do escrito e fazia ali, no momento, associações bastante minuciosas e extensas sobre o que me dissera. A atmosfera no consultório era de concentração profunda, paciente e analista intensamente disponíveis para a narrativa. Seria injusto dizer que o paciente apenas lia o que havia escrito: de certo modo ele interpretava o conteúdo, alterando sua expressão facial e seu tom de voz. Algumas vezes ele se detinha, admirado, como se tivesse percebido algo novo que se revelara naquele momento. Eu diria, retrospectivamente, que ambos "vivíamos" a análise, a relação transferência-contratransferência, mais do que simplesmente "fazíamos análise". Ele mesmo se surpreendia genuinamente com esta profusão, com a amplitude de suas recordações e com os feixes de interligações conseguidas. Quando cessava, eu fazia algum comentário interpretativo e estabelecia vínculos com o material de outras sessões, tornando perceptível uma certa organicidade que ia se construindo ao longo do tempo. *Penso, entretanto, que a pesquisa associativa empreendida pelo paciente se constituiu no núcleo do trabalho analítico e exprime sua capacidade auto-analítica.*

A experiência durou cerca de dois anos e me parece que ele encontrou o que estava procurando: a possibilidade de confrontar-se com os aspectos mais ameaçadores de seu mundo interno, cuja existência intuía e que foram paulatinamente emergindo no palco dos seus sonhos e nos relatos que me apresentava.

Nos últimos quatro meses ocorreu uma modificação: o material permanecia rico e a colaboração intensa, mas ele começou a faltar, às vezes cancelando as sessões na última hora. Na penúltima sessão falou claramente de seu desejo de interromper dizendo que gostaria de discutir esta questão na próxima vez.

Na sessão seguinte, a última, disse que iria interromper justificando-se através do que me pareceram racionalizações. Quando apontei a ele a "resistência" crescente dos últimos meses, as faltas, relacionando-as ao impacto das descobertas ocorridas e à dificuldade de integrá-las, ele disse que desejava ter uma análise "regular", e voltar a me ver no futuro, porém seguindo um ritmo mais contínuo, o que não lhe era possível no momento. E acrescentou que os sonhos que tivera nos últimos dias certamente se relacionavam ao que estávamos falando.

Para tornar mais clara a relação orgânica existente entre os três sonhos da última sessão é necessário que eu transcreva antes o primeiro sonho trazido pelo paciente, o que inaugurou nosso trabalho. *Passava-se num quarto de hospital e havia uma pessoa, provavelmente um doente, sentado numa cama; na frente dele um médico sentado numa cadeira, olhava com atenção um frasco que continha urina do paciente.*

O aspecto relevante para a nossa discussão, da interpretação que então lhe fiz, é o que apontava o frasco como sendo um continente de seus aspectos mentais doentios que ele queria que eu examinasse "como médico" na análise que se iniciava.

Para melhor apreender o que vamos expor em seguida é importante que o leitor mantenha no horizonte algumas características deste sonho: seu caráter estático, a passividade do paciente, a distância que existe entre ele e o analista, o formalismo da cena e a sugestão de que seus conteúdos internos (a urina dentro do frasco) sejam apenas observados e, mesmo assim, indiretamente.

PRIMEIRO SONHO

O paciente está dentro de uma casa e tem o sentimento de que nela há outras pessoas que a invadiram ameaçadoramente. Ele está num banheirinho, um lavabo, e está urinando; na verdade, ele está segurando um tipo de bolsa em forma de coração do qual está saindo a urina. Ele levanta os olhos e vê um preto que, estando fora de casa e dando-lhe a impressão de querer en-

trar, o olha ameaçadoramente através do vitrô do banheiro. O paciente sente-se ameaçado e, para intimidá-lo, faz um gesto dirigido ao preto, com sua mão: aponta o polegar para a sua própria têmpora, simulando um revólver.

Em seguida, da maneira já descrita, ele passa a associar. O banheirinho, com seu vitrô, lembra o do meu consultório, que fica no andar térreo da casa, sob a escada, no qual ele urina antes de cada sessão. A bolsa em forma de coração que ele segura e de onde sai a urina lembra-lhe uma dupla situação recente, ambas relacionadas a doença. Há algum tempo ele passou a ter dificuldades para urinar, devido a uma hiperplasia da próstata, o que lhe causou razoável incômodo. Precisou ser operado e antes de fazê-lo ficou alguns dias com uma sonda ligada a uma bolsa. Esta situação, por sua vez, foi quase contemporânea de outra intervenção médica, que também se exprime no sonho: ele vinha sofrendo de uma taquicardia ventricular, salvas de batimento cardíaco devidas a um distúrbio de condução elétrica. O tratamento indicado foi uma cauterização dos feixes de transmissão, realizada por uma sonda, munida de um laser, introduzida por via intravenosa, e a intervenção foi feita por uma dupla de médicos, pai e filho. O filho introduzia a sonda e através de um monitor acompanhava seu trajeto no interior do ventrículo. O pai ficava ao lado, digitando continuamente no computador. Ao longo do procedimento o paciente permaneceu consciente e pareceu-lhe que o filho, de certo modo, comandava o processo. Este consistia em induzir artificialmente uma taquicardia para localizar o feixe responsável pela arritmia e, após sua identificação, cauterizá-lo. O paciente lembra-se da angústia e sofrimento que vivia quando as salvas de taquicardia eram provocadas, como elas o sufocavam ameaçadoramente e como sentia-se aliviado com o declínio do ritmo cardíaco em direção à normalidade.

O preto que o ameaça atrás do vitrô é muito parecido com OJ Simpson, o esportista americano que fora acusado de assassinar a ex-mulher e o namorado dela. Mas lembra também a ele outro episódio angustiante de sua infância. Ele tinha um primo mais velho, agressivo e truculento, que, quando adulto, se tornou delinqüente, homossexual e morreu de causas ligadas a esses comportamentos. Certa vez, quando criança, foi fazer um passeio com ele e uma vez chegados ao destino o primo ameaçou o paciente de não levá-lo de volta a não ser que ele descesse as calças e mostrasse as nádegas. Aterrorizado o paciente obedeceu enquanto o primo se masturbava. Ao voltar para casa procurou o pai e o tio (pai do primo); encontrando-os no pátio externo da casa, contou-lhes o acontecido. Lembra-se que enquanto falava com eles seu primo lhe fazia gestos ameaçadores, por trás de um vitrô, que ficava na parte de cima da casa. Sublinha que há uma inversão de posições espaciais entre o sonho e a recordação: nesta o primo o ameaçava a partir do interior da casa, enquanto ele permanecia fora, no pátio; já no sonho OJ Simpson está fora da casa e parece querer entrar no lavabo, dentro do qual ele se encontra.

Digo a ele que o sonho realmente nos ajuda a compreender sua vontade de parar, uma vez que ele vem progressivamente abordando aspectos persecutórios e aterrorizantes de seu mundo interno, que agora passaram a ocupar o primeiro plano da análise.

O paciente habitualmente urinava antes da sessão, esvaziando-se de forma "concreta" dos conteúdos internos ameaçadores que temia levar à sessão. Já agora, através deste sonho, ele pode trazê-los e explicitá-los. Lembro a ele o primeiro sonho que trouxera quando iniciáramos nosso trabalho: o sonho da urina no frasco. Esta, como vimos na ocasião, representava seu aspectos mentais doentios, porém "medicalizados" e restritos ao interior do frasco, que ele precisava trazer e abordar na análise. Percebe-se que o progredir da análise propiciou uma aproximação entre o paciente e si mesmo: o primeiro sonho passava-se em um hospital, uma certa distância separava médico e doente; aquele apenas observava seu mundo mental doente e ainda assim indiretamente (através do conteúdo do frasco de urina). Já o sonho atual passa-se no meu consultório, a urina é despejada numa parte de meu interior, dentro do que Meltzer chama de seio-latrina ("*toilet breast*"), e refere-se claramente ao seu sofrimento e dor mental. Este gênero de aprofundamento e abertura, isto é, a revelação paulatina dos conteúdos desse frasco de urina e de seu significado, assustadores para o paciente, tornaram-se uma marca de seus sonhos. Despejar a urina é uma expressão mais direta de sua angústia de castração, suscitada não só pelo bloqueio da micção e pela cirurgia da próstata mas, transferencialmente, pela dependência em relação ao objeto continente de cuja assistência necessita. Esta última também é explicitada ao se apresentar "segurando o coração com as mãos", evocação do tratamento cardíaco. O paciente está mais próximo do analista e também mais próximo de tudo aquilo que, no seu mundo interno, o deixa de "coração partido" e necessita de um continente receptivo à contenção de seus "distúrbios de conduta" (que também incluem a parte da sua personalidade que está identificada com seu primo psicopata).

Estes se presentificam na "má condução" do coração que apresenta piques pulsionais descontrolados (a taquicardia ventricular). Pai e filho que fizeram a cauterização aludem a Meltzer e a mim, e à comunicação que ele supõe existir entre nós (eventualmente tendo como tema a análise dele), assim como à minha forma pessoal de conduzir o monitoramento da auto-análise, graficamente simbolizado pelo médico que acompanha na tela de TV (o caderno contendo os sonhos) e pelo trajeto da sonda e sua aplicação. Creio que as salvas de extrasístole, necessárias à cauterização, correspondem menos a uma angústia reativa às minhas falas e muito mais ao efeito provocado pela leitura dos sonhos na sessão e à emergência das associações que, como disse, o "tomavam" e o emocionavam. Penso que o alívio após as salvas induzidas pelo tratamento referem-se aos intervalos entre a narração de um sonho e outro, à breve pausa que fazia, quando permanecia pensativo, antes de retornar ao caderno, mas basicamente dizem respeito ao intervalo entre as sessões. Entretanto, é preciso contextualizá-lo de forma mais precisa pois os intervalos também eram fontes de tensão. É que os conteúdos internos assustadores que os sonhos revelavam, apesar de abordados e trabalhados na sessão, certamente deixavam restos que ficavam "vagando pela casa" (o sonho começa com a impressão de que há outras pessoas, ameaçadoras, na casa) à procura de uma contenção que só poderia ocorrer quinze dias depois, na sessão seguinte. Pensei inicialmente que a pressão ligada a esta espera, conjuntamente com o aprofundamento da análise, estimularam as faltas e, sobretudo, o seu desejo de interromper. Adiante comentaremos mais demoradamente a respeito do significado dessas ausências e da interrupção.

OJ Simpson é o assassino do *par amoroso*, cuja felicidade e fruição fizeram-no sentir um ressentimento rancoroso que evoluiu para um ódio brutal e exterminador. A degola do casal — casal parental — por ele praticada, exprime, enquanto passagem ao ato, a inveja presente no nível mais primitivo da situação edipiana, da cena primitiva prazeirosa e criativa.

O paciente relatara, em uma das sessões anteriores, que no fim de sua adolescência seu pai tivera um caso com uma mulher bem mais jovem. A mãe então o pressionou para abordar o pai, "de homem para homem", e a intimá-lo a romper com a moça. O paciente o fez estimulado pela fantasia, digamos, pré-consciente, de ocupar junto à mãe o lugar de objeto preferencial que ela estaria lhe reservando. O pai efetivamente rompeu a relação e voltou para casa quando o paciente descobriu, para sua enorme decepção, que a mãe estava grávida, isto é, que ela continuara a manter ocultamente relações sexuais com o pai durante a separação. Sentiu que fora manipulado e que a mãe o concebia como mero instrumento para obter a reaproximação. O episódio é recordado com mágoa, mas a agressividade contra a mãe é habitualmente ex-cindida e projetada na esposa a quem atribui uma relação conflituosa com a sogra.

OJ Simpson é uma parte de seu *self*, violenta e destrutiva, cuja crueldade está voltada contra a relação amorosa. O paciente sente-se sem meios para contê-la, quanto mais para integrá-la. Daí a operação de ex-cisão e identificação projetiva que a coloca fora de si e da relação analítica. Mas a própria lógica da identificação projetiva provoca o seu retorno de forma invasiva e incita o paciente a querer exterminá-la com o gesto que simula um revólver. Ele teme que sua presença "dentro do banheirinho" contamine as outras partes de seu *self* e intimide o terapeuta.

Mas na sessão o paciente falou muito pouco de OJ Simpson e se estendeu longamente sobre o episódio com o primo. Pode-se perceber que ele deixa de aprofundar a presença e o significado de OJ Simpson e, simultaneamente, coloca em primeiro plano as associações e emoções relacionadas ao infeliz episódio de sua infância. Penso que esta atitude é uma manobra defensiva ligada ao significado interno do comportamento pedófilo. É que o ato pedófilo tem por finalidade "desvalorizar" a sexualidade adulta do casal parental (a cena primária apaixonada) e substituí-la pelo poder de atração e excitação da sexualidade infantil. Seu objeto é a criança sensualmente idealizada e sua meta a erradicação da diferença entre as gerações e das prerrogativas daí decorrentes. A atuação pedófila exprime o triunfo onipotente da criança, particularmente de sua sexualidade *no adulto*, sobre o adulto.

Em sessões anteriores o paciente falara mais de uma vez de um sobrinho que se queixara aos pais de um vizinho mais velho que tentara molestá-lo sexualmente. A existência de pais-analistas que podem escutar o sofrimento da criança e acolher as manifestações de sua sexualidade infantil, sem condená-las ou endossá-las, certamente diminui a ameaça de atuação. Percebe-se que, enquanto no sonho OJ Simpson está "fora da casa" e sua possível entrada é sentida como invasão ameaçadora, o primo, na associação-recordação está dentro da casa, na mesma situação do paciente no lavabo, isto é, dentro da análise, disponível para ela. O fato de que os impulsos pedofílicos estão agora ao alcance da abordagem psicanalítica torna o paciente menos intimidado pelos seus próprios aspectos-primo. A ameaça que o primo faz, quando o paciente resolve contar tudo aos pais-analistas, é então diferente daquela representada por OJ Simpson-invasor. A ameaça do primo se aproxima daquela que Rosenfeld descreve (1971) quando fala da presença no mundo interno de uma *gang* narcísica que funciona ao modo da máfia: oferece proteção ao *self* desde que este se submeta aos seus desígnios, ao seu controle, de caráter onipotente. Se, entretanto, a proteção é rejeitada, se ele se afasta da máfia, é ameaçado de vingança e desvalimento. O primo representa um elemento desta máfia, aquele que impõe a idealização da sexualidade infantil.

Já OJ Simpson é uma ameaça assustadora que precisa ser mantida fora, ex-cindido de seu *self*. Ele se protege dela valendo-se do episódio com o primo, hipertrofiando-o, uma vez que a atuação pedófila, embora ameaçadora, havia encontrado na época um interlocutor-continente-pai-analista que o ajudara a colocá-la dentro do banheirinho, isto é, disponível para a análise. O diálogo com o analista sobre a angústia provocada pelas manifestações da sexualidade infantil implica no reconhecimento da diferença que a separa da sexualidade adulta, na aceitação da extraterritorialidade da cena primitiva, abrindo caminho para uma experiência mais depressiva da angústia de castração.

SEGUNDO SONHO

O paciente está diante de um espelho, se olhando. Ele levanta as bochechas e aparece sua boca com dentes monstruosos, amarelos. Sua forma evoca alguma coisa das mandíbulas de fósseis. Ele depois deixa cair as bochechas que se fecham sobre a boca, mas ainda é possível perceber a existência destes dentes que, de alguma forma, forçam ou arqueiam as bochechas.

O paciente fala longamente de um tratamento dentário que está fazendo com um novo dentista. Ficara muito tempo sem cuidar dos dentes e várias obturações de um tratamento anterior tinham se desgastado e precisavam ser refeitas. Sempre se tratara com um tio, várias vezes mencionado na análise. Este, solteirão, muito próximo do paciente, dedicado e generoso, tomara a si a obrigação de ser seu dentista não admitindo alternativa; desde sua morte o paciente não ia ao dentista. Ele acrescenta que o espelho no qual se olhava é o do banheirinho do meu consultório, o mesmo do primeiro sonho.

Comparado com o primeiro, este sonho reflete o intenso trabalho de integração realizado pelo paciente. Os elementos de sua personalidade que antes apareciam dispersos e parcelados em outros continentes ou que neles eram despejados surgem agora concentrados na sua face. O "*toilet breast*" passa a ser procurado como *espelho*, como instrumento de reflexão, no seu duplo sentido: ao refletir a sua imagem possibilita que ele reflita sobre ela, trazendo-a para a análise. As questões abordadas no sonho anterior de modo mais esparso estão condensadas no rosto e no seu movimento de mirar-se no espelho.

Quando comentamos o sonho anterior sublinhamos que o paciente mencionara OJ Simpson quase que apenas de passagem mas alongara-se sobre o episódio com o primo. Interpretamos que as nádegas e a atração pedófila integravam a idealização da sexualidade infantil, ambas usadas defensivamente como "anteparo" protetor contra a irrupção da inveja dirigida contra a cena primária. Este caráter defensivo garante ao primo uma presença mais livre e aberta no interior da análise, diferentemente de OJ Simpson, que precisava ser mantido fora dela e do paciente. Penso que a mesma preocupação se repete agora, mas como os mecanismos usados são de outra ordem, angústia e dissociação parecem contidas.

Neste sonho, e foi o que eu disse a ele, as bochechas são usadas para ocultar seus dentes monstruosos. Elas têm aqui a mesma função das nádegas mencionadas no sonho anterior que foram ex-cindidas e projetadas no seu rosto. Quando as bochechas estão levantadas ele pode ver, situados mais no interior de si mesmo, os dentes monstruosos, mandíbulas de fósseis, isto é, sua inveja oral mais primitiva, dirigida contra a cena primária, inveja que fora anteriormente descartada dentro de OJ Simpson. Agora ela está "na cara" e ele não hesita em contemplá-la no espelho analítico e *em reconhecer sua natureza*.

Mesmo deixando cair as bochechas para ocultar os dentes (usando as nádegas infantis para triunfar sobre a cena primária e evitar um ataque direto a ela), ainda assim eles continuam presentes, arqueando as bochechas, forçando-as de *dentro para fora*. Eles não podem ser ignorados, mas permanecem recolhidos. De certo modo não há mais invasão: o paciente assume *como seus* os elementos ameaçadores da sua personalidade, e se dispõe a identificá-los e pesquisá-los.

As associações também permitem perceber a racionalização contida no desejo do paciente de conhecer mais intimamente *a teoria e a técnica* de Donald Meltzer. O que o traz para o monitoramento da auto-análise é o sentimento de esgotamento de sua análise anterior (seu analista, tal como o tio dentista, também falecera), as obturações gastas que precisaram ser restauradas, a necessidade de se aproximar de aspectos desconhecidos de sua vida psíquica. O analista-dentista também opera num duplo registro: de um lado, ele é usado pelo paciente para tratar os dentes — ele repara a potência do paciente e o ajuda a conter e elaborar sua angústia de castração; mas, de outro, a continuidade do próprio tratamento revela a presença de uma gama de sentimentos agressivos e destrutivos, de dentes monstruosos.

TERCEIRO SONHO

O sonho se passa em Goiás, no centro do Brasil, mas o ambiente lembra o Rio de Janeiro, cidade onde mora. Está guiando o carro seguindo o percurso que habitualmente faz para ir ao trabalho. Percorre uma estrada vicinal onde existem galpões que já abrigaram danceterias e discotecas e hoje estão vazias. Pára em um desses galpões, que agora é uma padaria. Esta produz pães especiais: são pães com gosto de verduras e frutas, que estão dispostos numa prateleira. A padaria é de propriedade de uma família: pai, mãe e filho. A mãe é encarregada de fazer os pães; o pai é um artesão — fora ele quem fizera as prateleiras — e o filho é proprietário de um táxi-barco. Ao ver o filho, o paciente conversa com ele, de modo brincalhão, pois já haviam feito uma corrida de táxi-barco. O paciente entra na padaria, com sua família, para comprar pães. Ele percebe que os pacotes contendo estes pães estão debaixo de sua perua e então os coloca dentro. Ele vislumbra fugazmente, atrás desta perua, um barco ou um engate de barco.

Como primeira associação, ele conta um episódio surpreendente que lhe ocorrera recentemente. Guiando seu carro, na saída da cidade, vira no acostamento uma mulher que lhe acenava angustiadamente pedindo para que parasse. Ao fazê-lo, viu descer de um barranco outra mulher, bem mais jovem. Eram mãe e filha: elas viviam em um garimpo em Goiás que fora fechado pelo governo devido à sua insalubridade e à contaminação e erosão do solo que ele provocava. Para compensar os garimpeiros o governo lhes oferecera terras cultiváveis no sul do país. Os homens foram na frente e as mulheres os seguiram: vieram como podiam, dispersando-se e reunindo-se, rumando para o destino combinado para se juntarem aos homens. O paciente então levou-as até a próxima cidade.

Seu pai gostava de fazer pães: lembra-se de que no último ano de sua vida ele passara uns tempos em sua casa, fazendo pães diversos, experimentando receitas, inovando. O barco também o leva a outra recordação de seu pai. Ele organizava grupos de pescaria, incumbência que exigia capacidade de organização e iniciativa: alugava um caminhão e reunia toda a parafernália. Lembra-se de que acordava de madrugada para ver o caminhão ser carregado, o pai empenhando-se em arrumar as coisas. Liga esta lembrança às suas idas à praia, quando os filhos eram crianças: tinham uma perua e também a carregava com todos os objetos que necessitavam.

Traz ainda outra associação: há algum tempo resolveu construir um anexo nos fundos da casa, criando uma área complementar de lazer e trabalho. Para tanto contratou um jovem operário, esforçado e competente, capaz de trabalhar como pedreiro, encanador, pintor etc. Quando precisaram fazer o telhado, o jovem lhe explicou que seria capaz de fazê-lo mas necessitava de uma ferramenta específica para cortar a madeira. O paciente liga este personagem àquele que, no sonho, fazia as prateleiras: o pai.

Vida onírica e auto-análise

Digo ao paciente que este é um sonho de reparação e reencontro.

Ele está conduzindo o carro, mantendo sob controle seu aparelho pulsional; *indo para o trabalho*, isto é, inserido no mundo adulto. Como seu objetivo é integrar e reunir o casal parental, ele não hesita em parar o carro na estrada — atitude arriscada em nosso país — para ajudar as mulheres a reencontrarem seus maridos. Esta operação nasce da intervenção de um super ego — o governo — que alia a capacidade crítica à de ajuda, isto é, funciona depressivamente. O governo fecha o garimpo (representação de uma figura combinada cujo vínculo é um coito predatório, febril e voraz) e encaminha o casal para o cultivo da terra, para uma relação fundada na fertilidade (que se liga com os pães especiais da padaria, cujo gosto é de frutas e verduras).

As discotecas e danceterias, representação das defesas maníacas, foram esvaziadas. Este espaço agora é ocupado por uma padaria, um *"feeding breast"* (seio provedor), claramente composto e construído por um casal parental laborioso. Pai, mãe e filho são proprietários, mas a diferença de funções e, sobretudo, a de gerações está claramente assinalada. É notável o trabalho de reparação do casal parental e de seu vínculo, sobretudo da figura do pai que o paciente costumava apresentar como fraca e, por vezes, depreciada. Agora ele surge como um líder de equipe, um artesão competente, um espírito inventivo. A identificação introjetiva com as qualidades do objeto permite ao paciente evocar sua própria capacidade paterna, as excursões à praia com sua família. É ela também que lhe fornece os meios para ampliar sua casa-mundo interno, tornando-a um lugar de lazer e trabalho, e ainda o estimula a buscar uma ferramenta específica, necessária para fazer "o teto": o monitoramento da auto-análise. A dependência em relação ao casal parental e seu aspecto provedor é reconhecida; o paciente entra na padaria para comprar os pães que necessita e, ao fazê-lo, confronta-se com sua ambivalência: os pães estão colocados debaixo da perua, "recalcados". O paciente percebe a situação e os põe no lugar adequado, assimila-os no seu interior.

Creio que o filho que possui um táxi-barco é a parte do paciente que ele "aluga para transportá-lo para análise". Ele vem de longe, de outra cidade, o que requer de sua parte organização e esforço. O táxi-barco, figura híbrida, é construído assimilando o barco-pescaria-do-pai (a organização) ao seu próprio "carro", àquele que está guiando no início do sonho.

O engate que ele vislumbra atrás da perua é uma referência à sua ligação com a análise, da qual ele está se des-engatando. Ao mesmo tempo, é a figuração do elo de ligação que ele deseja manter, em latência, para uma continuação futura, porém sob outra forma.

Conclusão

A auto-análise e seu monitoramento pelo analista apóiam-se em dois pilares. O primeiro, como já vimos, é a identificação introjetiva com um objeto capacitado para a função analítica. O outro é a concentração exclusiva na vida onírica. Dissemos que a função analítica "delineia para o *self* o sentido que ele dá à situação que está vivendo...". O sonho é encarado aqui como a forma que exprime este sentido, conjuntamente com as experiências emocionais dele decorrentes. A concentração exclusiva nos sonhos e no seu monitoramento configura um enquadre *sui generis*. Aqui os sonhos e sua narrativa vão concentrar centripetamente os elementos que habitualmente transparecem no diálogo analítico comum (transferência, movimentos defensivos, *insight*). Porém, não se deve entender por auto-análise a produção de material seguida de uma interpretação feita pelo próprio paciente, levando-o a um *insight*. O que importa neste enquadre — e a meu ver esta é a função do analista — é rastrear o *encadeamento* dos sonhos, a forma como as sucessivas narrativas ao longo do tempo organizam — o melhor seria dizer, tornam visíveis para o próprio paciente — os elementos que precisam passar pelo crivo analítico. As associações que o meu paciente produzia após a narração de cada sonho constituíam-se em uma verdadeira reflexão sobre o material. Na análise deste paciente de um modo geral, e particularmente no material apresentado, pareceu-me que cada sonho, para utilizarmos a terminologia de Bion, funcionava como uma pré-concepção cuja realização por sua vez tornava-se uma pré-concepção para o sonho seguinte.

O exame em separado dos dois sonhos que se passam no banheirinho, principalmente do primeiro, produz forte impacto pela sua atmosfera claustrofóbica e sua disposição esquizoparanóide. Minha primeira reação, ao escutá-lo, foi de alarme: como "deixar" o paciente interromper a análise em um momento em que emergiam relações e angústias tão primitivas!? Esta impressão pode ser corrigida não só pela escuta das associações, mas principalmente pela evocação da *continuidade* do trabalho realizado e pela sua colocação em *perspectiva*. É que a partir do sonho inaugural o conteúdo do frasco de urina que ali emergira foi se apresentando e se desvelando de modo firme e progressivo. Também a forma de trazê-lo foi se desdobrando e ampliando. Fomos nos deparando ao longo dos dois anos de trabalho com adolescentes perturbados, psicóticos errantes, crianças vorazes e possessivas, ciúmes passionais, cães raivosos que atacavam canários indefesos, tias sedutoras, avós cujos colos eram miticamente provedores, mães lascivas, situações todas infiltradas de um fundo de angústia configurando um repertório indicativo da presença de elementos disruptivos e arcaicos no mundo interno, que puderam emergir *no mundo onírico* oferecendo-se paulatinamente, na análise, para o exame detalhado de seu significado e das reações afetivas a eles ligadas.

É por esse viés que devem ser vistos os sonhos desta última sessão. Não como uma indicação de que o *self* estava ameaçado de colapso dissociativo, à beira de ser invadido por elementos destrutivos do mundo interno, mas, ao contrário, como um sinal de que a transferência estabelecida permitiu ao paciente vir à sessão "com o coração na mão", acreditando que ali encontraria um continente para acolhê-lo.

Mas antes de examinar a natureza deste continente gostaria de voltar àquilo que chamei "colocar os sonhos *em perspectiva*". Acredito que este modo de ver o material torna mais aberta e amplifica nossa compreensão sobre a decisão do paciente de interromper sua análise e sobre as circunstâncias que a acompanharam. Gostaria de aprofundar a discussão acerca de sua atitude.

Nós já mencionamos a grande variedade, expansão e dramaticidade alcançadas, ao longo do percurso analítico, pelos conteúdos do "frasco de urina". Visto deste ponto de vista — mais temporal — a produção do material e seu encadeamento funcionou como um mapeamento, um levantamento geográfico dos diferentes e variados territórios do mundo interno e da vida que os habitava. Mas devemos agora acrescentar à perspectiva criada pelos sonhos trazidos durante a análise, aquela criada pelos três sonhos da última sessão.

Meltzer chama a atenção para a dinâmica que está presente na continuidade dos sonhos e menciona as idéias de Freud a esse respeito:

> "O conteúdo de todos os sonhos que ocorrem em uma uma mesma noite forma parte de um mesmo todo; o fato de eles serem divididos em várias seções, assim como o agrupamento e o número das seções, tudo isto tem um sentido e pode ser considerado como um tipo de informação que emerge dos pensamentos-oníricos latentes" (Freud, 1900: 333).

Eu sugiro que tomemos os últimos três sonhos como se eles tivessem sido sonhados em uma só noite, organizados em torno de uma questão que o paciente precisava trabalhar e comunicar ao analista. Tomados separadamente, cada sonho expõe, como já escrevemos, um território particular, uma faceta identificatória da personalidade do paciente. Através delas ele experimenta e nos transmite a fúria narcísica das partes invejosas infantis que ameaçam dominar o *self* adulto, assim como sua capacidade de identificar-se introjetivamente com os objetos primários provedores e continentes (e com o vínculo que eles mantêm entre si) na luta que estes mantêm para preservar sua capacidade de cuidar da criança — analítica.

Mas se tomarmos em consideração o *contexto* criado pela *presença conjunta* dos três sonhos, perceberemos que *um novo nível* de compreensão, mais elevado, emerge dele.

Meltzer percebe este tipo de situação quando escreve:

> "[...] os analistas nos seus consultórios [não] se limitam à mera transformação da imagem visual [comunicada pelo paciente] em forma verbal para definir o *sentido* da cena; com base em sua experiência e suas referências conceituais, eles fazem comentários que procuram explorar a *significância* da interação e do status mental que representam. Esta divisão entre *transformar* a expressão (a forma simbólica) e *discernir* a significância do sentido assim transformado está em conformidade com a descrição original do método de Freud [...]" (p. 52).

Penso que, ao falar em "discernir" a significância, Meltzer está se referindo à revelação de um significado não explicitado o qual, em nosso caso, está presente na, e é criado pela, interação do conjunto dos três sonhos. Do meu ponto de vista, o que filtra desta interação é um tipo particular de exercício praticado pelo paciente que eu descreverei tentativamente a seguir: o paciente se empenha em achar o continente que ele necessita; em seguida, ao sentir-se contido ele experimenta deixar — perder — o continente, testando não apenas sua própria capacidade de permanecer não-contido, mas também a de recuperar o continente perdido. Em outras palavras: ele testa sua capacidade, desenvolvida durante a análise, de viver "dentro" da posição esquizoparanóide, isto é, de experimentar estados de não integração. Mas ele testa também sua capacidade de recuperar a integração e, *acima de tudo, de poder usar a integração recuperada de um modo tal que ele suporte perdê-la novamente*. Através deste exercício, ele comunica ao analista (que é sua referência transferencial, o observador do exercício) que ele é capaz de percorrer a rota PS<—>D em ambas direções e de que ele se sente capaz de sustentar cada uma das posições (PS ou D), mantendo a outra no horizonte, como um referente (Ogden, 1992). Este exercício, portanto, estimula a oscilação PS<—>D como um meio de investigar seu mundo psíquico. Além de adquirir conhecimento acerca dos aspectos primitivos de sua personalidade, ele também precisa confiar no modo que suas partes adultas haviam desenvolvido para conviver com e abordar estes aspectos. E, finalmente, ele também precisava dar credibilidade à capacidade ampliada de auto-análise que havia desenvolvido. É por isso que ele está "treinando" des-engatar da análise, embora mantendo o engate à vista. Todo o conjunto deste procedimento tem como meta tentar-conhecer-se-estando-em-uma-situação-em-que-perdeu o objeto. A última sessão e o comportamento que a precedeu comunicam ao analista seu desejo e necessidade de arriscar-se a viver a condição adulta, sem a rede de proteção da análise. Em suma: ele nos mostra que está identificado introjetivamente com o funcionamento do *elo* representado por <—>. Na verdade, toda a sessão, através de suas várias facetas, já é expressão desta identificação.

Foi esta maneira de raciocinar que me levou a considerar sob outro prisma todo o seu comportamento final — chegar tarde, perder sessões e decidir interromper a análise — ao invés de compreendê-lo como "resistência" (que fora minha impressão inicial), apreendê-lo como um exercício que ele necessitava praticar de modo a conhecer o grau de identificação introjetiva que havia estabelecido com o movimento <—>. Acredito que poderemos entender melhor toda esta conjuntura examinando minha reação contratransferencial. Eu começo por me assustar ao ouvir o primeiro sonho e depois, paulatinamente, vou me reassegurando após escutar os outros dois. Inicialmente eu me pergunto: "como posso 'deixar' este paciente interromper a análise em um momento no qual relações e angústias primárias desta monta estão emergindo...?". Ora, o que eu estava experimentando era exatamente o problema que o paciente estava trabalhando psicoanaliticamente. Minha experiência contratransferencial traz à tona a dificuldade (minha e dele) de confrontar a separação e as angústias relacionadas a ela. O paciente tinha que encarar as forças conservadoras — minhas e dele — que o julgavam incapaz de viver a oscilação PS<—>D, e que pretendiam transformar a psicanálise em um modo de vida.

Assim, ele vem à ultima sessão para dizer ao analista que ele tem uma família interna provedora com a qual ele pode se identificar e na qual pode confiar e depender. *E é exatamente devido a isto* que ele mantém contato com os estados de mente mais primitivos que pretendem destruí-la. Eu presumo que o engate que ele vê de relance no táxi-barco representa este contato abrangente que inclui a análise como um objeto externo que pode ser introjetado. Isto nos leva de volta à questão da natureza deste objeto.

Acredito que o lavabo presente nos dois primeiros sonhos é uma representação do que Donald Meltzer (1967a) descreve como "*toilet breast*" (seio latrina). Trata-se de um objeto parcial, externo, que se estrutura na segunda fase do processo analítico, quando já está estabilizada a separação entre *self* e objeto. O paciente necessita desse objeto para nele evacuar a dor mental, as partes não desejadas do *self*, a angústia persecutória. O *"toilet breast"* acolhe estas projeções e as retorna de forma mais tolerável, passível de introjeção. *No caso específico desse paciente, os sonhos mostram que o "toilet breast" foi introjetado, tornando-se um objeto continente interno* que é usado para o mapeamento, contacto e *insight* a respeito das partes perigosas e assustadoras de sua personalidade. Presentificado na relação analítica, o sentido de seu funcionamento pode ser examinado e a compreensão decorrente pode tornar-se fonte de reflexão e elaboração, prevenindo a passagem ao ato.

Esta descrição é, entretanto, insuficiente para dar conta do trabalho analítico efetuado pelo paciente. Para compreendê-lo precisamos admitir a existência de outro objeto introjetado, formado pela integração do *"toilet breast"* com o *"feeding breast"* (o seio provedor), um objeto total. É a ele que nos referimos quando, no início do artigo, descrevemos a função analítica, sua introjeção e a relação que o *self* estabelece com ela. Esta é uma configuração que Baranger (1971) problematiza em sua exegese da teoria kleiniana, descrevendo-a como o duplo estatuto ou dimensão metapsicológica do objeto, sob cuja égide nosso trabalho se desenvolveu.

Numa dessas dimensões, enquanto *"toilet breast"*, o objeto é uma *estrutura funcional*, dotada de certas características; no caso presente, destinadas a conter e elaborar conteúdos que o *self* não tem capacidade de processar. Já em outra dimensão o objeto encarna a função analítica: ele surge como *sujeito* conformado antropomorficamente, dotado de atividade própria, cidadão do mundo interno que se relaciona com o *self* e os outros objetos também enquanto sujeitos. Valendo-me de um modelo algo mecanicista diria que tudo se passa como se o paciente se valesse do aspecto *"toilet breast"* deste objeto, digamos assim, como uma bancada de laboratório. Sobre ela, ele dispõe os conteúdos internos carentes de investigação, eventualmente separando as questões em categorias, segundo critérios que lhe pareçam adequados (por exemplo, sua maior ou menor infiltração por angústias esquizoparanóides ou depressivas). Esta ordenação cria uma distância que vai então permitir-lhe debruçar-se sobre as questões formulando hipóteses e correlações baseadas em sua *experiência de pesquisador*, isto é, ancoradas no percurso do trabalho desenvolvido. É importante assinalar que o processo é escalonado: o *"toilet breast"* internalizado oferece-se como a bancada inicial; o caderno no qual escreve os sonhos é um segundo suporte; a leitura, a viva voz, na sessão, um terceiro; a ressonância pós-leitura, um quarto. Para cada etapa podemos supor a presença de uma transferência peculiar que não pode excluir a minha própria análise com Meltzer.

Sabemos de nossa experiência que paciente algum chega para a análise "pronto", isto é, instrumentado com as ferramentas para reconhecer a realidade psíquica: o paciente se constrói enquanto analisando ao longo do processo. Meltzer, no final do primeiro capítulo de *The Psychoanalytical Process*, descreve esta situação com muita propriedade:

> "[...] Com toda a sinceridade, conscientemente, e com todo o esforço intelectual, o paciente não consegue seguir a regra primária, tão freqüentemente traduzida de forma equivocada, de 'falar tudo o que vem à sua mente'. Na verdade, queremos que nossos pacientes observem seus estados mentais e comuniquem suas observações, o que eles não podem fazer, e não serão capazes de fazê-lo com alguma precisão e competência por alguns anos. Eles não podem 'observar', tão estreita é a sua consciência em relação aos processos internos, nem 'comunicar', tão inadequado é seu vocabulário, que se desenvolveu relacionado a objetos e acontecimentos do mundo externo".

Ora, a meu ver, o que tornou produtivo o monitoramento da auto-análise do paciente foi justamente a capacidade por ele desenvolvida de observar seus estados mentais e comunicar estas observações, ambas impulsionadas pela função analítica introjetada em sua análise anterior. Observação e comunicação exprimiam-se através da capacidade de tecer laboriosamente uma trama associativa que formava o cerne de sua auto-análise, para a qual ele desejava um monitoramento.

Devemos aceitar que o paciente foi capaz de monitorar o nível de angústia que lhe era suportável, decidindo que havia chegado ao seu limite. Ele se organizou para ampliar gradualmente o nível de oscilação entre PS<—>D de modo a aprofundar seu próprio conhecimento sobre o que Meltzer chama de "verdade a respeito dos acontecimentos de sua mente". Barco e engate vislumbrados no fim do sonho parecem prenunciar que ele pretende ampliar este limite.

Poder, ao se despedir, passá-lo em revista indica o grau de continência alcançada.

Parte II
INSTITUIÇÃO

10.
O QUE FAZ FRACASSAR UMA FORMAÇÃO?

> "*I promise nothing complete; because any human thing supposed to be complete, must for that very reason infallibly be faulty.*"
>
> Herman Melville, *Moby Dick*

A editoria da revista *Percurso*, ao nos perguntar "O que faz fracassar uma formação?",[1] inclui anexa à questão cópia de uma carta contundente que Winnicott enviou a Melanie Klein em novembro de 1952. O documento é de tal modo auto-explicativo, nele o manifesto confunde-se de tal modo com o latente, que as palavras literais de Winnicott poderiam ser tomadas como resposta à pergunta feita, e encerraria aí o problema.[2]

Entretanto, se nos dispusermos a rastrear em seu conteúdo as concepções psicanalíticas especificamente winnicottianas nas quais o autor fundamenta a crítica que dirige a Melanie Klein, será possível encará-la como subsídio para se pensar a questão.

Para tanto, vamos comentar alguns trechos da carta e em seguida procurar articulá-los entre si e com o *corpus* teórico de Winnicott.

Ele começa dizendo a Melanie Klein:

"[...] quero colocar em minhas próprias palavras algo que se desenvolve a partir de minha própria evolução e da minha experiência analítica. Isto é irritante porque suponho que todo mundo quer fazer a mesma coisa e numa sociedade científica um de nossos objetivos é o de encontrar uma linguagem comum. Esta linguagem, porém, deve ser mantida viva, já que não há nada pior que uma linguagem morta".

A questão inicial é pois a da linguagem canônica, cujas exigências de cientificidade e de eficiência comunicativa tendem a aprisionar os analistas,

---

[1] O presente ensaio foi redigido a partir de uma solicitação da revista *Percurso*, e publicado nesse periódico no vol. 7, nº 12, 1994, pp. 83-8.

[2] Resposta, aliás, de caráter emblemático, não restrita à corrente kleiniana.

que acabam dela se tornando servidores submissos. Questionamento e invenção são abandonados em nome da necessidade de uma "linguagem comum", equiparada a uma linguagem morta. Winnicott afirma que é pessoalmente "tolerado na sociedade porque tenho idéias, embora meu método seja irritante". Na verdade é a irritação, entendida como atrito contra o estabelecido, que é apresentada como método criativo.

Ele enfatiza que há uma distinção a ser feita: "Pessoalmente acho que é importante que seu trabalho seja reafirmado por pessoas que façam descobertas à sua própria maneira e que apresentem o que descobrem em sua própria linguagem. É apenas deste modo que a linguagem será mantida viva". O que está em questão não é apenas o uso de clichês entre analistas de um mesmo grupo, que ele satiriza nas linhas que seguem ("você ficaria surpresa com os gemidos e suspiros que acompanham todas as reafirmações dos clichês..."). Aqui Winnicott aponta para o uso reducionista da linguagem, erigida em método e instrumento nivelador que retira a especificidade do novo, que não suporta a diferença. Este é o método que foi aplicado por Paula Heineman (mencionada nos parágrafos finais da carta) na apresentação do trabalho de Rowley e no emprego da palavra "conluio", transformando ambos em produções desvitalizadas ao estipular que apenas uma "linguagem seja usada para a afirmação das descobertas de outras pessoas" (no caso, a de Melanie Klein).

É ao nível clínico que este método causa seu maior estrago. Winnicott menciona o trabalho do analista C, de tal modo preso a uma linguagem estereotipada, de cunho kleiniano, que não consegue ter ouvidos para apreciar "os processos pessoais do paciente". A relação analítica é usada para confirmar a identidade teórica do analista (e do grupo ao qual pertence) e não para que ele desenvolva sua própria forma de expressão a partir de suas capacidades ou incapacidades latentes. O modelo do bulbo que deve ser capacitado a tornar-se narciso é, como veremos, particularmente emblemático do pensamento winnicottiano.[3]

Winnicott prossegue diagnosticando precisamente o que vê como desvio do método:

> "Suas idéias só viverão na medida em que forem redescobertas e reformuladas por pessoas originais, dentro e fora do movi-

---

[3] Aqui há uma falha na tradução: o original em inglês fala em oferecer ao bulbo "*good enough nurture*", que foi traduzido por "tratos satisfatórios", eludindo assim a noção de "suficientemente bom", conceito básico da teorização winnicottiana.

mento analítico. É claro que é necessário para você ter um grupo no qual possa se sentir em casa. Todo trabalhador original precisa de um círculo seleto, onde possa estar ao abrigo de controvérsias e no qual possa se sentir à vontade. O problema porém é que o círculo desenvolve um sistema baseado na defesa da posição conquistada pelo trabalhador original, neste caso você mesma".

Vê-se que para Winnicott o sistema desenvolvido pelo círculo é uma organização defensiva, portanto sintomática, destinada a manter "a posição conquistada pelo trabalhador original". Um sistema desse gênero, por sua própria estrutura, tem a finalidade de demonstrar a universalidade e a completude das idéias do autor, qualidades que garantiriam "a posição conquistada". Estabelece-se uma vinculação entre o poder político e o poder esclarecedor do pensamento, vinculação que confunde o objeto com o seu continente, a pessoa do analista com a relação analítica e a transferência com o sujeito que a encarna.

Isto é distinguido por Winnicott das condições necessárias ao pensador para dar prosseguimento ao seu trabalho: um círculo receptivo, acolhedor, não querelante. Ao escrever que para elaborar suas descobertas um autor deve se manter "ao abrigo das controvérsias", Winnicott admite que ele necessita de um clima de recolhimento que o proteja, e ao seu pensar, de contestações e polêmicas prematuras que terminariam por coartar a criação nascente: precisa de um *setting* para a criatividade. Neste contexto, parece-me que o movimento para "redescobrir e reformular" constitui o elemento central desse parágrafo ("suas idéias só viverão na medida em que forem redescobertas e reformuladas por pessoas originais"). É que "redescobrir e reformular" tem aqui o sentido de problematizar e refletir, de irritar e atritar, impedindo que a teoria (e a prática a ela vinculada) se torne uma doutrina acabada. O que se pretende é evitar que o bulbo se transforme mecanicamente numa flor previsível, é abrir caminho para que se atualizem possíveis virtualidades; "redescobrir" e "reformular" permitem que se encare o bulbo não como "maquete" da flor, mas como possibilidade e disposição para flor. A inelutável identificação com um autor, com sua teoria, com seu grupo, é um meio e não um fim.

Em consonância com a ênfase na necessidade de "redescobrir e reformular" o pensamento original, Winnicott descreve sua concepção da dinâmica que deve estar presente na forma produtiva de trabalho analítico: "A compreensão adicional, tal como a que você foi capaz de provocar através do seu trabalho, não nos leva a um estreitamento do campo de investigação;

O que faz fracassar uma formação? 159

como você sabe, qualquer avanço no trabalho científico conquista um ponto de chegada numa nova plataforma, a partir da qual se pode sentir uma porção ainda maior do desconhecido". Um avanço nos conduz pois a uma nova plataforma, a partir da qual nossa percepção se amplia porque abre o campo visual para o desconhecido. Não ocorre necessariamente a correção de uma visão até então distorcida, mas sim a possibilidade de contato com áreas psíquicas que não eram passíveis de ser atingidas a partir do nível anterior: sobe-se de patamar.

Winnicott chama a atenção para um dos obstáculos que este avanço enfrenta:

> "[...] qualquer um que tenha uma idéia é bem-vindo e creio que seremos capazes de tolerar uma declaração inicial feita em termos pessoais. A declaração inicial é geralmente feita a grande custo e, durante certo tempo após ter sido feita, o homem ou a mulher que fez esse trabalho encontra-se num estado sensível, já que está pessoalmente envolvido".

Fica claro que a "declaração inicial" é fruto do envolvimento pessoal do sujeito (com a idéia e consigo mesmo), o que tem como conseqüência deixar a pessoa "num estado sensível". (O esforço aqui descrito para se formular a declaração inicial se sobrepõe à imagem da caminhada em direção a um novo patamar ou à sua procura). Um sistema doutrinário, entretanto, opera corroborando apenas suas próprias afirmações e premissas, e portanto, não mobiliza novos pontos de vista. Ele se vale da fragilidade do sujeito — "do estado sensível" transferencial — e o seduz oferecendo-lhe uma via segura, estabelecida, que, no entanto, desvia da possibilidade de empreender um percurso original. Essa diferenciação entre o risco da caminhada para alcançar um patamar e a oferta de uma via conhecida é recolocada com clareza quando, contrariando a afirmação de Melanie Klein, Winnicott afirma que D seria capaz de fazer uma boa análise. Isto se compreende porque para Winnicott a análise não seria avaliada pelas "coisas erradas"[4] feitas por D nem por suas omissões, mas pela oportunidade que o analista D daria a seu paciente E "de ser criativo no enquadramento regular

---

[4] Winnicott lembra que mesmo "aqueles que conhecem profundamente o trabalho de Melanie Klein têm, não obstante, seus fracassos, incluindo suicídio [...]" (preferimos traduzir "*failure*", no original, por "fracasso", ao invés de "falha", como está na presente tradução da carta).

e [...] [de ser] capaz de se desenvolver de um modo que não lhe seria possível sem análise".

Este parece ser pois o ponto central da argumentação de Winnicott: uma análise (e implicitamente a formação e a transmissão) fracassa quando "o paciente não tem liberdade para se desenvolver ou criar na análise", isto é, quando o analista se priva da sua liberdade de pensar e transmuta-se num entusiasta de uma doutrina, fazendo de sua atividade uma mera defesa e afirmação dos cânones que esposa e não da função analítica da qual é depositário. O fracasso se dá num contexto onde não cabe nenhuma "declaração inicial feita em termos pessoais". Para manter este clima, emprega-se uma estratégia variada: Winnicott já havia, como exemplo da mesma, mencionado a restrição de linguagem — sob pretexto de cientificidade —, e cita agora um gênero específico de isolamento ("você tende a perder contato com outros que estão fazendo um bom trabalho mas que por acaso não caíram sob sua influência"). Não se trata desta vez do isolamento necessário a "todo trabalhador original" que "precisa de um círculo seleto [...] no qual possa se sentir à vontade". É o isolamento apoiado no anátema lançado contra os que, não se deixando moldar pela doutrina do autor, tentam pensar a partir dela: portanto, um isolamento de caráter paranóico.

A carta termina com um comentário banalizante, seguido de um desabafo pessoal. O primeiro alude à inevitabilidade do surgimento de um *ismo* "sempre que houver um pensador realmente grande e original". Ele trata esse *ismo* como um mal necessário, sem especular sobre suas raízes e, no caso presente, sem propor uma indagação a respeito do surgimento do *ismo* específico da psicanálise.

Já quando fala de si mesmo ("a questão que estou discutindo toca bem na raiz de minha dificuldade pessoal de modo que o que você vê sempre pode ser posto de lado como doença de Winnicott"), parece estar mencionando tanto o *imbroglio* transferencial no qual se sentira envolvido quanto a saída que encontrou para elaborá-lo ("minha doença é algo com que posso lidar a meu modo"). Chamo a atenção para isto porque Winnicott foi analisado por J. Strachey e por Jean Riviere, ambos mencionados na carta, sendo a última aí abertamente criticada por ter fracassado em determinado ponto de sua análise ("[foi] exatamente neste ponto que a análise dela fracassou comigo"). Strachey é descrito como "muito polido" e "muito preguiçoso", imagens que remetem à omissão. Riviere é apresentada, pela via de sua "frase infeliz" (para o prefácio de um conjunto de artigos de Melanie Klein, e de outros kleinianos), como onipotente e conseqüentemente intrusiva. Assim, espremido entre um analista passivo e outro autoritário, Winnicott teve que desen-

O que faz fracassar uma formação?

volver o seu modo específico de elaborar a dificuldade "inerente ao contato humano com a realidade externa" (e interna).

Acredito que uma brevíssima menção a alguns pontos deste modo específico por ele elaborado poderá nos ajudar a identificar os elementos psicanalíticos em que se baseia para criticar Melanie Klein. Com isto, também o *ismo* psicanalítico, se não perde seu caráter inelutável, pode ganhar ao menos uma compreensão dinâmica.

A mente surge para Winnicott como compensação diante da deficiência dos cuidados maternos. Esta deve ser, entretanto, uma deficiência dosada, feita de não-interferência e de disponibilidade para o impulso ao crescimento do bebê.

No modelo de Winnicott, a mãe deve estar presente, mas sem fazer demandas; é uma disponibilidade caracterizada por uma presença que permite ao bebê explorar suas relações com o meio. A identidade materna deve se construir a partir da capacidade de estar disponível, prescindindo de toda interferência que impeça ao bebê esta exploração. É o que ele chama de "mãe suficientemente boa".

O corolário natural dessa noção de disponibilidade é seu famoso aforisma *"there is not such a thing as a baby"*, isto é, o bebê não existe "em si" mas apenas como parte de uma relação. A mãe suficientemente boa é justamente aquela que está disponível na justa medida: uma medida que permite ao bebê desenvolver a capacidade de poder sentir-se só.

O cerne pois da ação da mãe é dar sentido ao que Winnicott chama de onipotência da criança, não se contrapor a essa onipotência ou substituí-la por um gesto próprio.

A criança, por sua vez, teria capacidade de "criar o objeto", de imaginar que há algo com o qual sua fome pode ser satisfeita. Quando a mãe oferece o seio, "oferece um ponto de coincidência que leva a criança a pensar que é ela que criou esse objeto". O peito é inicialmente alucinado como algo que tem que existir para seu impulso e, ao receber o seio como objeto real, a alucinação se transforma em ilusão (distorção da percepção). A mãe tira aos poucos a ilusão do bebê mostrando que o seio tem autonomia.[5]

Depreende-se desta teorização que Winnicott propõe que uma função essencial do analista seja facilitar e/ou criar condições para que o paciente

---

[5] Etcheoyen sugere que essa função inicial dos cuidados maternos seria "isomórfica" com a função do analista (em *Fundamentos da técnica analítica*, Porto Alegre, Artes Médicas, 1987, p. 114).

encontre seu objeto, isto é, reconheça as características do mesmo e as da relação que com ele estabelece.

A extrema visibilidade do analista em seu trabalho funciona como intrusão, impedindo que o paciente se exprima através de movimentos espontâneos que lhe dariam o senso de produção de sua identidade. Winnicott enfatiza que é fundamental que a análise dê ao paciente o sentimento de que ela é sua criação, balizada pelo analista. É esta experiência que desenvolve a crença na existência de um mundo objetal provedor.

Se examinarmos agora a carta tendo em mente o conceito de "mãe suficientemente boa", poderemos perceber como ele instrumenta Winnicott em suas críticas a Melanie Klein. A questão dos enunciados originais e da linguagem canônica refere-se à atitude continente da mãe, que não deve impor uma linguagem-modelo à criança. Pelo contrário, deve deixar-se irritar pela criança (que empregaria "um método irritante", semelhante ao de Winnicott), deixar que esta se atrite contra sua linguagem. As expressões e sugestões de Winnicott usadas na carta, como por exemplo "de que o novo seja reafirmado em seus próprios termos", de que o trabalho que apresentara na Sociedade era "um gesto criativo", de que "as pessoas façam descobertas à sua própria maneira e que apresentem o que descobrem em sua própria linguagem", remetem à idéia da "declaração inicial feita em termos pessoais", que necessita de uma mãe-analista que vá *ao* encontro do paciente-criança e não *de* encontro a ele. O oposto dessa atitude é aquela que estipula "que apenas uma linguagem [a da mãe-analista-Melanie Klein] seja usada para a afirmação das descobertas de outras pessoas", caso ilustrado pela atitude do analista C, que não possuía "uma apreciação dos processos pessoais do paciente".

Tal como para as idéias do bebê, as de Melanie Klein só serão "redes cobertas e reformuladas" se houver um meio ambiente (um *environment*, uma mãe suficientemente boa) que as coloque "ao abrigo das controvérsias" e no qual "possa se sentir à vontade", isto é, um meio que não aponha posições e contestações prematuras que não podem ainda ser enfrentadas.

A metáfora da "nova plataforma, a partir da qual se pode sentir uma porção ainda maior do desconhecido", espelha sua concepção de que a mãe-analista deve criar condições para que a criança-paciente encontre seu objeto, isto é, para que ela possa exercer sua percepção descobrindo um mundo (interno e externo) povoado por objetos relacionáveis. Evidentemente, se a mãe-analista "gemer e suspirar" a cada menção do objeto, se ela for uma dessas "entusiastas kleinianas", a criança-paciente "não terá liberdade para se desenvolver ou criar na análise".

O que faz fracassar uma formação?

Uma das conseqüências da relação intrusiva da mãe é a construção pelo bebê daquilo que Winnicott chama de "falso *self*". A criança desenvolve uma complacência para com as intervenções da mãe, aderindo a ela, tornando-se como a mãe e ocultando o seu *self* verdadeiro.

Este gênero de desenvolvimento será também descrito mais tarde por uma analista de orientação kleiniana, Ester Bick, sob o nome de "identificação adesiva".

Nesta situação o objeto primário, seja por defeitos funcionais, seja por dificuldades no processo de introjeção, não pode ser usado na sua função continente e integradora, na sua "função de pele", e o bebê, para se desenvolver, lançará mão da criação de uma segunda pele que procurará preencher as funções que caberiam aos processos habituais de introjeção e projeção. O resultado é o que Ester Bick chama de personalidade de duas dimensões, na qual a identidade se sustenta através da imitação, da mímica das qualidades superficiais do objeto, eludindo o aprendizado a ser feito através da experiência de projeção e introjeção.

Quando em sua carta Winnicott descreve a existência de um sistema "baseado na defesa da posição conquistada pelo trabalhador original", ele mostra que aí o alvo da identificação são as qualidades externas do objeto e não os seus aspectos intrínsecos, que o levaram a atingir tal posição. Para que a pessoa a ser "formada" não desenvolva um falso *self*, é necessário não só que ela disponha da máxima liberdade e criatividade possíveis, mas também que o analista balize o processo oferecendo-se como pele integradora, como um modelo coordenador e não como um modelo de saber. Assim, para Winnicott, os seguidores de Melanie Klein, ao tentarem manter a posição, estariam visando a garantia de se tornarem analistas como ela, clones de sua prática. É por isso que cultivam o bulbo querendo transformá-lo naquela flor, já disposta como engrama na semente.

Seria um grave erro — além de um risco perigoso — considerar Melanie Klein ingênua ou desprevenida. Na verdade, é preciso pensar Winnicott a partir de Melanie Klein.

De maneira um pouco gráfica e simplificada, poderíamos dizer que a visão de Winnicott é especular à dela, já que o foco de Melanie Klein se dirige ao *"good enough baby"*. Se a fenomenologia narcísica — o falso *self* —, por exemplo, é pensada por Winnicott basicamente a partir de falhas da função materna, Melanie Klein a descreve ligada à necessidade do bebê de se confiar a estas funções. Caso contrário, como escreve Meltzer (1984b: 36), ele deve assumi-las sozinho. Segundo Melanie Klein, a fenomenologia narcísica emerge "dos relacionamentos das partes da personalidade da criança uma com a outra na realidade psíquica, na medida em que elas estão em competição ou oposição [*defiance*] com os objetos internos, com as figuras parentais" (Meltzer, 1984b: 36). Meltzer classifica esse modelo como teológico, acentuando que as figuras parentais são vistas como deuses, não porque se creia nelas mas porque elas desempenham funções de caráter divino. Evidentemente Winnicott não está discutindo na carta diferenças conceituais a respeito da compreensão das relações primitivas de objeto e de seus desdobramentos na apreensão do desenvolvimento psíquico da criança e na estruturação da relação analítica. O que ele critica é o surgimento de um gênero de perversão: os objetos estão deixando de ter funções divinas, nas quais se precisa confiar, e se apresentam como verdadeiros deuses que devem ser seguidos, como objetos de culto.

Portanto as próprias teorias desenvolvidas por Melanie Klein permitem compreender como essa distorção, essa transformação em *ismo*, pode ocorrer. Em 1946, Melanie Klein descreve os mecanismos de ex-cisão e identificação projetiva, isto é, mecanismos que expõem "as maneiras como a mente destrói sua própria unidade primitiva" (Meltzer, 1984b: 36). Esses mecanismos implicam que uma pessoa "vive vidas múltiplas em maior ou menor harmonia uma com a outra" (Meltzer, 1984b: 36). Winnicott, ao elogiar por um lado Melanie Klein dizendo que "do fundo do coração [...] você é a melhor analista assim como a mais criativa do movimento analítico", e ao criticar acerbamente a transformação das teorias kleinianas em uma *Weltanschauung* e em uma forma de coerção ligada à política de poder psicanalítico, está apontando para uma ex-cisão que cria dois mundos disarmônicos que se exprimem através de linguagens diferentes, geradoras de paradoxos. Assim, em sua carta o que Winnicott está realmente propondo ("você é a única que pode destruir [...] [o] kleinianismo, e tudo com um objetivo construtivo") é a destruição do *splitting* que ensejou o surgimento do "klein-ismo". Sua sugestão é que Melanie Klein adote, na transmissão de suas teorias, no seu trabalho de formação, uma postura ancorada na posição depressiva em oposição à esquizoparanóide que estaria em vigência. Winnicott urge Melanie Klein a confiar em seus próprios deuses, em seus próprios valores.

Afinal, qual a questão que a carta de Winnicott levanta? Por que nos atinge tanto o fracasso da formação? Qual o elemento que ele deseja problematizar já que, como escrevemos, seu alvo não é a teoria kleiniana como tal?

O fracasso da formação só se torna contundente na medida em que representa não uma mera traição, mas a traição "cega" dos princípios que deveriam regê-la. O fracasso não se prende aos erros do analista, nem sequer

O que faz fracassar uma formação?

à sua "neurose". Ele reside na alienação do analista quando a sua prática nega o que seu discurso afirma (e vice-versa). O que espanta o observador é a situação paradoxal criada por uma enunciação na qual os princípios veiculados pelo discurso são pervertidos já na concomitância de sua formulação.[6] O que Winnicott faz na carta é apontar para a falha estrutural de toda formação analítica: sua contingência humana.

Poder-se-ia então perguntar por que não se abandona a idéia de formação. É que esta se vincula ao estatuto particular da psicanálise: não podendo ser encarada como ciência nem como arte, devemos considerá-la uma prática singular. Um aspecto dessa singularidade reside no fato de que a apreensão do significado da psicanálise só se realiza quando o sujeito tiver a experiência do objeto que deseja captar, isto é, quando ele se tornar um elo na cadeia de transmissão, quando se tornar sujeito de transferência.

Questionada sobre sua precariedade, a formação nos responderá candidamente que não há porque qualificá-la na medida em que é preciso tomá-la apenas como útil e necessária à continuidade da psicanálise.

---

[6] Que essa *gestalt* depois se institucionalize é, para o que agora estamos abordando, secundário.

11.
PSICANÁLISE: EVOLUÇÃO E RUPTURA.
BREVE NOTA INDAGATIVA

No trabalho que apresentará neste simpósio,[1] a senhora Talamo descreve a *caesura* como uma intersecção num fluxo geral de eventos que pode ganhar uma importância evolutiva, isto é, ela adquire a propriedade de revelar o processo de continuidade, ao mesmo tempo que o impulsiona. Colocando-se no ponto de ruptura, o sujeito tem à sua disposição uma dupla perspectiva — aquela que cobre o que precede a *caesura* e outra, voltada para o que a sucede. Como um Janus Bifronte, dotado de visão binocular, o sujeito neste lugar e deste lugar pode dar conta da interrupção na continuidade e da continuidade na ruptura, e procurar apreender o sentido do processo em marcha. O apreender aqui é concebido, segundo as teorias de Bion, como a "capacidade do continente de manter-se integrado e, não obstante, perder a rigidez". Este modo de ver, acredita ele, "é a base do estado mental do indivíduo que pode reter seu conhecimento e experiência e, não obstante, estar preparado para ser receptivo a uma idéia nova" (Bianchedi, 1988: 473-504).

Meu comentário prende-se justamente à forma que assumiu em nosso meio o impacto disruptor da teoria bioniana, que aqui plasmou-se segundo um modelo que *não* comportou receptividade acompanhada de integração.

Com efeito, a meu ver, em nossa Sociedade,[2] as teorias de Bion foram apresentadas e utilizadas como ruptura que instaurava uma inovação de tal porte, que se impunha tomá-la e tratá-la como não inserida na continuidade. É uma ruptura concebida como ponto de chegada, que tornava superficial e inócuo o que a precedera. O segmento de história anterior à *caesura* passa a ser descrito como peça museológica, perdendo sua referência dinâmica. Não que as teorias freudianas, por exemplo, fossem estudadas agora a partir de uma perspectiva bioniana; elas eram, na verdade, destituídas de sua potência revolucionária, de sua singularidade, uma vez que com Bion

---

[1] Trata-se do simpósio "Bion em São Paulo: Ressonâncias", realizado de 13 a 15 de novembro de 1996, em São Paulo.

[2] O autor refere-se aqui à Sociedade Brasileira de Psicanálise de São Paulo (SBPSP).

havia-se chegado à verdadeira psicanálise. Por sua vez, a psicanálise como um todo passa a ser concebida como a pré-concepção que é satisfeita pela realização da teoria bioniana. Tudo se passa como se o conceito de *rêverie* tivesse assumido uma forma material concreta na *teoria* bioniana que então, desta perspectiva, passa a ser considerada tanto como a matriz de toda possibilidade de pensamento psicanalítico, quanto a entidade metabolizadora das impurezas presentes nos pensamentos analíticos gerados em outras paragens.

Utilizadas desta maneira, as teorias bionianas foram perdendo o que elas contêm de *unheimlich*, de inquietantemente estranho, e conduzindo o seu autor à posição de *maitre-à-penser*. Em suma: as teorias psicanalíticas de Bion sofreram um brutal processo de transformação em ideologia. Isto equivale à criação de um sistema onde não há hiato para a insatisfação e a incompreensão (e, portanto, para a produção de pensamento), um sistema cuja tendência é gerar concepções tautológicas (provavelmente -K), uma linguagem de substituição ou melhor ainda, como diz o próprio Bion, produzir onisciência, definida como a afirmação moral de que uma coisa é moralmente correta e outra, equivocada.

Tal conjunto de procedimentos vai ter, naturalmente, repercussão nas áreas clínica, teórica e institucional, sendo, a meu ver, o termo "obscurantismo" aquele que, enquanto denominador comum, melhor pode nos ajudar a compreender de que maneira estas áreas foram afetadas. Assim, a idéia de que o uso da teoria psicanalítica provoca o afastamento da experiência emocional vivida levou à procura de uma psicanálise pura — ou depurada — que vai denunciar como contaminação qualquer tipo de interesse, por parte do paciente ou do analista, que não estiver centrado na relação imediata da dupla. Associações e evocações são estigmatizadas como expressão de memória e desejo, provocando a emergência de um contato rarefeito justificado teoricamente como expressão do inefável a ser capturado. A idéia de que o pensador falseia o pensar e o pensamento — de que o pensador é mesmo desnecessário ao pensamento, deturpando-o — é tomada ao pé da letra e destituída de seu significado epistemológico, passando a produzir uma intensa hostilidade à atividade e ao interesse intelectual. "Obstrutivo" é a palavra que faz *pendant* com "contaminação": estudar e tentar entender os textos clássicos, fazer exegeses, realizar cruzamentos com outras áreas do saber, interessar-se pela produção acadêmica, procurar ilações, tudo é considerado obstrutivo na rota que leve em direção a O. Não deixa de ser curioso que um autor que tenha chamado a atenção para a necessidade de utilizarmos a capacidade negativa, isto é, que tenha sugerido que cada psicanalista desenvolvesse tolerância para a dúvida e o mistério — de modo a conter seu próprio movimento a saturá-lo, através do fato e da razão —, tenha gerado não uma escrita ensaística especulativa, mas sim um discurso apostólico que constantemente sentencia: "muitos fazem análise mas poucos a fazem mesmo"; apenas a categoria dos ungidos.

A instituição vai tornar-se, então, o *locus* de uma atividade cuja dinâmica evoca a do grupo de pressuposto básico. A voz do místico, ao invés de ser empregada para confrontar o *establishment* e desvendar suas manobras, é utilizada na formação de um novo *establishment*, composto agora por hagiólogos. Acredito que esta descrição dá conta do nível de intimidação e da ameaça de ostracismo que sofriam aqueles que tentassem pensar de maneira independente.

Bem, estivessem as coisas neste pé e esta reunião não estaria acontecendo. É evidente que a organização deste encontro, sua abertura para a diversidade de participantes e para as ressonâncias por eles experimentadas, é sinal de uma ruptura no trajeto que se vinha percorrendo. Relembrando a peculiaridade do ponto de *caesura*, que na teorização da senhora Talamo possibilita uma dupla perspectiva, podemos agora, de dentro e ao longo da continuidade em curso, olhar para duas direções. É evidente que seria importante aproveitar o hiato assim criado, para delinear os fatores que possibilitaram a forma local de tratamento dado à teoria e à prática que procurei aqui descrever. De imediato, é necessário fugir da armadilha que nos propusesse a procura de "culpados" ou de "causas": seguindo o pensamento bioniano, é o *sentido* desta opção que nos interessa. Tal opção, é verdade, ocorreu ao longo de um período em que o debate havia sido abafado no país e, principalmente, é paralela à perda pela Sociedade de Psicanálise da hegemonia que até então detinha, em nosso meio, sobre a formação de psicanalistas, já que nessa época outros grupos, ditos de formação paralela, se organizaram e prosperaram. Acredito, entretanto, que dar primazia a estes fatores num encontro como este é, de certo modo, colocar de lado o elemento mais candente do problema. Afinal, se quisermos ser fiéis e coerentes às teorias de Bion, é para elas mesmas que devemos nos voltar. Assim, ao invés de nos indagarmos — e é esta a proposta que coloco a todos os participantes deste encontro — sobre os fatores externos que propiciaram este gênero de apropriação da teoria, devemos interrogar a própria teoria de Bion e procurar nela a eventual existência de elementos que facilitaram esta forma de apreensão.

Bianchedi, em seu artigo "Problemas epistemológicos en la obra de W. R. Bion", alude, algo eufemisticamente, ao "peculiar estilo expositivo de Bion", à sua forma de exposição assistemática. Não seria absurdo pensar que esta forma pode gerar uma reação transferencial negativa com o texto que é, entretanto, negada, ex-cindida e substituída por uma apologia imobilizante e conformista. É uma reação compreensível face à extraordinária complexidade da teoria bioniana, da sutileza necessária a sua utilização e da forma peculiar com que é exposta. Postulações como a de que a realidade última não se presta a conhecimento, mas que é para *ser*, que seu acesso é obliterado pelos vértices sensoriais; a ascese implícita na disciplina necessária para liberar-se de desejo e memória; a cegueira como pré-requisito para ver os elementos evoluídos de O, a idéia de que o viés causal limita a perspicácia do analista — apenas para mencionar alguns pontos —, contêm, todas elas, elementos de ambigüidade e indefinição explicitamente construídos que são sua riqueza mas também a brecha para sua perversão, isto é, para sua transformação em cânones de um culto. Ainda assim, fica no ar a interrogação: qual era a demanda existente em nosso meio que pôde satisfazer-se, infiltrando-se nos poros de uma teoria libertadora e libertária e transformando-a em instrumento para o autoritarismo?

Donald Meltzer (1984b: 36), em seu artigo "A expansão kleiniana-bioniana da metapsicologia de Freud", chama a atenção para o fato de que o longo período de desamparo vivido pelo bebê após o nascimento ganha compreensibilidade se o acoplarmos à atividade de *rêverie* materna: este longo período se torna necessário para que o bebê internalize a mãe enquanto objeto pensante e não somente como objeto servidor. Eis aí um modelo que me parece útil para orientar o trabalho que agora iniciamos: valermo-nos de Bion como um objeto pensante, inclusive para pensar as singularidades que podem funcionar como poros fragilizadores em seu próprio pensamento.

12.
PSICANÁLISE SUBALTERNA[1]

INTRODUÇÃO

Em sua apresentação como coordenador do Pré-Congresso de Analistas Didatas da International Psychoanalytical Association (IPA), realizado em Nice em julho de 2001, Elias Rocha Barros enfatizou a necessidade de se debater e problematizar a questão da análise didática. Em sua fala, ele chamou a atenção para o fato de que a constituição da análise didática enquanto categoria separada implica o perigo de se criar, nas sociedades, uma estrutura oligárquica e uma atmosfera autoritária. Ele comenta que há muito pouca certeza sobre a qualidade dessa análise, e faz uma série de indagações a respeito de seu futuro, chegando mesmo a perguntar se ela deve ser mantida. Não se trata de uma pergunta estapafúrdia, nem devemos encará-la como mera retórica. Procurarei respondê-la neste trabalho. Pretendo fundamentar minha posição ao longo desta exposição, dividindo-a em três partes: na primeira, faço um breve apanhado das críticas mais comuns dirigidas à análise didática ao longo de sua história; na segunda, procuro caracterizar uma *estrutura* de funcionamento para a análise didática a partir dessas críticas e, na terceira, sugiro a existência de dois fatores cuja função é manter a existência da análise didática, apesar da intensidade das objeções de que é objeto.

O trabalho vai se concentrar na descrição de uma organização funcional *princeps*, de seus efeitos, e nas razões de sua persistência. Por isto, extrapola ao âmbito deste artigo rastrear o modo de funcionamento da análise didática nas diferentes sociedades psicanalíticas, bem como o destino que tiveram as modificações eventualmente implementadas. Minha preocupação, como se verá, é com a inserção da análise didática no movimento psicanalí-

---

[1] A terceira parte deste trabalho foi apresentada no Pré-Congresso de Analistas Didatas da IPA, realizado em Nice, na França, em julho de 2001; foi apresentado na íntegra no XVIII Congresso Brasileiro de Psicanálise (São Paulo, setembro de 2001). Esta é uma versão bastante ampliada das anteriores.

tico. Dito de outra forma: procuro entender, valendo-me de ferramentas variadas mas basicamente da própria psicanálise, por que nossa comunidade necessitou fabricar[2] e institucionalizar este gênero de prática.

1.

O que se segue é uma síntese dos aspectos que, de maneira recorrente, mais atraíram a atenção daqueles que estudaram e escreveram sobre a análise didática.

Entretanto, minha exposição não é uma exegese desses trabalhos. Valho-me deles como uma base, um apoio para minhas idéias. Os componentes desta base, justapostos e condensados, correm o risco de refletir apenas o meu critério de triagem. É uma objeção válida à qual respondo, neste momento, dizendo que o próprio conteúdo da bibliografia conduziu a escolha e que, se efetivamente tudo que escrevi corresponde a uma visão pessoal, creio que ela se encontrará plenamente justificada ao final desta exposição.

O conjunto da bibliografia que focaliza a análise didática é maciçamente composto de trabalhos críticos que constroem, como escreve Balint (1948), uma história melancólica que se estende por um arco temporal que se iniciou nos anos 30 e chega até nossos dias; eles provêm de todas as regiões que compõem o quadro da IPA, o que indica não se tratar de problema circunscrito a algumas poucas sociedades. Aray (1990) chama a atenção para o número ínfimo de trabalhos que a apóiam. Seria isto devido ao fato de que, estando afinal a análise didática efetivamente instituída e consolidada, não haveria mais necessidade de sustentá-la? É pouco provável que seja esta a razão: a análise didática vem se mostrando, como se verá nesta exposição, um tema — e uma atividade — que causam desconforto no meio analítico, o que indica a dificuldade de aceitá-la como um fato consumado e, conseqüentemente, de encontrarmos na bibliografia trabalhos que a aprovem francamente. Também são raros os artigos que discutem os prós e contras da análise didática, que pesam os argumentos de cada lado e que chegam a alguma sugestão propositiva relativa *ao conflito* exposto. Parece-me que o debate a respeito da análise didática é comandado pelo lema velado: "ruim com ela, pior sem ela".[3] Esta posição termina por produzir um leque de sugestões

---

[2] O termo *fabricar* é discutido mais adiante, na terceira parte do trabalho.

[3] A discussão atual a respeito da análise didática está próxima do que Bernardi (2002)

reformistas, que visam dirimir suas falhas mas que não penetram — como aqui tentaremos fazer — no âmago de sua forma de funcionar e razão de ser.

Um clima de ceticismo impregna boa parte dos trabalhos estudados: assim é que vários analistas, como Kayris (1964), ativamente engajados neste gênero de prática, terminaram por acreditar que os problemas de analisar em um programa de formação são institucionalmente insolúveis e não merecem ser discutidos. Outros julgam a análise de formação tão complicada ou deformada, que acreditam ser ela terapeuticamente quase sem valor (Greenacre, 1966).

Assim, nestes textos é habitual que, quando se focalize a posição do analista didata, se aponte para os efeitos nefastos gerados pela criação de duas classes distintas de analista: os que são bons para os pacientes comuns e os realmente bons, que cuidarão dos futuros membros (Bernfeld, 1962). Historicamente, o caminho do "ensino" (formação) tornou-se o caminho da distinção entre analistas: formar analistas gera mais prestígio do que pensar a psicanálise (Masur, 1978). Tornar-se analista didata configura-se como a fonte essencial de status e de poder em psicanálise (Michels, 1999). Auchincloss e Michels (2001), no trabalho que apresentaram na 10ª Conferência de Analistas Didatas, em Nice, são particularmente enfáticos quando abordam este ponto. Eles chamam a atenção para o fato de que, embora organizações profissionais e revistas acadêmicas proporcionem oportunidades para a difusão de idéias e para a busca de poder a nível internacional e nacional, "no plano local entretanto o *controle* [grifo nosso] sobre as estruturas educacionais é de longe a estratégia dominante para aqueles que procuram algum grau de influência em nosso campo". E ainda, "o *controle* [grifo nosso] das estruturas educacionais de institutos e sociedades continua sendo, para a maioria dos psicanalistas, a medida mais importante do sucesso intelectual e/ou profissional". Para estes autores, o autoritarismo excessivo na educação psicanalítica tem como uma de suas fontes principais a "completa concentração de todas as funções importantes numa única função — a do analista didata —, cuja conquista significa eminência em todos os parâmetros possíveis da especialização". Assim, "a função de analista didata [...] dá à pessoa o direito de reivindicar a autoridade e controle sobre todos os assuntos: intelectuais, científicos, clínicos, supervisionais, pedagógicos, administrativos". Pode-se intuir que o resultado deste estado de coisas é, no mínimo, a confusão e

---

chama de modelo hermenêutico, "onde diferentes idéias coexistem [...] sem que uma substitua a outra completamente".

Psicanálise subalterna

superposição de funções educacionais e científicas com aquelas de proselitismo político e ideológico (Garza-Guerrero, 2002). Cria-se assim um afunilamento de todos os caminhos para o poder e o prestígio na direção do que Kernberg (2001) denomina de "percurso monolítico de carreira" e que, segundo Auchincloss e Michels (2001), cria a sensação de uma brecha avassaladora no status profissional entre membros didatas e não didatas.

A manutenção deste poder, por outro lado, é uma tarefa consumidora (Bernfeld, 1962; Kerneberg, 1992), que deixa pouco espaço para a reflexão mesmo porque, para alcançar o status almejado, é preciso submeter-se a *standards*, à burocracia, à teoria seguida pelo grupo dominante. Em paralelo, o poder adquirido pelo analista didata facilita a tendência à gratificação de suas próprias necessidades emocionais e narcísicas, de seu desejo de ser admirado, valendo-se para tanto do candidato, de quem, neste contexto, tende a tornar-se o juiz severo e punitivo ou um sedutor envolvente, apresentando-se a ele como modelo ideal, portador da teoria certa, e acenando-lhe, como recompensa em caso de cooptação vitoriosa, com uma relação proveitosa no futuro (McLaughlin, 1967; Greenacre, 1966).

Para alguns, estes desvios podem ser evitados escolhendo-se analistas didatas muito experientes (Torres de Beá, 1992), mas para outros ocorre justamente o contrário: Greenacre (1966) escreve que os experientes são os que mais perfeitamente se encaixam no comportamento desviante mencionado, sugerindo que "tudo parece estar ligado a um ponto cego de [seu] narcisismo, racionalizado como necessidade de manter contato estreito com colegas jovens, promissores, e até talvez de 'salvá-los' para o futuro da análise". Na verdade, o que se procura "salvar" é a psicanálise organizada (Garza-Guerrero, 2002), atropelando com exigências institucionais os conflitos psíquicos relativos à transferência emergente. Aqui a análise didática funciona segundo o modelo do messianismo pedagógico, que realiza a fusão da idealização da pessoa do analista com a escola que ele segue e prega, usando-se, no mais das vezes, um tom persecutório (nem sempre velado) para obter-se a adesão desejada.

Quando se focaliza a posição dos candidatos, é comum mencionar que estes procuram a análise para serem formados, enquanto os pacientes *tout-court* o fazem para serem ajudados (McLaughlin, 1967). O candidato, com efeito, desempenha o papel de audiência cativa e fonte de sobrevivência do analista didata (Nacht, 1954). Diferentemente do paciente de análise *tout-court*, que pode expressar seu desconforto e hostilidade para com o analista, abandonando ou interrompendo a análise no auge da transferência negativa, o candidato raramente o faz (Anna Freud, 1938; Nacht, 1954). Para ele a fuga é praticamente impossível, pois está atado à análise por necessidades que não se exprimem necessariamente através do canal transferencial. A dependência que experimenta não é intrínseca à dinâmica do processo analítico como, por exemplo, aquela que se revela enquanto ferida narcísica face à constância da postura analítica. Pelo contrário, ela se liga à necessidade que o candidato tem de alcançar o seu fim didático (ele não deve, ou não pode esquecer, que está "em formação"). Aliás, é impressionante observar que, mais de cinqüenta anos depois de Anna Freud (1938) ter chamado a atenção para a carapaça de normalidade habitualmente presente nos aspirantes à formação, a questão retorne, praticamente em termos idênticos, quando, à procura das características de uma *good enough training analysis*", estudiosos da formação se deparam com personalidades "como se" e nos descrevem as análises em falso *self* que levam à identificação pessoal do candidato com seu analista didata, eludindo os conflitos inerentes à própria criação do campo analítico (Torres de Beá, 1992).

Esta identificação, ligada à dificuldade de se trabalhar a transferência na análise didática, constitui-se em um dos *leit-motivs* dos trabalhos consultados (McLaughlin, 1967; Kernberg, 2000; Anna Freud, 1938). Acentua-se que a identificação do candidato com o analista didata ocorre "na realidade", o que acarreta uma fusão entre os determinantes infantis da transferência e aqueles inerentes ao compromisso formal da análise didática. Um dos aspectos desta realidade é a necessidade que cada membro da dupla — "paciente em formação" e analista didata — tem um do outro para a confirmação de sua posição estatutária na Instituição (Araico, 1992). Cria-se, deste modo, uma dependência mútua, de caráter extra-analítico, geradora de uma negociação contínua voltada para manter intacta a dinâmica "didática" do trabalho em curso (Whitting, 1996). Gomberoff (2002) chama a atenção para o fato de que a filiação, a inserção numa "família", deixa a pessoa "a salvo de possíveis castrações", se bem que submetida às normas daquela família. Também o sistema de admissão (aos Institutos encarregados da formação) funcionaria de modo a escolher personalidades que se encaixem no sistema reprodutivo em vigência.

Esta "realidade" também é responsável por outro obstáculo, presente na análise didática e continuamente descrito na bibliografia: a contaminação (Nacht, 1954; Torres de Beá, 1992), que tornaria o *setting* confuso tanto para o analista quanto para o candidato. Ela não se refere apenas ao eventual contato extra-analítico entre os elementos da dupla, freqüentadores que são do mesmo grupo profissional, mas inclui o gênero de atmosfera que os envolve: assim, a imagem (auto e hetero) do analista didata está presa ao sucesso da análise de seu candidato, cujo comportamento, atitudes, pronunciamentos, são constantemente fiscalizados pelos colegas didatas, o que funciona como fonte de coerção sobre a análise didática. Esta situação, por sua vez, coloca o candidato na posição de peão interposto, seja nos conflitos e na competição que o analista didata vive com seus colegas, seja nas alianças que com eles estabelece. Se para o candidato a análise é obrigatória com um analista didata, este por seu lado recebe da Instituição o encargo de levá-la adiante e por ela responder (o que não é necessariamente expresso em regulamento). Isto o pressiona a demonstrar que sua produção é superior a de seus pares, pressão que é transmitida ao candidato, forçando-o a funcionar como uma vitrine (Gomberoff, 2002) dos progressos que a análise lhe está proporcionando.

É este conjunto de circunstâncias, chamado de "realidade", que vai ter seu significado transferencial eludido, cindido e habitualmente projetado na Instituição e em seu funcionamento (Bernardi e Nieto, 1992).

Na verdade, parafraseando a célebre frase do trabalho de Freud sobre o luto, é mais apropriado dizer-se que a sombra da Instituição cai sobre a análise didática (Araico, 1992), transformando-a em análise padrão (Herrmann, 1993) e, ao analista didata, em modelo de analista. A análise didática torna-se então a representação concreta da cisão entre os objetivos explícitos da formação e os modelos reais das estruturas administrativas (Kernberg, 1992). Em sua diatribe apaixonada, na qual expõe a análise didática à execração — apresentada em Chicago em 10 de novembro 1952, seis meses antes de morrer —, Bernfeld demonstra como, nas mãos da Instituição, a análise didática tornara-se um mero instrumento de cumprimento de dispositivos legais, uma atividade regulamentada por decreto, que promovia e controlava a descoberta contínua do já sabido.

Em suma: a existência da análise didática facilita a criação de uma atmosfera paranóide (Kernberg, 1992) em meio a identificações doentias, transferências equívocas (Lewin e Ross, 1960), à formação de clichês (Greenacre, 1966) e de ambições políticas distorcidas, à cooptação de fidelidades. Ela mantém um microcosmo endogâmico, uma tirania revestida de roupagem acadêmica (Araico, 1992), o estímulo à arrogância, um conservadorismo cauteloso, o incentivo à criação e à permanência de oligarquias administrativas (Kernberg, 2000); ela fortalece as orientações teóricas monolíticas, a procura de vantagens econômicas, a secretividade, o anátema sobre as inovações, tidas geralmente como heréticas. Ao longo de sua história, a análise didática é apresentada como a coroa (McLaughlin, 1967) — a pedra de toque — que ao enfeixar e sustentar a formação, termina por esvaziar a relação analítica de sua essência, substituindo-a por regras formais, adaptativas, estratificadoras.

Neste tempo todo em que esteve e está ativa, foram-lhe dirigidas, evidentemente, várias centenas de sugestões para contornar, amenizar, melhorar, modificar a situação descrita (Kayris, 1964; Grotjahn, 1954; Thomä, 1993; Tagliacozzo, 1984; Gitelson, 1954; Sechaud, 1999). Do lado do candidato, levando-se em conta os avanços teórico-técnicos realizados recentemente, insta-se para que ele tenha maior contato consigo próprio e possa experimentar os aspectos cindidos de seu psiquismo, as relações de sua parte neurótica com a psicótica — enfim, que ele aceite ser um paciente. Quanto ao analista, sugeriu-se naturalmente que ele analisasse com ênfase a escolha da carreira analítica e fosse cuidadoso quanto ao *timing*, desse interpretações sutis, redobrasse sua atenção, tivesse uma paciência exaustiva e assim por diante, o que, de modo geral, resultou em análises cada vez mais longas (Balint, 1948). As sugestões também se dirigiram aos aspectos administrativos da relação, aos requisitos necessários para o início da análise, às prescrições para manutenção da privacidade da relação e à facilidade de acesso às decisões institucionais relativas à formação. Mas, de modo geral, todas as sugestões mantinham a noção de *análise de formação*, de *análise didática*, com seu significado extra-territorial com relação à análise *tout-court*.

2.

Resumimos, na primeira parte, as avaliações e seqüelas que caracterizam a dinâmica de funcionamento da análise didática descritas na maior parte da bibliografia consultada.

Percebe-se que os *standards* e os requisitos mínimos exigidos para a formação, habitualmente regulamentados pela IPA, vêm se mantendo há anos, com poucas variações, por razões de tradição e costume, mas não por razões científicas. E também por razões de política de poder. A análise didática é um desses requisitos, apresentado como incontroverso. É importante assinalar que não estamos diante da prescrição de *análise* para alguém que pretende tornar-se analista, mas da imposição de uma análise diferenciada, gerida pela Instituição. As críticas apresentadas apontam para a continuidade de um pensamento conservador, imobilizante, que mantém heranças intocáveis.

Antes de apontar os fatores que dão sustentação e possibilitam a permanência da análise didática, pretendo indicar os elementos que constituem sua estrutura, isto é, que caracterizam a dinâmica de seu funcionamento e que podem ser detectados, digamos assim, por transparência, nas entrelinhas das críticas a ela dirigidas, na série de trabalhos que a abordaram.

Percebemos que a análise didática desloca para o primeiro plano a função institucional e o aspecto mítico da pessoa do analista, relegando o processo analítico propriamente dito a uma posição secundária ou instrumental (Araico, 1992). A própria idéia, já mencionada, de se escolher analistas "experientes" para serem analistas didatas mostra o quanto se faz tábula rasa da conjuntura que preside esta escolha e que vai nortear a forma de inserção dos escolhidos. Ao ter sua identidade (que, no caso, tornou-se funcional) sustentada por uma organização, o analista didata vê-se obrigado a falar por ela. Sua palavra ganha, então, uma conotação autoritária, para-analítica, que vai tender a encobrir e cooptar o trabalho de análise da transferência.

Se na análise *tout-court* o analista cuida para que emerjam e se mantenham as condições que vão propiciar o desenvolvimento do processo analítico, na análise didática este cuidado se desloca para a necessidade de dar à análise o seu caráter didático. Dito de outro modo: a descoberta do método analítico, de seu potencial e de sua ação transgressiva, tende, na análise didática, a ser encoberta pela reprodução da demanda da Instituição. Devido a esse enquadramento, a análise didática ganha status de realidade autônoma, extrínseca à dupla, precedendo-a e direcionando-a. É esta circunstância estrutural que, de certo modo, invalida os "bons" critérios, meritocráticos ou democráticos, para a escolha ou nomeação do analista didata. Independentemente de suas qualidades pessoais, os "bons" escolhidos trabalharão dentro, e forçadamente, de uma cultura regida pelos princípios da análise didática.

A análise *tout-court* também está imersa num universo cultural com o qual interage e que lhe dá significado. Mas, no caso da análise didática, há um segundo fundo, representado pelo *projeto* de análise didática, que tende a se sobrepor às outras influências, dominando-as.

É justamente a forma de funcionar desta cultura que transforma em problema a cisão e a projeção sobre a Instituição de aspectos transferenciais não analisados, uma vez que tais projeções são, afinal, ocorrências comuns e esperadas na dinâmica de qualquer Instituição. Mas, no nosso caso, estas projeções tornam-se obstáculos na medida em que a Instituição, sendo avalista da análise didática, se oferece como continente para abrigá-las e "absorvê-las". Neste contexto, não estamos mais diante de atuações decorrentes de experiências transferenciais-contratransferenciais da dupla. O acolhimento destas projeções pela Instituição configura-se como um movimento ativo, destinado a manter a vinculação entre ela e a análise didática, assim como a reforçar o caráter modelar desta última. O acolhimento, por um lado, estimula a introjeção, pelo candidato, da "faceta didática" da análise, avalizada pela Instituição, em detrimento da função analítica propriamente dita e, de outro, facilita a cisão e o parcelamento para o interior das relações institucionais daqueles aspectos transferenciais conflitivos, cuja emergência na análise poderia vir a questionar seu direcionamento "didático".

O funcionamento da análise didática — e basicamente sua ancoragem institucional — termina por transformar em juízo qualificatório o que deveria ser, em princípio, a constatação de diferenças funcionais. A Instituição — a cultura de que estamos falando — apóia e acolhe a dissociação entre bons analistas e maus analistas, agora transmutada em analistas didatas e analistas *tout-court* (cisão que trabalha pois seguindo a linha idealização-perseguição). Os sentimentos ambivalentes vividos pelos candidatos em relação à posição didática da análise e ao próprio analista didata, e uma eventual transferência negativa emergente a eles ligada, serão dissociados, isto é, projetados em outros analistas, outras instituições, outras teorias, servindo à idealização da análise didática e validando seu *modus operandi* sustentado pela Instituição (Gálvez, 2002).

Uma dupla assim formada dificilmente se separa por vontade própria, na medida em que, mantendo-se unidos, "têm uma esperança superdimensionada, infiltrada por uma mútua idealização, que lhes dá o sentimento de que, juntos, poderão ultrapassar Tanatos já que possuem ou geram suficiente Eros neutralizante" (Gomberoff, 2002). Aqui a separação (no sentido do reconhecimento dos sentimentos ambivalentes e/ou negativos) corresponderia ao reconhecimento de limitações e ao rompimento da idealização.

As questões de privacidade e de contaminação podem ser compreendidas segundo uma perspectiva semelhante. Parece-me evidente que o sistema *"reporting"*, hoje em desuso — porque quebra a confidencialidade da análise —, é uma aberração cuja existência e prática constituem a revelação mesma da estrutura intervencionista-autoritária da análise didática. Mas é preciso estar atento ao fato de que mesmo uma análise *"non reporting"*, na medida em que for "didática", estará cerceada em seu funcionamento pelo caráter representativo de que está impregnada, caracterizado pelo vínculo público de lealdade à Instituição que a endossa e sustenta. Da mesma forma, uma política "liberal" que permitisse a todos os analistas tornarem-se didatas pouco mudaria esta situação, na medida em que conservasse o caráter "didático" da relação. É que, também neste caso, uma chancela extra-analítica estará sendo imposta à dupla, constrangendo-a.

Um dos óbices presentes na análise didática, já descrito, é o caráter "realista" da transferência, que força a identificação do candidato com o analista, no mais das vezes idealizado. Poder-se-ia objetar que numa análise *tout-court* de uma pessoa interessada em tornar-se analista, uma identificação semelhante pode ocorrer, já que o analista é também representante de um aspecto do ideal de ego do paciente. Ocorre, entretanto, que tal analista não é um especialista na formação de aspirantes e sua prática não está vinculada a um compromisso institucional. Uma análise deste tipo está mais livre para se concentrar nos aspectos transferenciais ligados a este ideal de ego e a seu questionamento. Entretanto, um questionamento deste gênero é difícil de ocorrer no interior de uma análise didática pois, caso emergisse, dirigir-se-ia ao próprio projeto que fornece a razão de ser da dupla, ameaçando-o.

A identificação "no real" refere-se ao fato de que, na formação, o analista didata é realmente (institucionalmente) apresentado como objeto ideal e a análise *didática* como a forma de se conseguir a identidade analítica (Gálvez, 2002). A identificação por parte do candidato dá-se com a pessoa e a ideologia do analista didata e com a infra-estrutura que o sustenta. Este é um dos modos pelos quais o aspecto mítico da pessoa do analista é deslocado para o primeiro plano (como já mencionamos), o que funciona como obstáculo para a introjeção da *função* analítica.

É comum também afirmar-se que a análise da pessoa que deseja tornar-se analista é marcada por uma especificidade que a diferencia das outras, uma vez que inclui o projeto de tornar-se "par" do analista. Isto é verdade, mas este projeto só pode ser percebido por contraste, isto é, se vier a emergir *contra* um fundo que delineie seu relevo, "contra" uma análise que não esteja destinada, *a priori*, a validar a formação. Dito de outra maneira: um projeto deste gênero dá-se a ver num contexto que diferencie motivação e intenção de desejo (Green, 1966), este último compreendido como a expressão inconsciente da pulsão ancorada no corpo. Evidentemente, este não é o contexto da análise didática, que implicitamente confunde o projeto com a própria análise, igualando a figura com o fundo, o que impede não apenas a percepção do dito projeto mas até mesmo sua constituição enquanto problema de análise. Lembremos que a coesão entre candidato e analista didata é cimentada pela Instituição, e para esta também não é bem vindo o questionamento do objeto cujo controle burocrático lhe confere poder.

É esta mesma percepção do aspecto estrutural da análise didática que nos leva a compreender como é inócua a proposta de que se examine com minúcia a intenção ou fantasia do candidato de tornar-se analista. A questão não reside na fantasia do sujeito, mas na resposta que esta fantasia recebe quando a análise é didática. Em uma análise do tipo didático, inserida em um contexto institucional, isto é, regimental, o ponto de chegada do processo já é definido a partir do ponto de partida. Desta perspectiva, o candidato, ao se analisar, simplesmente revalida o poder de que está investido o analista didata, assim como a gama de teorias que este professa. Cria-se assim um conluio por meio do qual o candidato se insere no esquema de poder, garantindo para si, no futuro, o lugar que hoje pertence ao analista didata; as análises se repetem como *fac-similes* (Herrmann, 1993).

Se a visão que estou apresentando sobre a estrutura da análise didática e de seu funcionamento for verdadeira, a idéia de que sua existência se justifica como um sistema dirigido a preparar o candidato para se tornar um colega analítico não passa de racionalização. Evidentemente, um analisando — se o quiser — poderá valer-se de sua análise como instrumento de formação, do modo que julgar mais proveitoso. Nesta situação, ao fazê-lo, abrirá a porta por dentro e por vontade própria, e não por regulamentação. Uma análise não pode ser, *a priori, de* formação, embora ela possa *tornar-se* (descobrir-se?) uma base de sustentação e desenvolvimento para a identidade do analisando que decida tornar-se analista.

A "super-análise", na verdade, propõe-se mais do que "a preparação" do candidato, mais do que desenvolver-lhe a aptidão profissional: ela quer ainda modificar sua personalidade (Thomä, 1993), torná-lo são (na verdade, enquadrá-lo num esquema de comportamento validado pela teoria hegemônica ou dominante da Instituição, por cujos padrões será avaliado). Ora, todos sabemos que uma "boa" análise ou um "bom" candidato não representam garantia a respeito do tipo de analista que se desenvolverá. Da mesma forma, não se pode concluir a respeito das qualidades pessoais ou profissionais de um candidato (ou de um analista) com base na persistência de idiossincrasias de personalidade. A formação não deve se preocupar em rastrear uma eventual psicopatologia (Sechaud, 1999), mas em proporcionar o encontro com o método analítico. Afinal, fossem válidas as exigências de "sanidade", quem de nós poderia ser analista?

3.

A recensão histórica dos trabalhos dedicados à análise didática deixa o leitor verdadeiramente perplexo. Esta perplexidade se estende a vários autores que a estudaram e que passaram a se perguntar sobre o porquê da insistência em se utilizar um modelo repetidamente diagnosticado como antianalítico (Herrmann, 1993). Por que será que os analistas trabalham para que ocorra a ruptura intrínseca às realizações analíticas em suas análises civis (termo empregado por McLaughlin, talvez porque visse a análise didática impregnada de espírito militar...) e, no entanto, controlam esta ruptura, regulamentando-a, quando se trata de candidatos? Qual a revelação que se procura cercear, com o uso da análise didática? Por que será que os analistas afirmam que procuram o novo, o desconhecido (Herrmann, 1986b) e, no entanto, organizam uma formação que engessa a pesquisa e o pensamento inventivo e original? Por que consideram que a base da transmissão é dada pelo desenvolvimento do *insight* e da educação da sensibilidade afetiva e, no entanto, a codificam com normas e *standards*? Por que a Instituição se apresenta como científica e, no entanto, promove um ensino doutrinário? (Herrmann, 1986b). E, sobretudo: por que a crítica contínua, a denúncia radical da análise didática, tem servido apenas para manter o *status quo*? (Herrmann, 1993). Nesta parte final da exposição, vou sugerir duas hipóteses ou interpretações, esperando que lancem alguma luz sobre esses paradoxos e também desvelem o caráter das forças que dão sustentação à permanência da análise didática.

As hipóteses são:

1) a análise didática é um fetiche;

2) a análise didática é uma formação ideológica.

Efetivamente, a análise didática pode ser diagnosticada como o *"nec plus ultra"* do sincretismo (Tagliacozzo, 1984; Sachs, 1992; Spruell, 1983; Auchincloss e Michels, 2001; Gálvez, 2002; Gomberoff, 2002). Ela se oferece como a harmonização da incongruência, empenhando-se em conformar a prática analítica a concepções que negam sua essência. A submissão que impregna as regras formais inerentes à organização da análise didática está em oposição ao projeto implícito da psicanálise. A análise didática cria e mantém (apoiada em relações institucionais) um gênero de transferência idealizada que justamente a análise *tout-court*, em sua acepção de tratamento, tem como meta resolver. Procurando ocultar de maneira acrítica, sob o manto da necessidade, a contínua dicotomia inerente à função da análise didática e ao analista didata, ela se vale, no seu modo de operar, de pressupostos e ações conflitantes, divergentes e irreconciliáveis.

A situação na qual uma verdade é vista de relance, mas por ser traumática é recusada sem entretanto ser negada, resolvendo-se em um comportamento que mantém vivas ambas as afirmações conflitantes, lado a lado, porém dissociadas, é bem conhecida em psicanálise. Basta, agora, um pequeno esforço associativo para conceituarmos a análise didática como um fetiche.[4] Esta é pois a primeira hipótese. Sua natureza sintomática se revela não só através de seu empenho em justapor o que é incompatível, mas também na pertinácia com que o faz (o que em parte explica sua longevidade), em sua crença ambígua no método analítico, em sua maneira distorcida de praticá-lo, em sua capacidade de cooptar as críticas, na racionalização de sua presença enquanto necessidade.

Ao longo de sua análise, uma pessoa poderá ter a chance de entrar em contato com os derivados das manifestações do inconsciente, com o modo de organização de seu mundo interno, e travar conhecimento com a maneira de ser, misteriosa, enigmática e ao mesmo tempo logicamente expressiva destas instâncias. Seguindo seu percurso analítico, o analisando poderá mesmo adquirir ou construir ferramentas psicanalíticas que o ajudem a fazer face a estas manifestações ou, como pessoalmente me agrada dizer, a conviver com elas.

Mas, por maiores que sejam os ganhos, esta será também e sempre uma experiência traumática, evocadora de uma angústia de castração assimilável àquela descrita por Freud em seu artigo de 1927. É que, sincronicamente com seu potencial de mudança, a psicanálise assinala, a quem a pratica e a quem a ela se submete, a extensão de suas limitações, incluindo aquelas ligadas à capacidade de efetuar transformações importantes na personalidade (mesmo sendo a psicanálise ainda o meio mais eficaz que conhecemos para alcançá-las).

A angústia de castração, condição da construção do fetiche (segundo a clássica descoberta freudiana), desenvolve-se sobre um fundo ligado a uma ameaça de castração, real ou fantasiosa, por parte do pai; é esta ameaça que dá eficácia à visão, tornada traumática, da genitália feminina, levando à recusa e à construção do sintoma. No caso do analista, esta ameaça é representada pela percepção inaceitável dos limites da própria análise, daquela a que se submeteu e que pratica, da de seus colegas, de suas dificuldades pessoais, de seus sintomas e de suas idiossincrasias. A análise didática, enquanto fetiche, surge como produto da recusa, por parte dos analistas, dos limites da ação da análise. A história da análise didática é, pois, a história da "legalização" de uma dissociação patológica. Esta afirmação situa com mais clareza

---

[4] Gálvez, em comentário à primeira versão deste artigo, sugere que a expressão "afirmações excludentes" seria mais precisa do que "afirmações conflitantes". Ao fazê-lo, ele tem em mente os impasses transferenciais, inerentes à análise didática, que costumam ser eludidos.

a instituição da análise didática no campo da perversão. Esta não reside (ou não somente) no caráter estranho da prática ou mesmo na violência que a impregna. O que a caracteriza, fundamentalmente, é apresentar o verso como reverso, o desvio como norma, criando falsas equivalências que corroem a capacidade de julgamento e o discernimento de valores.

Entretanto, a criação de uma análise composta de partes cindidas, uma delas aparentemente ligada à aceitação da forma de ser do método analítico (curvando-se, pois, às suas limitações), e outra que o recusa justamente por limitado, encaminhando-se então para a apropriação autoritária e invasiva de seu funcionamento, não é ainda suficiente para dar à análise didática o caráter de super-análise com que vem se apresentando. É necessário que se organize uma participação coletiva no poder do fetiche, fomentadora da manutenção da crença compartilhada na recusa. Sua finalidade é reinvestir, de forma continuada, a dissociação e o sincretismo.[5] É preciso ainda um continente que acolha o narcisismo ferido do analista (Giovanetti, 1991) e que sancione a forma defensiva — o fetiche — que ele construiu.

A burocracia institucional (Baranger, Baranger e Mom, 1978), com seu séquito de *standards* e procedimentos, entra então em cena. Aquilo que originalmente possuía a dinâmica de um sintoma vai ganhar a dimensão e a forma de funcionamento de uma ideologia — devendo ser compreendida segundo as regras de administração do poder. Esta é, então, a segunda hipótese.

A ideologia é o recurso às idéias para legitimar e justificar formas determinadas de dominação (Chaui, 1980); no caso da análise didática, dominação burocrática-intelectual. Ela se apresenta como uma lógica coerente de representações e de conceitos que pretende substituir o real por um discurso sobre a realidade, ocultando sua gênese e dissimulando seu sentido. O caráter ideológico que impregna a análise didática é que faz com que ela se apresente como algo essencial, universal, e que lhe confere um cunho prescritivo, de fala reiterativa, fechada em si mesma.

Já sugerimos que a angústia ligada à percepção da limitação da ação da análise em geral, e do alcance da própria análise em particular, vivida como castração, evoca uma recusa e uma dissociação que desembocam na criação de um fetiche, de uma super-análise. A ideologia, agora, se apropria da dis-

---

[5] É uma estrutura de funcionamento que evoca a descrição que Bion (1961) faz dos grupos de pressuposto básico: as contribuições que mantêm este tipo de grupo formam um *pool* comum, são anônimas, e visam protegê-lo de forma autoritária e onipotente do surgimento de sentimentos da angústia e incerteza que emergiriam caso ele se estruturasse como grupo de trabalho (W), isto é, aceitando viver a incerteza inerente à realização de sua meta.

sociação, e basicamente do sintoma enquanto construção, retirando-lhe o caráter de compromisso e transformando-o numa manifestação do real, naturalizando-o: a análise didática elude seu caráter de fetiche apresentando-se como análise padrão. Um objeto — uma peça de vestuário — não é, *de per si*, um fetiche: para adquirir tal função é necessária uma rede associativa que lhe confira tal sentido, rede que está ancorada na necessidade que a criou. Enfrentar o funcionamento desta rede, questionar suas exigências, torna o investigador vulnerável a acusações pesadas que vão da negação da função paterna à heresia, passando pelo denegrimento da própria identidade. Estes são também recursos ideológicos empregados para a manutenção da análise didática.

A análise didática não só oculta sua própria condição de produto ligado à determinação histórica, mas também procede do mesmo modo em relação ao método analítico, impondo uma idéia de Psicanálise, universal e modelar, que faz tábula rasa das experiências particulares de psicanálise, sobretudo daquelas cuja produção não coincide com as teorias vigentes. Seu aspecto normativo não aponta somente para o que deve ser seguido, mas também para o que deve ser repelido, isto é, o que contradiz o estabelecido. Como qualquer formação ideológica, a análise didática é totalizante, visando abranger toda a experiência e, por isso, limitando-a e retirando-lhe sua complexidade (o que lança luz sobre a acusação contínua, encontrada na bibliografia, a respeito de seu caráter autoritário). Isto a leva a operar no plano do já pensado (teorias canônicas, a própria idéia de "didática"), do já feito (prática mecanicista) e do já dito (prescrição de *standards*). Cria-se, assim, um sistema — cerne da formação ideológica — que visa impedir a percepção das manifestações da história, da indeterminação, do desconhecido, enfim, de tudo o que puder representar o escape do inconsciente. A análise didática vai terminar se debruçando sobre um psiquismo pasteurizado.

Sua força e poder persuasivos — inerentes à estrutura da formação ideológica — fazem com que ela congregue à sua volta interesses dirigidos para a negação das diferenças, oferecendo instrumentos de identificação que criam uma unidade fictícia. Em nome da união com a análise didática — e dos benefícios que dela adviriam —, estes interesses recusam suas singularidades, ficando referidos ao discurso unificador e generalizante da análise didática. Entretanto, repito, o aspecto mais expressivo da análise didática (e talvez o mais eficiente), enquanto formação ideológica, é o seu discurso *sobre* o psíquico, que no entanto é apresentado — e institucionalmente apreendido — como se fosse *a realização* deste psíquico, como sua produção natural.

Aliás, é o mesmo gênero de discurso que visa apresentar a cisão ente

Psicanálise subalterna

teoria e prática (análise + didática) como um dado estrutural do método psicanalítico (Chaui, 1980). Teoria e prática são colocadas face a face, especularmente, estabelecendo-se uma relação na qual ora a prática diz à teoria que idéias lhe faltam, ora a teoria diz à prática que ações devem ser realizadas. O processo analítico, enquadrado pela análise didática, reduz-se então à sistematização de dados e à oferta de regras para o conhecimento; a ação se reduz a comportamentos comandados, a táticas estratégicas. A análise didática termina por dar um caráter concreto à investigação empírica da teoria, e transforma em técnica a ação da *práxis*.

É através deste conjunto de operações que fetiche e ideologia se realimentam.

Para ocultar seu caráter sintomático, a análise didática organiza racionalmente os meios de sua produção, o que é feito incentivando-se o poder do estamento burocrático da Instituição. Na medida em que o controle desses meios pela Instituição se torna absoluto, eles tendem a tornar-se fins em si mesmos.

Neste sentido, é extremamente iluminadora a leitura de recente artigo de Michael Schröter (2002) a respeito da luta de Eitingon para padronizar a formação analítica entre 1925 e 1929. Segundo o autor, "nenhum aspecto foi tão decisivo para a psicanálise 'organizadora', no período que se estende da Primeira Guerra ao nazismo, quanto a questão da formação". Muito provavelmente, o empenho centralizador de Eitingon tinha sua origem na necessidade de frear (ou impedir) a influência particular de analistas "poderosos", que poderiam constituir feudos próprios.[6] Depois de 1918, a autorização para formar foi retirada de analistas individuais, e toda autoridade em questões de formação foi transferida para um corpo coletivo nomeado por cada sociedade: o comitê de formação. "O protótipo para estes comitês foi criado em 1923, ao longo da reorganização do Instituto de Berlim [...] e se tornaram verdadeiros centros de poder na sociedades psicoanalíticas [...] Foi criado um Comitê Internacional de Formação (ITC) que, em 1926, no Congresso de Hamburgo, afirmava no sumário de seu programa que 'a análise de formação é com efeito a parte mais importante da formação'."

Schröter sublinha que o ponto crítico do programa de Eitingon, de 1925, era a equalização da formação nas várias sociedades e, como tal, de-

---

[6] Auchicloss e Michels (2001) citam um artigo de Morris (1992) que descreve preocupações e iniciativas semelhantes, ocorridas na segunda metade do século XX, que tiveram como origem a reação a um possível individualismo exacerbado de analistas que se consideravam donos de um determinado assunto.

veria ser apoiada pela autoridade da IPA. Em 1929, o ITC propunha que "a formação analítica não deveria ser um assunto de autoridade local ou nacional, mas um assunto que finalmente (*ultimately*) deveria ser tratado a nível da IPA". Schröter assinala que àquela época as várias sociedades locais ou nacionais filiadas a IPA tinham diferentes estágios de desenvolvimento quanto à formação analítica e que os documentos do Comitê Eitingon refletem este problema, justamente visando solucioná-lo. Evidentemente esta forma de avaliar as diferenças criou uma expressiva oposição, que encarava "o modelo berlinense como expressão de um imperialismo cultural". O artigo de Schröter permite ver como se criou uma forma de avaliação e controle através da instituição de uma análise-padrão-de-formação, passando-se então a considerar idiossincrasia espúria o que dela se diferenciava. À análise didática é conferido, implicitamente, o estatuto de método analítico.

Organizando-se desta forma, a ideologia assume o lugar da investigação, impedindo, num movimento circular, que se desvele o caráter fetichista da análise didática. Todavia, este ainda assim transparece, sob a forma de caricatura, é verdade, no discurso onipotente com que a análise didática se apresenta. Assim, se algo não ocorre segundo o previsto, há de se procurar a causa da falha não nos limites da ação da análise, mas na forma ineficiente com que a análise didática foi aplicada. Esta concepção é que dá origem àqueles juízos fulminantes, verdadeiros assassinatos de caráter, que diagnosticam tal ou qual comportamento ou forma de pensar de um colega como resultado "do pouco alcance de sua análise didática", sendo-lhe naturalmente prescrita uma outra análise, desta vez "mais profunda". São sentenças carregadas de poder de excomunhão e destinadas a evitar qualquer confronto com a diferença. Escutamos aqui a voz irônica de Freud (1937) em "Análise terminável e interminável" quando, glosando "a fala comum dos analistas", ele descreve as desculpas que estes fornecem face às "imperfeições dos mortais seus semelhantes": "sua análise não foi terminada" ou "ele nunca foi analisado até o fim".

Uma possível objeção que deve ser considerada, face à exposição que aqui está sendo feita, é aquela que aponta o próprio desenvolvimento do edifício analítico, nos seus variados registros, como prova histórica de que o sistema, incluindo-se aqui a análise didática, tem produzido seus frutos. Já alinhavamos vários itens do acervo de críticas que a análise didática tem colecionado e que indicam o ceticismo generalizado a respeito de seu valor. Mas o argumento mais forte contra esta possível objeção deve se basear na concepção psicanalítica de cura. Sabemos todos que não avaliamos o progresso de nosso trabalho pelo desaparecimento de um sintoma ou pela mera mudança do comportamento social do paciente: os analistas não são evangélicos de plantão. Freud nos alertou, desde os seus trabalhos iniciais, a respeito do elemento enganoso presente na fuga para a sanidade, caracterizando-a como atitude defensiva. Toda análise deve conter um elemento de indeterminação e de impronunciabilidade, em suma, de inconclusibilidade. Já a análise didática se desenvolve num *setting* "direcionado", e o empenho em alcançar a meta a que se propõe pode levá-la a negligenciar a existência e a importância destes elementos. Assim, a existência de uma análise regulamentada, com seus cânones globalizantes, resultando na formação institucionalizada de analistas, não representa garantia de que se esteja fomentando o progresso e o desenvolvimento da clínica e da educação analítica.

Bem a este propósito cabe mencionar a reunião do claustro de didatas da Associação Psicanalítica de Buenos Aires (Apdeba), realizada em 2001 (Gálvez, 2002). Ali se discutiu a diferença entre *fabricar* um paciente e *construir* um paciente. No primeiro caso, estamos próximos do cumprimento de regulamento, dos *standards*, da insistência em seguir as regras institucionais. Esta preocupação obscurece a *demanda de análise* e/ou impede seu surgimento. A situação é semelhante à diferença que existe entre a procura de análise como forma de obter alívio sintomático, *endossado pelo analista*, e a postura analítica que cria condições para o desenvolvimento, na análise, de um interesse e compromisso com a própria subjetividade. Percebemos o quanto a demanda de formação que recebe uma resposta institucionalizada enquadra a análise no campo do fabricado, da linha de produção, organizada e dirigida para uma rentabilidade precisa.

Na síntese redigida pelos organizadores do Pré-Congresso Didático da Fepal, realizado em Montevidéu em setembro de 2002, ao se discutir a freqüência de sessões necessária para as supervisões, é destacada uma experiência de flexibilização: é facultado ao candidato "iniciar um processo de supervisão com um paciente de baixa freqüência, de modo que o candidato possa criar no trabalho de supervisão a construção do *setting*, bem como as condições analíticas, para uma freqüência maior. *A convicção na tarefa e o método permitem aumentar a freqüência para sublinhar a posição analítica* [grifo nosso]". Percebe-se que esta experiência consegue colocar entre parênteses o cânone externo, institucional, e propor ao candidato que ele construa o cânone que julgar adequado para aquela situação analítica particular, a partir da sustentação que encontra na posição analítica. Ao fazê-lo, seu foco de interesse torna-se *aquela análise específica* e não a formação exigida pelo Instituto. Como escreve Sechaud, o foco de formação (na verdade diríamos: do interesse do analisando que deseja tornar-se analista) é o encontro, a apreensão do método analítico, que se realiza ao longo da análise. Esta *construção* interna do método é a pedra de toque a ser alcançada pela pessoa que deseja tornar-se analista. A dificuldade para desenvolvê-la e enfrentá-la leva a formações de compromisso: a análise didática, compreendida como fetiche, é um dos caminhos desta solução sintomática.[7]

Evidentemente, mesmo que a análise didática seja exatamente o que seu nome diz — didática —, propondo-se mais a ensinar o inconsciente do que a descobri-lo, mesmo que ela seja um fetiche funcionando ao modo de uma ideologia, ela ainda conserva algo da escuta analítica. Em sua postura, ela ainda lida, em parte, com o analisando, recusando o valor de face do senso comum e do discurso a ele atrelado, e procura abordá-lo, com alguma continuidade sistemática, como sendo a forma expressiva desenvolvida pelo candidato para comunicar para si e para o analista aquilo que o move e que dá sentido às suas relações internas e externas. É algo que ele desconhece, mesmo compondo sua personalidade, e que está organizado segundo uma lógica própria e singular: a do inconsciente. Então a presença desta escuta analítica vai permitir, à revelia mesmo de quem ali está envolvido, o contato com os derivados do inconsciente e, portanto, com os efeitos de sua presença. Saber que o método psicanalítico é dotado de uma espessura ontológica (Herrmann, 1991) é um consolo que de modo algum deve retirar nossa atenção do problema em foco. Sabemos que são múltiplas as vias que o sujeito tem para apreender a natureza de sua subjetivação, assim como as teorias para compreendê-la. Entretanto, para que isto aconteça numa análise é necessário que o contato mediador que possibilita esta experiência — este conhecer com um outro — não esteja comprometido com um elemento externo à relação (o que não é o mesmo, evidentemente, que organizar formalmente as condições ótimas para o desenvolvimento da apreensão mencionada). Viñar (2002) escreve que

---

[7] Cabe lembrar aqui, a respeito desta dificuldade, o que Meltzer escreve no fim do primeiro capítulo de O *processo psicanalítico* (1967a), ao mencionar os pacientes adultos que procuram análise: "Com toda sinceridade, conscientemente, e com todo esforço do intelecto, eles não conseguem seguir a regra primária, tão freqüentemente apreendida como 'diga tudo que lhe venha à mente'. Na realidade, desejamos que nossos pacientes 'observem seus estados de mente e comuniquem suas observações', o que eles não podem fazer, e não serão capazes de fazer com precisão e consistência durante alguns anos. Eles também não podem 'observar', de tal modo constrangida se encontra sua consciência em relação a processos internos, nem podem 'comunicar', tão inadequado seu vocabulário, desenvolvido em relação a afetos e acontecimentos do mundo externo".

"[...] a função específica do analista é a de construir espaços nos quais a articulação de uma palavra liberada de seu caráter normativo-obrigatório, a erupção de uma palavra calma e leve, possa resultar na criação de um espaço mental que contenha o conflito psíquico e desta maneira possa prevenir-se da ação impulsiva com a qual a emoção de ódio arrasa com a pessoa pensante".

O conflito psíquico precisa irromper e ser contido (pensado), mas sempre pela ação de uma palavra que não esteja comprometida senão com a possibilidade desta irrupção e com a virtualidade da contenção. Aquilo que na análise didática finalmente se revela eficaz é justamente o que se subtrai ao seu controle, que supera o constrangimento de sua tutela.

É preciso ser coerente com as próprias concepções e comportar-se com alguma sintonia em relação a elas. Creio terem ficado claras as razões que me levam a dizer não à manutenção da análise didática (respondendo assim à pergunta colocada no primeiro parágrafo deste artigo) assim como as razões que fizeram com que eu jamais pleiteasse a posição de analista didata em minha Sociedade.

Muitas vezes, ao expor a colegas meu modo de pensar, estes ponderavam que a melhor maneira de difundir estas idéias seria tornar-me analista didata. Nesta posição, argumentavam eles, eu poderia, digamos assim, lutar "no interior" do sistema, o que daria mais força à minha posição. Creio ter deixado bem claro que não considero que isto seja possível. Ao tornar-se didata, o analista é "fagocitado" pela estrutura e passa a servi-la, qualquer que seja sua posição e intenção pessoal. Para compreendermos isto, basta evocarmos o modo de funcionar da clínica analítica, particularmente da transferência. Esta exige, para sua eficácia, que o analista não se confunda com o analisando e implicará na manutenção de uma exterioridade ótima, que regula os processos identificatórios justamente para interpretá-los. Trabalhar *dentro* do sistema, como analista didata, resultaria na perda desta distância crítica operacional que dá sustentação ao ponto de vista aqui apresentado. Aderir à posição de analista didata seria então equivalente à atitude do analista que endossa o puro conteúdo da fala consciente do paciente, eludindo seu valor simbólico e a interpretação transferencial sob o pretexto de que assim "atrairia" com maior facilidade o analisando para o trabalho analítico.

Auchincloss e Michaels (2001), em suas exegeses do sistema de formação vigente, vêm argumentando que a eliminação da função de analista didata não elimina poder e autoridade, mas simplesmente os redistribui. Ora, seria ingenuidade acreditar — e desejar — que é possível eliminar questões de poder e autoridade, na medida em que estas fazem parte do próprio funcionamento de uma Instituição (isto é, elas não são o ruído indesejável produzido pela dinâmica da máquina, mas um elemento substancial de seu motor). O que estou apontando até aqui é a cooptação, por parte da Instituição, de uma forma específica de poder que justamente imobiliza a meta explícita a que se propõe esta Instituição. São estes autores que enfatizam este ponto ao escreverem que

> "nosso sistema atual cria outra brecha avassaladora, entre o analista didata e o candidato[8] [...] uma vez que nossos candidatos são educados para acreditar que o analista didata não é apenas todo poderoso mas também onisciente. Num mundo [...] onde um único papel profissional é tão venerado, alunos ambiciosos *são sociabilizados* [grifo nosso] para imaginar que eles podem fechar a brecha entre sua ignorância relativa e a onisciência do analista didata, não pela investigação da natureza da vida mental, mas no empenho em tornar-se, eles também, analistas didatas. Enquanto a curiosidade científica se extingue na ambição profissional, a 'autoridade' da função de análise didática é ainda mais exaltada [...]".

Percebe-se com clareza no texto dos colegas que este encaminhamento — a sociabilização de candidatos na direção de adquirirem futuramente a onisciência atribuída aos didatas — independe e transcende os atributos pessoais dos elementos que compõem a dupla. A estrutura que organiza a análise didática precede e domina as veleidades individuais, pois funciona ideologicamente. A extinção da curiosidade científica não é um epifenômeno da relação mas um elemento central, necessário para a manutenção do sistema, que tem como meta sua reprodução.

É esta forma de perceber as coisas que me faz pensar que uma das soluções propostas por estes autores para modificar este quadro, baseada em Thomä e Kächele (1999), é inteiramente fútil: eles sugerem que, "para desintoxicar os efeitos tóxicos do treinamento psicanalítico" (!!!), deve-se implementar a "criação de um programa de pesquisa como parte da estrutura básica do empreendimento psicanalítico"; "[...] assim, ao invés de curar os descontentes de nossa vida profissional, fazendo de todo mundo um analista

---

[8] Além da já mencionada por eles, entre analistas didatas e não didatas.

didata, poderíamos considerar a formação de algumas pessoas como cientistas pesquisadores". Evidentemente, nada há a objetar à pesquisa analítica praticada pelos que por ela se interessam. Dirigida a registros variados (empírico-experimental, clínico, teórico), ela certamente fomentaria a mentalidade científica entre os analistas, dando rigor e precisão aos seus debates. Usá-la entretanto *com esta finalidade* ("curar os descontentes") não passa de um artifício que só pode convencer os crédulos que não percebem seu subtexto. É uma recomendação que lembra aquilo que no Brasil chamamos de "boi de piranha". Os boiadeiros, quando precisam atravessar com sua manada um rio infestado de piranhas, atiram preliminarmente um boi na água. Os peixes o atacam, nele se concentram devorando-o e, enquanto isso, os outros animais e o vaqueiro atravessam tranqüila e seguramente o curso d'água, prosseguindo em seu caminho. Empregando uma imagem mais conhecida e valendo-me da linguagem de caçador de patos, eu diria que a oferta de pesquisa é um chamariz (*decoy*). Mesmo sendo sincera, pois procura um caminho alternativo mais produtivo face à tensão criada pela presença do analista didata, ela não escapa à armadilha ideológica. Isto se revela quando propõe uma terapêutica para os sintomas dos "efeitos tóxicos do treinamento" que, entretanto, não se volta contra os fatores específicos da intoxicação. Em outras palavras: ela elude o fato de que a análise didática é um fetiche e que, como tal, exige, para sua compreensão e abordagem, um viés metapsicológico.

Meu pensamento é de que se deve extinguir toda categoria diferenciada de análise de formação e deixar aos analisandos cuidar de suas análises. Este é, para mim, o ponto crucial. É por isto que afirmei mais acima que de nada adiantaria transformar todos os analistas em didatas uma vez que a análise continuasse sendo... didática. Deixar que os analisandos cuidem de suas análises não é uma forma de fugir à responsabilidade da formação. É um meio de retirar da análise seu caráter ritual e evitar a infantilização dos candidatos. Ademais, a responsabilidade do analista face a seu paciente não se pauta por uma ética do tipo formal prescritivo: ela está voltada para o compromisso de colocar o analisando em contato com os derivativos do inconsciente e de sua forma de funcionar; e de apreender constantemente as manifestações da contratransferência do próprio analista.

Esta posição vem sendo debatida continuadamente e teve importante apoio no recente Pré-Congresso da Fepal (2002). Ali se debateram amplamente os problemas e dificuldades vinculados à institucionalização da análise. Manter ou não a função de "analista de formação" foi um tema central de discussão. A posição de muitos analistas foi a de que a "análise do candidato deve estar separada do processo de formação e pode ser levada adiante por qualquer analista com experiência, uma vez que as condições requeridas para análise de um paciente não são de ordem didática [...] Deixar a análise do candidato fora do instituto evitaria, entre outros aspectos, a concentração de poder dos didatas".[9]

Por outro lado, se a extinção da análise didática é uma condição necessária, ela não é suficiente. Vejo-a não como solução mas como possibilidade de abertura para novos dilemas que tenham o potencial de atrair questões inovadoras (a contenção da angústia de castração não "cura" a sexualidade; antes a libera para novas situações conflitivas). Vejo-a como um primeiro passo no caminho da des-ideologização da formação, e não só dela: também daquela psicanálise que se apresenta como um repositório de certezas e de teorias fechadas. Des-ideologizar é aceitar que o psiquismo, do ponto de vista psicanalítico, é um problema, não um dado, e um enigma do qual não possuímos a chave.

Evidentemente, pode-se argüir que toda a minha exposição também é de caráter ideológico: um discurso *sobre* o real que pretende sobrepor-se a ele. Responderia a esta objeção dizendo que ao longo do artigo procurei substanciar minhas afirmações elucidando as razões que as apóiam. As premissas de minha posição são expostas com transparência e partem de fatos observados e observáveis, amplamente discutidos na bibliografia. Emprego argumentos variados — lógicos, políticos, empíricos, históricos e, sobretudo, psicanalíticos. Quando, por exemplo, lanço mão do artigo de Schröter, procuro mostrar que a análise didática não nasce como uma fraude e que suas origens podem ser compreendidas segundo um viés histórico ligado a questões de poder e controle. Foi o seu fortalecimento ao longo do tempo, sua permanência e a forma peculiar de desenvolvimento que ela assumiu que possibilitaram a interpretação presente que dela faço. Esta é marcada por um confronto com o *status quo* vigente e isto se exprime no texto através do estudo de seu funcionamento e da discussão de seus princípios.

Por sua vez, a necessidade de colocar em perspectiva os efeitos gerados pela análise didática e as iniciativas acionadas para lidar com estes efeitos me levaram a expor a concepção que tenho da psicanálise e de seu funcionamento. O todo permanece assim aberto ao escrutínio do leitor, que pode confrontar as idéias expostas com aquelas que tiver sobre a questão.

---

[9] Restando, é claro, saber quem vai decidir a respeito da experiência do analista e qual seria então a razão de existirem "didatas".

Psicanálise subalterna

A argumentação que emprego neste artigo não o organiza como uma avaliação "científica" dos prós e contras relativos à análise didática. Na verdade, a análise didática diz a que veio, isto é, diz o seu "pró" através de sua existência, do caminho que cursou, do seu modo de funcionar, do contexto que gera para manter sua permanência. É sobre esta trajetória que procuro refletir, partindo do pressuposto de que ela não é uma fatalidade, não é um produto natural mas, tal como o fetiche e a formação ideológica, possui uma dinâmica própria, uma intencionalidade inteligível e rastreável que o analista tem a obrigação de compreender.

13.
IDENTIDADE E ORIGINALIDADE
DA PRODUÇÃO PSICANALÍTICA:
UMA VISÃO A PARTIR DE SÃO PAULO

> "Se fosse possível estabelecer uma lei de evolução da nossa vida espiritual, poderíamos talvez dizer que toda ela se rege pela dialética do localismo e do cosmopolitismo, manifestada pelos modos mais diversos. Ora a afirmação premeditada e por vezes violenta do nacionalismo literário, com veleidades de criar até uma língua diversa; ora o declarado conformismo, a imitação consciente dos padrões europeus."
>
> Antonio Candido, "Literatura e cultura de 1900 a 1945"

Exultante após ter encontrado e alugado a casinha que serviria de refúgio aos seus amores clandestinos com Virgília, sentindo-se possuidor de um domínio absoluto que excluía toda adversidade, Brás Cubas vê interrompido o devaneio sobre seu triunfo e sua felicidade por um incidente em meio à caminhada que empreendera. Este é narrado no capítulo LXVIII de suas *Memórias póstumas*, intitulado "O vergalho":

> "Tais eram as reflexões que eu vinha fazendo, por aquele Valongo fora, logo depois de ver e ajustar a casa. Interrompeu-mas um ajuntamento; era um preto que vergalhava outro na praça. O outro não se atrevia a fugir; gemia somente estas únicas palavras: — 'Não, perdão, meu senhor; meu senhor, perdão!'. Mas o primeiro não fazia caso, e, a cada súplica, respondia com uma vergalhada nova.
>
> — Toma, diabo! dizia ele; toma mais perdão, bêbado!
>
> — Meu senhor! gemia o outro.
>
> — Cala a boca, besta! replicava o vergalho.
>
> Parei, olhei... justos céus! Quem havia de ser o do vergalho? Nada menos que o meu moleque Prudêncio, — o que meu pai libertara alguns anos antes. Cheguei-me; ele deteve-se logo e pediu-me a bênção; perguntei-lhe se aquele preto era escravo dele.
>
> — É, sim nhonhô.
>
> — Fez-te alguma coisa?
>
> — É um vadio e um bêbado muito grande. Ainda hoje deixei

ele na quitanda, enquanto eu ia lá embaixo na cidade, e ele deixou a quitanda para ir na venda beber.

— Está bom, perdoa-lhe, disse eu.

— Pois não, nhonhô manda, não pede. Entra para casa, bêbado!

Saí do grupo, que me olhava espantado e cochichava as suas conjeturas. Segui caminho, a desfiar uma infinidade de reflexões, que sinto haver inteiramente perdido; aliás, seria matéria para um bom capítulo, e talvez alegre. Eu gosto dos capítulos alegres; é o meu fraco. Exteriormente, era torvo o episódio do Valongo; mas só exteriormente. Logo que meti mais dentro a faca do raciocínio achei-lhe um miolo gaiato, fino e até profundo. Era um modo que o Prudêncio tinha de se desfazer das pancadas recebidas, — transmitindo-as a outro. Eu, em criança, montava-o, punha-lhe um freio na boca, e desancava-o sem compaixão; ele gemia e sofria. Agora, porém, que era livre, dispunha de si mesmo, dos braços, das pernas, podia trabalhar, folgar, dormir, desagrilhoado da antiga condição, agora é que ele se desbancava: comprou um escravo, e ia-lhe pagando, com alto juro, as quantias que de mim recebera. Vejam as sutilezas do maroto!".

Efetivamente, Brás Cubas tinha o que recordar. Quando criança, tratara Prudêncio de um modo peculiar — digamos, peculiar à classe social a que pertencia. O procedimento é por ele descrito no capítulo XI do livro, sugestivamente intitulado "O menino é pai do homem":

"Prudêncio, um moleque de casa, era o meu cavalo de todos os dias; punha as mãos no chão, recebia um cordel nos queixos, à guisa de freio, eu trepava-lhe ao dorso, com uma varinha na mão, fustigava-o, dava mil voltas a um e outro lado, e ele obedecia, — algumas vezes gemendo, — mas obedecia sem dizer palavra, ou, quando muito, um — 'ai, nhonhô!' — ao que eu retorquia: — 'Cala a boca, besta!'".

Estas são memórias dos passados anos de meninice. Já ao se aproximar da idade adulta, Brás Cubas se apresenta ao leitor seguindo outro padrão de comportamento. Ele, embora conserve a energia da infância, dispõe da montaria para fins mais nobres. Eis como se descreve no capítulo XIV:

"Como ostentasse certa arrogância, não se distinguia bem se era uma criança com fumos de homem, se um homem com ares de menino. Ao cabo, era um lindo garção, lindo e audaz, que entrava na vida de botas e esporas, chicote na mão e sangue nas veias, cavalgando um corcel nervoso, rijo, veloz, como o corcel das antigas baladas, que o romantismo foi buscar ao castelo medieval, para dar com eles nas ruas do nosso século. O pior é que o estafaram a tal ponto, que foi preciso deitá-lo à margem, onde o realismo o veio achar, comido de lazeira e vermes, e, por compaixão, o transportou para os seus livros".

Os trechos acima mencionados — o comportamento do menino, a ambição do jovem e o episódio do Valongo, vivido pelo adulto —, ao serem colocados em perspectiva, perfazem uma trajetória em três tempos bastante informativa, sobre a qual convém, como diz o autor, "meter a faca do raciocínio".

No primeiro momento, o meio sociofamiliar orienta Brás Cubas a tratar o escravo como alimária: faz parte da vida doméstica montar, arriar e chicotear Prudêncio, enquanto sua voz é calada.

No segundo tempo, Brás Cubas empolga-se com ideais românticos e libertários: bota, esporas e chicote servem agora à realização de ações nobres que conjugam audácia e beleza, implícitas na caracterização de Brás Cubas como cavaleiro medieval. Transpostos entretanto para o nosso século — ou, como sublinha com mais precisão o narrador, para as *ruas* do nosso século —, tais ideais perdem sentido e se esvaziam. É que ao permanecerem simplesmente "ideais", meras veleidades — caso de Brás Cubas — eles se mostram instrumentos inadequados para modificar tanto a realidade presente nas ruas do país quanto a mentalidade do cavaleiro. Os estilos literários — romantismo, naturalismo — descrevem e sintetizam formas expressivas calcadas em realidades sociais. Mas no caso em exposição parece ocorrer apenas uma sucessão de adesões, criação de fachadas logo descartadas e substituídas, o que evidentemente não deixa lastro para a alteração das relações intersubjetivas. Este fracasso nos conduz ao terceiro tempo, cópia deslocada do primeiro, eventualmente anacrônica mas já agora ocorrendo na via pública e à luz do dia. Brás Cubas procura interpretar o comportamento de Prudêncio como desforra: tratava-se apenas de um modo de se desfazer das pancadas outrora recebidas. Abordado em tom jocoso, o episódio quer resumir o acontecido às gaiatas "sutilezas de um maroto", e poderia acabar por aí, não fosse ele, Brás Cubas, então subitamente tomado por uma associação livre por demais reveladora que, com o título de "Um grão de sandice", constitui o breve capítulo seguinte (LXIX):

> "Este caso faz-me lembrar um doido que conheci. Chamava-se Romualdo e dizia ser Tamerlão. Era a sua grande e única mania, e tinha uma curiosa maneira de a explicar.
>
> — Eu sou o ilustre Tamerlão, dizia ele. Outrora fui Romualdo, mas adoeci, e tomei tanto tártaro, tanto tártaro, tanto tártaro, que fiquei Tártaro, e até, rei dos Tártaros. *O tártaro tem a virtude de fazer Tártaros* [grifo nosso].
>
> Pobre Romualdo! A gente ria da resposta, mas é provável que o leitor não se ria, e com razão; eu não lhe acho graça nenhuma. Ouvida, tinha algum chiste; mas assim contada, no papel, e a propósito de um vergalho recebido e transferido, força é confessar que é muito melhor voltar à casinha da Gamboa; deixemos os Romualdos e Prudêncios".

Machado de Assis, ao colocar os dois capítulos ("O vergalho" e "Um grão de sandice") em seqüência e ao sublinhar que o encontro na praça fizera Brás Cubas lembrar de Romualdo e da sua transmutação em Tamerlão, parece querer levar o leitor a descrer da explicação que é dada para se entender o comportamento do ex-escravo Prudêncio. O gesto deste, longe de ilustrar que ele agora *era livre [...] dispunha de si mesmo [...] se desbancava*, mostra o quanto o ex-escravo se mantém prisioneiro de uma dupla forma de dominação (externa e interna), à qual se encontra aderido. Assim, o simples surgimento de Brás Cubas logo o detém e o faz pedir a benção ao antigo senhor. A sugestão que este lhe dá, de perdoar o transgressor, é escutada como uma ordem: *"Nhonhô manda, não pede"*. Já o castigo que estava sendo aplicado por Prudêncio a seu escravo era por ele acompanhado da mesma exclamação empregada no passado por Brás Cubas, quando este o fustigava: *"Cala a boca, besta!"*.

Salta aos olhos, então, o quanto é inconsistente a afirmação de Brás Cubas de que Prudêncio era *"livre, dispunha de si mesmo"*. O que Prudêncio fazia era copiar um modelo de relacionamento que o impedia — mesmo alforriado — de se indagar sobre a noção de liberdade e de direitos individuais. Prudêncio não se "desfaz" das pancadas recebidas. Pelo contrário: transferencialmente identificado com seu algoz, que internalizara, ele age repetindo seus gestos, aderido à sua mentalidade. Paralelamente, Romualdo, que é subitamente lembrado, é alguém tão tomado pelo que incorporara que acaba perdendo a capacidade de discriminar entre significado e significante, símbolo e simbolizado, representação e coisa em si. Não é por acaso que a alienação de Prudêncio faz com que Brás Cubas evoque este outro gênero de expropriação da identidade, e também não é à toa que Brás Cubas não acha graça alguma nessa história de "vergalho transferido", que acaba desembocando na doidice de Romualdo. Quase amargurado, descarta Romualdos e Prudêncios para voltar à casinha de seus amores secretos.

Esta, porém, não é a atitude que devemos e que podemos tomar aqui. A ficção de Machado de Assis nos pressiona para refletirmos sobre dois modos de construção da identidade — ambos geradores de impasse — que ele flagra em nosso meio. O primeiro, o da transferência, cria sujeitos nos quais a relação de subserviência com sua fonte identitária é erigida como modelo. Espelhando-se nesta fonte, o sujeito, digamos assim, constrói sua imagem. Mas, ditada de fora para dentro, esta tende a ser volátil, uma vez que para subsistir precisa acompanhar as mudanças de seu referente: romantismo, naturalismo, parnasianismo, simbolismo; Freud, Klein, Lacan, Bion, Kohut. No segundo modo, o insumo — de início necessário — é ingerido de forma intensa, contínua e indiscriminada, de modo que o resultado é sua fusão visceral com o sujeito, que com ele se confunde. Esta fusão identitária abdica do próprio distanciamento necessário para que a cópia se faça e incorpora então radicalmente a fonte, confundindo geografias.

A seqüência parece sugerir que o problema não reside tanto na imitação ou na ingestão, mas num sistema social que gera a crença de que a incorporação de tártaro leva o sujeito a tornar-se Tártaro e mesmo rei dos Tártaros — sistema que *ao mesmo tempo* procura dar à imitação "transferida" caráter de ação original.

A questão vem se colocando desde meados do século XIX nos vários campos de produção da cultura nacional, o que leva Roberto Schwarz (1987) a iniciar o seu artigo "Nacional por subtração" com a seguinte frase: "Brasileiros e latino-americanos fazemos constantemente a experiência do caráter postiço, inautêntico, imitativo da vida cultural que levamos". A relação entre construção de identidade e afirmação de originalidade está sem dúvida ligada ao mal-estar gerado por esta experiência. Para a psicanálise que gostaríamos de praticar e teorizar, Prudêncio e Romualdo não são modelos palatáveis. Permanece, entretanto, a impressão desagradável de que nos submetemos, algo inertes, a uma força estranha que não cessa de pôr um vergalho em nossa mão enquanto enche a nossa boca de tártaro. O problema evidentemente não é só da psicanálise. Ele abrange todas as áreas de criação de nosso país, mas é forçoso reconhecer que, ao longo do tempo, outros campos souberam estabelecer com suas fontes de origem uma relação mais diferenciada devido ao esforço de um trabalho metabólico que levou a uma produção carregada de estilo próprio nos mais variados setores. O desenvolvimento da Universidade de São Paulo é, nesse sentido, quase modelar (Arantes, 1989): da reverência cerimoniosa à Metrópole — cujos mestres vieram dar-lhe o empucho inicial, do provincianismo mundano, foi surgindo, não só por decantação e sedimentação, mas principalmente pelo esforço de um trabalho metabólico, uma produção carregada de estilo próprio nos mais variados campos. Seria proveitoso nos determos um pouco nesta vinculação entre trabalho metabólico e criação de estilo, definindo os termos e sua inter-relação, para tentarmos entender o que emperra o desenvolvimento de uma psicanálise original.

Poderíamos definir estilo como o aspecto constante da forma de expressão de um indivíduo ou de um grupo. Ele se manifesta como um padrão que se apreende diretamente e que nos ajuda a localizar aquela forma no tempo e no espaço — portanto, a estabelecer conexões culturais: ele funciona como um traço sintomático. A investigação de suas correspondências internas, de sua formação, mudança e história, ilumina a própria estrutura da forma expressiva. Através dele, "se faz visível a personalidade (de quem o pratica) [...] e a forma de pensar e sentir de um grupo" que assim comunica e fixa valores. Suas variações constituem um fundo que dá a ver as eventuais inovações ao longo do tempo. Shapiro (1962) afirma que funcionalmente ele "reflete ou projeta a forma interior do pensamento e o sentimento coletivo". Estes transparecem menos no estilo do indivíduo ou de uma atividade específica da cultura e mais nas formas e qualidades compartilhadas pelo conjunto das atividades da Cultura durante um tempo significativo. Percebe-se que, embora não o estejamos descrevendo segundo uma perspectiva normativa — "bom ou mau estilo" —, sua mera existência já é indicadora da capacidade de realização do grupo. Deste modo, a distinção "produção/não-produção" de estilo aponta para a presença de uma singularidade que, por sua vez, pode ser relacionada historicamente a outros estilos, tendo eventualmente um deles como modelar.

Uma perspectiva histórica da Cultura induz à busca de traços comuns em estilos sucessivos, permitindo que eles sejam contrastados e, em alguns casos, polarizados. Conseguimos assim discriminá-los segundo critérios de localização, temporalidade, geração. A questão fundamental da transmissão pode então ser rastreada.

Assim descrito, o estilo surge com características de uma linguagem:

possui uma lógica e uma expressividade internas que são reconhecíveis quando situadas no contexto adequado, que lhe confere valor e qualidade. A variação deste contexto permite a revelação da plasticidade desta linguagem. É possível, por exemplo, conceber-se um estilo característico dos primórdios da psicanálise; mas também o estilo de Freud enquanto escritor, e ainda o estilo de Freud-escritor enquanto produto da cultura de sua época.

Embora meio de comunicação, linguagem, o estilo não se limita a funcionar como sistema de recursos para transmitir uma mensagem precisa mediante a representação ou simbolização de objetos e ações (isto é, não se limita a ser veículo objetivo da idéia dominante). Ele veicula também uma "totalidade qualitativa capaz de sugerir conotações difusas, assim como intensificar as emoções intrínsecas associadas" (Shapiro, 1962). A expressão "sugerir conotações difusas" indica sua capacidade de realizar integrações ou associações imprevistas ou inusitadas que provocam mudanças qualitativas do conteúdo ou revelam latências nele contidas.

Para a questão que nos interessa — a existência de uma psicanálise original sedimentada numa identidade própria — pode-se ir mais além (e mesmo em sentido inverso) dessa relação, que, ao equacionar estilo e valores expressivos, faz do primeiro termo veículo de significado. Pode-se ampliar o sentido de "conteúdo" e focalizar formas de pensar e sentir que conformam um estilo. O estilo seria então concebido como concreção ou projeção de disposições culturais e hábitos de pensamento comuns a toda a cultura. O conteúdo, como produto paralelo da mesma cultura, exibiria qualidades e estruturas semelhantes às do estilo.

A caracterização de um eventual "estilo brasileiro de psicanálise" implicaria identificar as determinantes de sua forma. Teríamos que apontar no horizonte que o envolve as fontes disponíveis para a sedimentação de tal estilo, supondo-se que estas fontes estariam "projetadas nesse estilo". A caracterização de um estilo (e de suas mudanças), por maior que seja a contribuição individual, não é passível de apreensão se não houver referência às condições do momento e à comunidade na qual ele emerge.

Até aqui viemos dando ênfase à vertente formal da noção de estilo. No caso específico da psicanálise, estes traços formais se revelariam e seriam apreendidos através de sua prática e dos discursos teóricos a respeito desta prática. E um certo distanciamento histórico possibilitaria que se esclarecesse a inter-relação entre o modo individual (pessoal) de expressão e o modo social, encarado como conjunto expressivo de seu momento e lugar.

É preciso agora avançarmos um pouco mais e irmos além da compreensão do aspecto formal do estilo interrogando-nos também sobre as condições

Identidade e originalidade da produção psicanalítica

de seu desenvolvimento. Pensamos que o exame da dinâmica de formação do estilo pode revelar um traço específico que marca nossa psicanálise.

Um estilo se desenvolve e se afirma como contravenção a uma presença canônica. Diante da norma, da mecânica consagrada, da semântica e da sintaxe, ele surge essencialmente como desvio. A mudança se dá por desgarramento: nas bordas, uma parte se diferencia do original, a ele se contrapõe, afirma uma linguagem, se separa, constitui nova forma expressiva. Entre as duas partes é possível estabelecer uma interdependência histórica que assinala a existência do desvio surgido. Ou como diz Segre (1989), sintética e elegantemente: "o mesmo significante assume um novo significado".

Dissemos acima que o confronto ou contravenção se dá contra uma forma canônica; que não é, porém, neutra ou vazia. Deste modo, a oposição criada funciona como tentativa de desvelar o que o objeto original ainda conserva de latentemente expressivo: mais de um pensador pode pensar (e diferentemente) o "mesmo" pensamento.

A contravenção, o desvio, não podem, entretanto, ser gratuitos. Não é suficiente alardearmos a posse de vasto repertório de "idéias originalíssimas": é preciso articulá-las como linguagem. Ou melhor, torná-las linguagem organizada que possa ser contrastada com aquela já existente e atuante no sistema expressivo. Isso implica em acuidade perceptiva, isto é, não só conhecimento daquilo que impulsiona a transgressão mas, basicamente, a capacidade de captar a inteligibilidade do sistema contra o qual a contravenção tornou-se necessária. Só assim o desvio proposto ganha eficiência e pode preencher alguma lacuna, criar uma demanda, descobrir uma afinidade. Em suma: para produzir enunciados originais, precisamos antes satisfazer as condições de enunciação. Tais condições são forjadas através da contínua experiência de descoberta-construção-reconstrução dos conceitos teórico-clínicos já existentes, isto é, através de um trabalho de assimilação do ingerido e não de identificação fusional com ele (algumas linhas acima falávamos de esforço metabólico).

Um exemplo, expressivo por sua simplicidade, poderia esclarecer o que estou propondo. Nos anos pós 1946 conseguia-se definir, na Sociedade Britânica de Psicanálise, a corrente teórica à qual se filiava um analista quando ele, ao apontar a trajetória da projeção, descrevesse seu movimento como ocorrendo *"onto the object"* ou *"into the object"*. O que na superfície é apenas uma diferença de vogais abriga, na sua profundidade, a construção pela comunidade analítica de um *corpus* teórico-clínico complexo, nascido de embates vitais e expresso, entre outros modos, através desse traço estilístico. A opção final — *into* ou *onto* — surge como resultante de um *trabalho* identificatório com uma determinada linha de pensamento e não simplesmente como adesão produzida por pressão "militante" ou por ingestão do tártaro da moda.

Ao abordarmos a nossa produção teórico-clínica, nos damos conta do quanto ela se revela avessa a preencher este requisito, evitando *a necessidade* de encarar a psicanálise como uma *construção temporal* permeada de convulsões (como a da Sociedade Britânica que acabei de mencionar), que possui uma lógica interna passível de apreensão. Tal qual Prudêncio, nos assemelhamos a negros que, apenas alforriados, logo procuramos nos tornar senhores de escravos.

Evidentemente, como logo se verá com mais detalhe, não há porque diabolizar a cópia. Esta não é impeditiva do caminho para a originalidade, muito pelo contrário. Somos galhos de um mesmo tronco, e não por opção: trata-se de um fato natural (Candido, 1987a). Do mesmo modo, somos parte de uma cultura mais ampla da qual participamos como variedade cultural. Esta vinculação deveria forjar as bases da capacidade de inovação e reflexão e do empenho para circular entre as idéias disponíveis, reivindicando o direito à diferença e à criação. Entretanto, não me parece que tenha sido este o caminho seguido por nossa psicanálise. A meu ver, para dar solidez à sua identidade, optamos por uma adesão à cópia visando assim a obtenção de reconhecimento pelo original. Um pouco como se os pinheiros cobertos de algodão usados em nosso país para decoração natalina adquirissem o poder de fazer nevar em dezembro.

O que vai se delineando da posição aqui exposta é como a questão "cópia" pode ser um falso problema. A cópia é, na verdade, o inelutável suporte da construção da identidade e etapa inerente à criatividade, mormente numa atividade como a psicanálise, inteiramente referida a um criador nomeado e localizado no tempo. *O problema que enfrentamos não se prende ao prestígio do modelo original, mas à sua transformação em ideologia. Dito de outro modo: a relação com a cópia deixa de ser determinada por uma circunstância histórica, ela própria potencialmente mobilizadora de uma eventual transformação do original, e passa agora a ser institucionalizada.* Este gênero de situação é paralizante. Trata-se de uma paralisia que leva a uma imitação defensiva que precisa ser milimetricamente co-extensiva do original (já vimos que Prudêncio castiga seu escravo usando a mesma expressão de Brás Cubas: "Cala a boca, besta!"). É uma especularidade que não deixa espaço para nenhuma mediação, mormente a reflexiva.

Quando falávamos do estilo, dissemos que "ele se desenvolve e se afirma como contravenção a uma presença canônica". Ora, a institucionalização da cópia impede justamente qualquer contravenção. As condições de enunciação a que aludimos deixam de existir, já que o exercício de inteligibilidade da fonte original, condição inicial para a contraposição que dá origem a um estilo original, é persuasivamente substituído pela adesão à fonte em troca de prestígio vicariante. É esta institucionalização que atua como força controladora, determinando a escolha do sujeito e eludindo o envolvimento a que está sendo submetido.

Cria-se uma conjuntura *sui generis*: adotamos com facilidade as idéias criativas e originais produzidas nos centros avançados, as tornamos prevalentes em nosso meio, *mas não assimilamos os procedimentos de questionamento e debate que tornaram esta produção relevante*. Nos inserimos em um sistema de reprodução acrítica através de uma ingestão que recorda a de Romualdo. Nos aproximamos aqui do terreno da simulação, espécie de prima da conversão (e não me desculpo pela ambigüidade psicanalítica dos termos), que elude o reconhecimento da crise e seu enfrentamento (ou os fabrica falsamente).[1] Gostaria de insistir neste ponto, com o risco de tornar-me cansativo. As fontes que nos servem de modelo adquiriram densidade, e com ela prestígio, na medida em que seus produtos finais resultaram de propostas e pensamentos conflitantes. Desses confrontos surgiram novas formas de teorização e de prática em nossa área de concentração. É uma produção, pois, que está embasada na atividade permanente do espírito crítico. Ora, nossa escolha dirige-se à adesão às correntes de pensamento *mas não ao procedimento que lhe dá origem*. À primeira vista aparecemos como bem informados e cosmopolitas, mas um olhar mais apurado encontrará aí apego à adesão e distanciamento do trabalho crítico.

Tudo se passa como se o grupo se organizasse para copiar mas descartasse a etapa que lhe é subseqüente, ou seja, a *problematização do modelo copiado*. Esta revelaria impasses e faria aflorar eventuais necessidades internas ao grupo (antes não entrevistas), à própria cópia e à relação entre eles. Não pode haver então evolução do pensamento, já que não há reflexão teórico-clínica de caráter histórico: nada se esgota, tudo se substitui. A identidade sobrevive valendo-se da complacência para com a imitação, que passa a funcionar qual carapaça terminológica e doutrinária: "Cala a boca, besta!".

Percebe-se que nessas condições não se forma uma massa crítica nem há possibilidade para que se construa uma tradição, isto é, que se crie zonas

---

[1] O que facilita o entendimento da afirmação de Roberto Schwarz, mencionada acima, sobre o caráter postiço de nossa vida cultural.

distintas de relevância que contenham informações sobre o modo como foram elaboradas. O consumo do novo que impede a criação da tradição não é um problema de ordem moral mas, melhor dizendo, de ordem econômica, dado o prejuízo que acarreta o descarte prematuro de idéias e pensamentos cujo aprofundamento certamente se mostraria ainda polêmico e produtivo. Observe-se mais uma vez o quanto se revela inócuo diabolizar a cópia quando a noção de autóctone pode ser deslocada pela de reflexão. Se a psicanálise for um universal, o nosso drama não residiria no fato de copiá-lo — universal que é —, mas sim na impossibilidade de pensá-lo em sua organicidade e desse modo recriá-lo como um particular, inscrevendo-o num contexto cultural específico e adensando-o conceitualmente.

Se as idéias até aqui apresentadas tiverem validade torna-se agora central entender por que a propensão à imitação tornou-se satisfatória, ou melhor, o que propicia e legitima a institucionalização da cópia. É preciso apontar que as coisas nem sempre foram assim e na verdade começaram de um jeito bastante diferente. Embora este trabalho não tenha cunho histórico — há uma razoável bibliografia sobre o assunto —, é importante relembrar o processo de chegada e implantação da psicanálise em São Paulo, acionada pela figura ímpar de Durval Marcondes, "médico, escritor e poeta modernista". Reinaldo Lobo (1994), em seu artigo para o livro *Álbum de família*, chama a atenção para o fato de que entre 1919 e 1936, período de entreguerras que viu intensos movimentos transformadores em nossa organização social, a psicanálise insere-se em nosso meio como parte integrante do processo modernizador nacional, tornando-se um elemento propulsor para nos jogar "no patamar das nações modernas". Combativos e ousados, desafiando o academismo conservador, liderados por Durval "os primeiros integrantes da Sociedade de Psicanálise [eram] mais intelectuais e artistas do que psicanalistas praticantes". O momento era propício ao acolhimento da psicanálise, que vinha se encaixar de modo adequado à demanda latente de um meio que havia se tornado impaciente com a satisfação burguesa. "*Os nossos modernistas se informaram pois rapidamente da arte européia de vanguarda, aprenderam a psicanálise e plasmaram um tipo ao mesmo tempo local e universal de expressão, reencontrando a influência européia por um mergulho no detalhe brasileiro*" (Candido, 1976).

Creio que um modo de ressaltar a adequação da inserção das idéias psicanalíticas em nosso meio e o aspecto estimulador que veicularam é contrastá-las com uma situação na qual idéias vindas de fora, naturais em seu meio de origem, aqui provocam um efeito de estranhamento — nem por isto sendo rejeitadas —, o todo caminhando para uma acomodação que dá ao resultado final um caráter disforme que ainda assim é ignorado (ver Roberto Schwarz, "As idéias fora do lugar", 1977).

Novamente lanço mão de Machado de Assis (os dois primeiros parágrafos do conto "As bodas de Luiz Duarte") para ilustrar esta situação:

> "Na manhã de um sábado, 25 de abril, andava tudo em alvoroço em casa de José Lemos. Preparava-se o aparelho de jantar dos dias de festa, lavavam-se as escadas e os corredores, enchiamse os leitões e os perus para serem assados no forno da padaria defronte; tudo era movimento; alguma coisa ia acontecer nesse dia.
>
> O arranjo da sala ficou a cargo de José Lemos. O respeitável dono da casa, trepado num banco, tratava de pregar à parede duas gravuras compradas na véspera em casa do Bernasconi; uma representava a Morte de Sardanapalo; a outra a Execução de Maria Stuart. Houve alguma luta entre ele e a mulher a respeito da colocação da primeira gravura. D. Beatriz achou que era indecente um grupo de homens abraçado com tantas mulheres. Além disso, não lhe pareciam próprios dois quadros fúnebres em dia de festa. José Lemos, que tinha sido membro de uma sociedade literária, quando era rapaz, respondeu triunfantemente que os dois quadros eram históricos. E que a história está bem em todas as famílias. Podia acrescentar que nem todas as famílias estão bem na história; mas este trocadilho era mais lúgubre que os quadros".

A descrição nos propõe logo de início, como *pano de fundo*, a agitação doméstica, ligada a uma festa, uma "cousa grande que ia acontecer neste dia". Rapidamente, porém, o *proscênio* é ocupado por José Lemos que, às vésperas do acontecimento, comprara duas gravuras "históricas" para compor o arranjo da sala. Devido a seu caráter e conteúdo, elas pouco têm a ver com a ocasião, embora pareçam refletir a mentalidade de José Lemos. Este, que fora membro de uma sociedade literária, vale-se agora da ocasião para mostrar de público o aprendizado acumulado, referido, é claro, à história e à produção artísticas européias portadoras de prestígio, evidência de sua erudição mas que se tornam totalmente disparatadas quando inseridas no ambiente da festa (o que não o impede de pendurá-las em triunfo). O disparate é mais evidente se atentarmos para o fato de que a *Morte de Sardanapalo* não é propriamente "fúnebre", mas sim uma pintura excessiva no seu erotismo e sadismo que ainda retrata a indiferença do rei Sardanapalo diante do fim brutal para o qual caminhara. O espírito violentamente romântico e libertário salta do quadro para a casa, onde precisará se acomodar à presença das escravas cujo labor estava gerando todo o burburinho e azáfama descritos no início do conto. O trabalho forçado das pretas não as impede de, mais tarde, lançarem sobre a noiva uma chuva de pétalas de rosa. Por outro lado, o interesse literário de José Lemos, ancorado em raízes metropolitanas refinadas, não o impedia de aguardar com intensa ansiedade a chegada de um certo tenente Porfírio, assíduo orador de ágapes, veiculador de obviedades gongóricas cujo discurso provinciano fazia a delícia da platéia, a ponto de um dos convivas exclamar que "ele falava tão bem que parecia um dicionário" (fala esta que naturalmente deixaria horrorizado qualquer europeu letrado); tenente Porfírio este cuja presença e peroração eram, entretanto, julgadas essenciais por José Lemos para que a festa tivesse êxito. Fundo e proscênio estabelecem assim na casa um convívio acomodado e esdrúxulo, que Machado descreve com ironia mordaz.

Ora, no momento em que a psicanálise chega ao Brasil este desacordo entre fundo e proscênio está em vias de ser denunciado, e as lutas sociais do período são uma indicação deste processo.

> "O nosso Modernismo importa essencialmente, em sua fase heróica, na libertação de uma série de recalques históricos, sociais, étnicos, que são trazidos triunfalmente à tona da consciência literária [...] Nele, e sobretudo na culminância em que todos os seus frutos amadureceram (1930-40), fundiram-se a libertação do academismo, dos recalques históricos, do oficialismo literário; as tendências de educação política e reforma social; o ardor de conhecer o país" (Candido, 1976).

A psicanálise nasce em São Paulo como um processo iluminista, fruto do esforço e da perseverança de um grupo de pioneiros que "queriam saber o que se passava lá fora não para copiar mas para entender a realidade nacional" (Lobo, 1994).

A articulação que se iniciava deste modo fazia pensar que estávamos num caminho que levaria nossa psicanálise a uma inserção original na cultura e a uma ensaística própria. Tudo indicava que adotaríamos uma posição reflexiva, tensionadora, na qual "a crítica é uma disposição de espírito *anterior* [grifo nosso] ao exame da obra: é um modo de olhar e ver que se interrompe quando se cristaliza numa doutrina" (Candido, 1987b), sendo que "as doutrinas são teorias permeadas de valorizações" (Candido, 1987b). Minha impressão entretanto é que esta propensão presente no início, esta disposição para "olhar e ver" que opera como uma *Weltanschauung* perdeu, para dizer o mínimo, sua força e importância.

Seria entretanto por demais simplificador tomar o que viria em seguida — isto é, a utilização de formas importadas, de um modo a lhes conferir valor canônico e simultaneamente ignorar "as circunstâncias históricas nas quais um e outro corpo de conhecimento é gerado [assim como] o meio no qual cada um se desenvolve" (Barros, 1995: 832) — como se este encaminhamento fosse a causa do processo quando é na verdade efeito.

A causa deve ser procurada na inversão do propósito inicial, no fato de que os pioneiros acharam necessário legalizar a nível internacional o que era legítimo a nível nacional. É verdade que a procura de filiação à IPA e sua realização implicavam no seguimento de regras restritivas, de uma pedagogia globalizante e de uma organização societária razoavelmente coercitiva, o todo configurando um conjunto de condições que tendem a afetar a imaginação de qualquer pioneiro.

Mas evidentemente, por si só, esta filiação não precisaria nem deveria ter um efeito paralizante, como aliás não teve em outros horizontes, inclusive sul-americanos. A questão da filiação à IPA é semelhante àquela que discutimos quando falamos da cópia: é o *uso* dado que vai determinar o seu destino. A meu ver, e este é um ponto de vista estritamente pessoal, o sistema hierárquico e doutrinário inerente à IPA foi assimilado por nossa sociedade de um modo tal que acabou determinando *que o interesse local se voltasse para a criação e o fomento da demanda*. Assim, a construção e a legitimação da identidade psicanalítica passaram a ser fornecidas por um estamento psicanalítico dedicado a cunhar uma representação da psicanálise que pudesse se inserir no universo do mercado de consumo. Este, como escreve Rocha Barros (1995: 838), "tende[m] a simplificar grosseiramente o conhecimento acadêmico transformando-o rapidamente em técnicas de rotina prontas para o consumo. Este tratamento expulsa o conhecimento dos esquemas conceituais e do meio cultural que serve como fonte de inspiração".

É possível então que o impedimento que tais analistas, entre os quais evidentemente me incluo, passaram a apresentar para satisfazer as condições de enunciação mencionadas mais acima — articular idéias originais de modo a que possam ser contrastadas com as já existentes e atuantes no sistema expressivo e simultaneamente captar a inteligibilidade do sistema contra o qual tais idéias se opõem —, ligue-se à especificidade de sua inserção social.

Trocando em miúdos: a produção analítica de boa parte de minha geração — e repito que falo a partir da Sociedade a que pertenço — deu as costas à reflexão crítica porque esta não era necessária para a realização do projeto em curso. Para a prática profissionalizante visada, o caráter imitativo do pensamento era mais do que satisfatório. De certo modo, passamos a agir de forma semelhante ao Prudêncio descrito por Machado de Assis.

Gostaria de terminar com um exemplo que ilustra esta situação e, ao mesmo tempo, mostra que ela não é estática. O que tenho em mente é a tradução brasileira das obras de Freud, publicadas na *Standard Edition*. Realizada há algumas décadas de forma apressada e descuidada, a partir do texto inglês, atomizada entre vários tradutores que sequer pensaram em organizar um escopo balizador para a empreitada, a obra, prenhe de imprecisões, seguiu seu curso, impondo-se ao mercado. Assim concebida, ela pode ser vista como emblemática da hipótese acima apresentada a respeito do primado da demanda sobre a reflexão crítica. Entretanto, esta última não permaneceu inerte. "Desgarrando-se pelas bordas", vozes minoritárias, porém afiadas, apontavam continuamente para os desvios da tradução, fomentando inquietude, constrangimento e má consciência — vozes que não caíram em ouvido mouco. O mesmo editor, já agora face à proximidade da entrada em domínio público da obra de Freud e do possível surgimento de um concorrente mais qualificado, resolve fazer nova tradução, desta vez do original alemão, a cargo de especialista no gênero, que reuniu uma equipe de nível e organizou um projeto editorial primoroso. A nova proposta dispõe-se a fazer uma exegese dos termos psicanalíticos no idioma de origem, rastreando o sentido que Freud lhes conferia, suas variações, o contexto usado, os diferentes significados presentes na língua à época de seu emprego, as possíveis correspondências em português, as traduções já feitas, para ao fim optar por um termo entre outros, justificando a escolha e mencionando toda a trajetória seguida. Como se vê, mais do que de uma tradução — ou além dela —, estamos diante de um conjunto de ensaios organicamente ligados cuja função, para utilizar a conhecida expressão de Laplanche, é fazer trabalhar o vocábulo na sua fonte original, *o alemão*.

Uma obra com tal estrutura pode, ao fim e ao cabo, paradoxalmente, por um efeito *boomerang*, problematizar e iluminar aspectos ainda não pressentidos, presentes *no texto original*, isto é, nos termos empregados por Freud na própria língua alemã, expandindo assim o horizonte de compreensão do texto original, em seu vernáculo. É uma empreitada que, como se vê, satisfaz as condições de enunciação necessárias à construção de um estilo original.

Identidade e originalidade da produção psicanalítica

A primeira versão deste artigo terminava com uma palavra de esperança. Naquela época, escrevi que o mesmo meio que criara Prudêncio e Romualdo também produzira Machado de Assis. Hoje minha formulação é outra: é porque o meio criou Prudêncio e Romualdo que um Machado de Assis se fez necessário.

Parte III
CULTURA

14.
UM PARADOXO VITAL:
ÓDIO E RESPEITO À REALIDADE PSÍQUICA[1]

> "Devemos estar contentes se conseguirmos
> explicar o que aconteceu e pudermos deixar
> de lado no momento a tarefa de explicar
> algo que não aconteceu."
>
> Sigmund Freud, "O fetichismo"

Na grande maioria das revistas, clipes ou filmes cujos enredos ilustram aquilo que poderia ser chamado de "pornografia normal", isto é, que se propõe a encenar, com algum laivo ficcional, uma relação heterossexual, notei que é mostrada, recorrentemente, uma seqüência peculiar. O encontro sexual vai sendo exposto nas suas particularidades, complementado pela banda sonora. A coisa progride dentro do que seria o esperado e, após certo tempo, aparece um *close* da penetração, cuja movimentação progressiva sugere a iminência do orgasmo. Porém, nesse momento, o coito é interrompido. O pênis é retirado enquanto a parceira é deslocada para um plano secundário ou usada apenas como suporte físico; e o ator, como que se dirigindo à câmera, masturba-se um pouco, ou nem isso, sendo então mostrada a ejaculação.

Esse procedimento pareceu-me intrigante: por que a seqüência não podia seguir seu curso "natural"? Que tipo de imposição determina essa forma específica como desfecho da relação? Pode tal seqüência, presente em quase todos os filmes do gênero, indicar a existência de um elemento comum ao imaginário sexual do masculino? Pensando a respeito dessas questões, cheguei a algumas suposições que têm a ver com o tema deste painel — "ódio e respeito à realidade psíquica".

O que vai ser exposto, pois, é o resultado de especulações, elaboradas sob a visão psicanalítica, ligadas às indagações suscitadas pela seqüência fílmica descrita, aqui tomada como paradigmática.

Posso desde já adiantar de forma suscinta que a tese, se assim pudermos chamá-la, contida na seqüência que isolamos, visa: a) desqualificar a relação sexual genital, apresentada como forma de prazer desvalorizada; b)

---

[1] Este artigo foi inicialmente apresentado como uma conferência no I Encontro Bienal da Sociedade Brasileira de Psicanálise de São Paulo, que ocorreu de 25 a 27 de setembro de 1992.

erigir o pênis como único detentor do meio para obtenção do gozo, conferindo-lhe portanto o primado da sexualidade e c) negar a percepção do orgasmo feminino.

Muito barulho por nada, dirão vocês. A seqüência pretende simplesmente mostrar o triunfo sobre o medo da castração (Freud, 1924). A exibição do pênis indene reassegura o espectador engajado num desafio edipiano, do qual o filme é suporte, espectador que está identificado projetivamente com o ator (Klein, 1946).

É verdade, mas ainda assim é preciso caracterizar este medo. O *close* da penetração, tomando todo o campo visual e isolando a genitália a modo de objetos parciais, os aproxima de modo tal a criar um recorte singular. O todo, menos do que penetrador e penetrada, evoca o movimento de dois púbis se aproximando e se afastando, de modo que perde-se a noção de quem tem o quê, do que é de quem. Essa percepção precisa ser corrigida e o modo como isto costuma ser aceito remete a toda uma tradição teórica da psicanálise. Refiro-me às idéias de Freud sobre o fetichismo (1927). Para ele, a visão do sexo feminino, desprovido de falo, é interpretada pelo observador como evidência de castração. Ela dá origem a uma angústia intensa e aciona um movimento para a recusa dessa percepção, o que é feito através da criação de um substituto — o fetiche — que mantém a crença na existência do pênis na mulher e funciona como "prova" que propicia triunfo e proteção contra a castração. Esta manobra necessita na verdade que o ego do sujeito se clive: uma parte aceita intelectualmente a inexistência do órgão enquanto a outra, instrumentadora da angústia acarretada pela visão, cria defensivamente o fetiche. A seqüência do filme pode então ser compreendida sob este novo ângulo: ao espectador aterrorizado é oferecida uma solução fetichista na qual, singularmente, o pênis surge como fetiche de si mesmo.

É preciso reconhecer, entretanto, tal como o fizeram outros autores posteriores a Freud (McDougall, 1972; Stewart, 1972), que a visão do órgão feminino provoca no homem uma emoção complexa, não redutível apenas à questão da castração, e que precisa para a sua compreensão de uma rede conceitual mais ampla. Esta vai incluir na sua abordagem a necessidade de compreender o vínculo existente entre o efeito traumático da visão e a significação atribuída ao genital feminino. Sob este ângulo, o orifício exposto não remete à falta do pênis mas, ao contrário, àquilo que atrai o desejo do homem, do pai. A vagina não é então apreendida na dimensão de negatividade (não ter/não ser pênis) mas na de sua funcionalidade, que é a de oferecer-se como o lugar a ser preenchido pelo pênis (Chasseguet-Smirgel, 1981). Desse modo, fica estabelecida não só a genitalidade da relação parental, mas também a complementaridade do vínculo sexual se configura em sua plenitude. O sexo aberto da mãe deixa de ser a ausência de algo para se tornar aquilo que oferece a prova do papel do pênis do homem e, simultaneamente, o põe à prova, isto é, exige que ele demonstre ter elaborado a série de conflitos identificatórios com a figura paterna, inclusive, claro, aqueles relativos à castração.

Como estamos percebendo, a seqüência do filme vai se revelando mais complexa e ganhando densidade. A apresentação do pênis nela contida e do prazer masculino por ela veiculada, conforme o encadeamento que descrevemos, surge como reverência, como exaltação grandiosa, espelho de uma idealização que visa tornar o pênis "único". Esta unicidade pretendida repta e ataca — desrespeita, como quer o tema desse painel — a experiência da realização do desejo vivida segundo o modelo da integração estimuladora entre continente e conteúdo (Bion, 1962). Mas ela é sobretudo a imposição de uma equação uniformizante cuja meta é destruir a percepção da existência da diferença sexual e o que esta acarreta.

Este ponto, o da descoberta da diferença sexual e suas conseqüências para a formação da identidade do sujeito, faz parte de outra questão que lastreia toda a teoria psicanalítica. Vocês já estão percebendo que estou agora evocando aquilo que é conceituado como "cena primitiva ou primária" (Freud, 1918), para conjugá-la às outras questões teóricas aqui utilizadas em nossa tentativa de apreender e problematizar o sentido — melhor seria dizer, os sentidos — da seqüência do filme.

A partir de alguma evidência, a criança constrói esta cena, uma fantasia particular envolvendo algo que naquele momento está acontecendo entre os pais. "Em algum lugar o pai e a mãe estão mantendo uma relação sexual; em algum lugar o menino ou a menina estão olhando, ouvindo, pensando a respeito, invadidos por uma gama de sentimentos variados e perturbadores" (Meltzer, 1978).

Quando a cena primária atinge, após certa elaboração, a configuração que é definida no sistema kleiniano como depressiva (genital, no sistema freudiano), ela passa a representar a epítome da atividade reparadora, e o coito por ela inspirado vai funcionar no mundo interno como modelo de proteção, respeito em relação ao objeto, assim como de seu engendramento. É a identificação introjetiva com este vínculo que possibilita ao sujeito a prática reparadora dos objetos internos (Meltzer, 1969).

Entretanto, ao nível do registro que estamos trabalhando, que é prégenital, tal como sugere a seqüência que isolamos no filme, o que marca a cena primitiva é a experiência, vivida pelo sujeito que a presencia ou imagina, de um sentimento difuso e inquietante de excitação, e a "impressão de estar só, numa atmosfera impregnada pela relação sexual dos pais" (Meltzer, 1978).

Examinemos um pouco mais em detalhe estas duas facetas desse universo afetivo. A excitação é vivida como força exterior, invasiva, desorganizadora, iminência da perda de controle que gera tanto um sentimento de insuficiência e inadequação quanto de incompreensão. Melanie Klein, já em 1928, chamava a atenção para esse gênero de experiência. Ela escreve:

> "Acreditamos que conseqüências importantes derivam do fato do ego ser tão pouco desenvolvido quando é tomado pelo começo das tendências edipianas e pela curiosidade sexual incipiente a elas associadas. A criança, ainda intelectualmente não desenvolvida, é exposta a uma torrente de problemas e questões. Um dos sofrimentos mais amargos com o qual nos deparamos no inconsciente é o de que muitas dessas questões surpreendentes são aparentemente apenas parcialmente conscientes e que, mesmo quando conscientes, não podem ser expressas em palavras; permanecem não respondidas. [...] O sentimento precoce de *não saber* [grifo da autora] tem conexões variadas. Ele se une ao sentimento de ser incapaz, impotente, que logo deriva da situação edipiana. A criança também sente esta frustração mais agudamente porque ela *nada sabe* [grifo da autora] de definido acerca do processo sexual. Em ambos os sexos, o complexo de castração é acentuado por esse sentimento de ignorância".

Assim, a seqüência que estamos interpretando pode ser compreendida como um movimento defensivo contra um sentimento dessa natureza que vem perturbar a fantasia de controle da relação sexual dos pais, atuada através da encenação do filme. Retirado, exibido e manipulado, o pênis hipervalorizado surge como afirmação de um saber dominado que sufoca a emergente ignorância persecutória. Mas não é só isso: afirma simultaneamente sua capacidade de regular o prazer orgástico, de não se deixar levar pela excitação, de submetê-la a um tempo próprio, de estar livre da imposição feminina e de ser o único a ter prazer.

Melanie Klein também observou, em 1932, este valor específico adjudicado ao pênis ao afirmar que: "[o pênis] sendo órgão externo pode ser examinado e colocado à prova de várias maneiras; ele assume o significado do seu ego e suas funções egóicas".

A manobra tem força, o que leva a autora a fazer uma afirmação curiosa quando confrontada com esta demonstração de concretude visível do pênis. Ela escreve, em 1928, que as meninas lutam contra a masturbação através de uma manobra que substitui a masturbação manual, isto é, utilizam a pressão das pernas uma contra a outra. É como se, para Melanie Klein, também a externalidade do pênis o constituísse como representante único, isto é, como representante da unicidade a que já aludimos, levando então as mulheres, pela manobra descrita, a ocultarem o que lhes falta. Escapa-lhe a possibilidade da forma de masturbação escolhida pela mulher assinalar justamente o que é específico de sua sexualidade, de caracterizar este diferencial identificatório.

Examinemos agora o outro componente da cena primitiva que descrevemos como "estar só numa atmosfera impregnada pela relação sexual dos pais". "Estar só" quer aqui dizer estar excluído, separado, isolado por uma distância interposta que cria duas zonas geográficas: o *lá* onde se desenvolve a cena inatingível e o *aqui* onde permanece o espectador frustrado e impotente.

Esta situação não é inteiramente nova na vida da criança e pode ser vista como estruturalmente similar às experiências fundantes vividas a nível oral. A descrição dessas últimas e sua extensão à cena primitiva vai nos ajudar a captar o sentido da seqüência do filme que estamos estudando. Ao figurarmos a relação inicial da criança com a mãe, percebemos a existência de um vínculo que une duas regiões diferentes e separadas (Meyer, 1992). De um lado, está a boca que é preenchida pelo mamilo e cuja forma cavitária é como que construída pela presença desse mamilo; este não é, entretanto, parte integrante da boca: ele fornece através de sua presença intermitente a possibilidade da apreensão tridimensional desse espaço. Paralelamente, vai se organizando outro produto do trabalho perceptivo: a apreensão da alteridade do objeto seio+mamilo, delineado como espacialmente diferenciado.[2] A figuração acima descrita aponta para algo mais determinante ainda, e que poderíamos tentativamente chamar de matriz espacial: seio+mamilo não constituem um objeto fundido e indiferenciado mas são uma figura combinada, precursora da cena primitiva, composta por partes distintas com funções identificáveis, vinculáveis entre si. O que está sendo enfatizado aqui não é tanto a existência desse vínculo mas sua extraterritorialidade em relação ao observador.[3] As-

---

[2] A necessidade de manter "dentro" ou o "dentro rico do objeto" gera uma angústia cuja instrumentação escapa ao tema deste trabalho.

[3] No caso, a boca do bebê; aqui estamos utilizando, é claro, a linguagem de objeto parcial.

Um paradoxo vital

217

sim a boca se relaciona com o mamilo, constituindo-se como boca a este contato. Mas ela "perde" este mamilo para o seio, com o qual ele vai formar outra figura, perdendo igualmente a ilusão de estar fundida com o objeto, lá. A boca não tem poder de determinar a presença e forma de agir do mamilo em nenhuma das duas situações, a não ser através do mecanismo de identificação projetiva que opera justamente negando a extraterritorialidade do objeto.

Quando se amplia o processo perceptivo do observador (da criança) que passa a "reconhecer" pênis+vagina (ou pênis no interior do corpo da mãe), a (re)apreensão da cena primitiva segue o modelo seio+mamilo, unidos entre si e apartados da boca, reinstaurando a experiência da extraterritorialidade, isto é, da separação do objeto e da ausência de poder sobre o vínculo.

Mas o extraterritorial não é somente este lá que enforma o sentido do estar aqui, só, destituído da experiência sexual. Sua própria constituição lembra à criança o sentimento de já ter estado lá, de já ter "sido" lá, isto é, a experiência de posse do mamilo e/ou de fusão com ele.

Assim, "extraterritorial" e "cena primitiva" trazem consigo a noção de perda, mais precisamente de território perdido. Da perda de um lugar mítico, o interior do corpo da mãe (Meltzer, 1973), espaço da criação e de articulação das fantasias infantis onde elas também são encenadas, palco que abriga o coito parental e onde ocorre a incorporação do pênis paterno.

O percurso já feito nos permite apreender a seqüência do filme seguindo ângulos variados e complementares que, ampliando o campo de conflito, nos afastam da suposição inicial, algo simplificadora, de que estaríamos assistindo simplesmente a uma forma de defesa contra o medo à castração. Através do expediente de interromper o coito, encobrir a vagina, colocar o pênis e sua ejaculação em primeiro plano, o sujeito masculino, apelando para a criação de um fetiche que é a reprodução de si mesmo, dribla a diferença sexual, propõe o primado sexual do falo, contorna a excitação humilhante da cena primitiva (humilhante porque o flagra como infantil e dependente) e, como acabamos de ver, dá as costas ao território que pode lhe oferecer o vínculo identificatório com o percurso edipiano, vínculo este que, pela mesma manobra, é igualmente desprezado.

O modo como encadeamos os elementos que compõem a nossa leitura aponta para mais uma particularidade da seqüência do filme: o que de início é extraterritorial se torna, por identificação projetiva, "interior". Esse interior, graças à especificidade de seu modo de funcionar, termina por exprimir e tornar passível de apreensão a noção mesma de interioridade, que engloba a vida psíquica e suas determinantes inconscientes. Daí decorre que recusar a interioridade é o mesmo que recusar o próprio sentido da vida subjetiva e da inteligibilidade emocional que a rege.

Poderia ser então este o significado último da seqüência do filme que, de modo algo obsessivo, estamos analisando: o coito interrompido representa a negação de toda dualidade conflitiva (consciente e inconsciente), enquanto o pênis que o desloca vem para afirmar a pura externalidade da vida psíquica e impô-la como unívoca. Sobre a sexualidade e seu papel fundante na identidade do sujeito nada haveria a indagar uma vez que tudo está ali, à mostra: o pênis é o senhor e único; é "em si".

Bem, ainda não é o fim. Vejo-me na necessidade de fazer pelo menos mais uma indagação. Por que, afinal, foi esta a forma escolhida para desacreditar a interioridade? Por que a seqüência descrita e seu *gran finale* singular se prestam à meta proposta a ponto de aqui serem tomados como emblemáticos?

A hegemonia de um sexo não pode ocorrer sem o triunfo simultâneo de seu modelo de prazer. Ora, tanto ao nível fenomenológico quanto ao da identidade sexual, o modo de ser do orgasmo feminino representa a essência mesma da interioridade. Ele é invisível, evanescente, diáfano, irrepresentável, fugidio, enfim, carente de toda materialidade. Fruição inalcançável e incompreensível, ele se presentifica como conluio de todas essas ausências, revelando-se como lugar da desaparição objetal, mas não de sua extinção. O homem se vê diante de um contra-senso: se o pênis é o substrato visível, cuja presença confirma a ausência de castração, se o orgasmo se organiza através de um certo itinerário cujo suporte é o pênis e que inclui a ejaculação à guisa de prova material, como entender então que, não tendo pênis, a mulher tenha orgasmo? Mistério dos mistérios: a mulher goza... "por dentro"!

Extraterritorial, interior, gerador de interioridade, da vida inconsciente, este "dentro" que o orgasmo feminino encarna funciona como evidência da união existente entre seres sexualmente diferenciados, que não pode ser montada como uma máquina e nem apropriada. Alcançar a relação genital reparadora, a posição do pênis interno, requer trabalho psíquico, conflito, convívio com a diferença. Este trabalho, é claro, pode ser eludido, por exemplo, através do retorno da relação fusional com a mãe, que é um gênero de psicose, ou, então, através da recusa de apreender o significado dessa união e de seu teor estruturante, um aspecto da perversão.

Na seqüência de nosso filme, esta recusa leva a apresentar o coito como supérfluo e a colocar no seu lugar algo imediatamente visível, "masculino", como reafirmação onipotente da unicidade. É que, para o sujeito do filme, o coito não funciona como o modelo da relação que a escola kleiniana descreve

Um paradoxo vital

como depressiva. Pelo contrário, ele se vê frente a uma união em que o pênis interno é vivido tanto como usurpador (por ocupar o lugar desejado) quanto como excessivamente severo (por apontar o hiato edipiano e as condições para enfrentá-lo). Neste contexto, o orgasmo feminino, "livre", torna-se iminência de trauma, desastre, revelação de uma interioridade que habita o sujeito e assim mesmo lhe escapa. Através de uma pirueta — a seqüência que isolamos —, todo este conjunto de ameaças é transformado em triunfo.

Em resumo: começamos tomando o filme como ilustração de um comportamento sexual (substituição do orgasmo genital pelo masculino) e nos dispusemos a compreendê-lo à luz da psicanálise. Enquanto ilustração, ele foi o objeto de estudo que possibilitou à psicanálise revelar um aspecto de seu procedimento técnico e suas bases teóricas. A sexualidade emerge desvendada em diferentes formas expressivas e a representação e instrumentação do desejo surgem como os elementos que dão sentido (ou origem) à vida de relação.

Todas as teorias analíticas apresentam a sexualidade, ou algo a ela assimilável, como força perturbadora e, por isso mesmo, impulsionadora. O aparelho psíquico surge para contá-la e direcioná-la, mas é simultaneamente por ela formado. A psicanálise se debruça sobre as soluções (neuróticas, psicóticas, perversas) encontradas pelo sujeito nesse jogo dinâmico. Vista como uma fantasia atuada, na qual o espectador se projeta e com a qual se identifica, a seqüência do filme retrata uma dessas soluções.

Demos assim uma volta razoável. A serem verdadeiras as nossas especulações, aquilo que o filme apresenta como sendo o símbolo maior da diferença sexual e que precisa ser recusado é o orgasmo feminino, e não o genital da mulher.

Minha fala, é claro, não está sendo movida e nem abriga propósito moralizante algum. Não cabe ao psicanalista legislar sobre a vida íntima das pessoas, muito menos sobre os caminhos e formas que escolhem para obter a sua satisfação sexual.

Mas há um ponto, subjacente a toda a discussão apresentada, que não quero deixar passar em branco.

O filme, e a seqüência aqui estudada, é também mercadoria produzida para consumo. Examinado desse ângulo, percebemos que ele é vetor de um discurso ideológico cuja função é impedir não apenas a percepção do conflito psíquico que seu conteúdo abriga e o gênero de solução que lhe foi dada, mas impedir que se revele sobretudo sua própria função mercadológica face à sexualidade. Sobre esse discurso o analista não deve se omitir.

Enquanto mercadoria, a pornografia é produzida com fins lucrativos.

É essencial, portanto, que ela contenha, para ser consumida com sucesso, aqueles elementos que são universalmente partilhados pelo seu público (no caso que estudamos: vitimização, vingança, triunfo, superação de perigo) (Stoller, 1970).

No entanto, em contraste com a psicanálise, que revela a força perturbadora da sexualidade, opera através dela e procura desvendar o sentido da solução encontrada para estes "elementos universalmente partilhados", a pornografia, mercadoria que é, propõe-se a institucionalizar esta solução. Seu papel mercantil não é, como poderia se pensar à primeira vista, o de produzir a excitação sexual, mas o de propor um engodo sob forma idealizada, um texto pré-fixado, ilusório, que, ao prometer uma satisfação sempre alcançável, funciona como proteção onipotente. Em outras palavras: a força transgressora da sexualidade é cooptada pelo capital industrial.

Cabe aqui uma comparação com o tráfico de drogas que, enquanto produto do capital, opera clivado do significado da droga adicção, embora estimulando-a; há também uma semelhança com a pregação econômica do movimento neoliberal, tão incensado agora em nosso país, cuja bandeira é a modernização — funciona, na verdade, como fetiche encobridor da luta de classes e da miséria que a denuncia.

A institucionalização mencionada, o achatamento de significado veiculado pela seqüência do filme, é função de sua origem — produto da indústria pornográfica — e se faz necessária para "lavar" a dimensão pré-genital contida na solução fornecida, da mesma forma que o dinheiro da droga, obtido ilegalmente, torna-se respeitável quando aplicado a formas de capital concebidas como socialmente produtivas.

Assim, também a respeitabilidade pode ser enganosa, cabendo à psicanálise — e não só a ela — investigar sua origem e estrutura. No texto que consta na capa do programa deste evento,[4] é mencionada a exclamação de Miranda: "Oh, admirável mundo novo", da peça *A tempestade*, de Shakespeare, que posteriormente serviu de título à terrível novela de Aldous Huxley. É preciso mostrar, entretanto, que o pai de Miranda, Próspero, respeitável duque de Milão, personagem central da peça, foi de fato um administrador relapso. Encerrado em sua biblioteca, de tal modo idealizou sua voracidade

---

[4] Trata-se do I Encontro Bienal: Perturbador Mundo Novo, realizado em São Paulo, de 25 a 27 de setembro de 1994 (a propósito, ver na bibliografia, neste volume, Junqueira Filho, 1994).

intelectual, o conhecimento livresco e o suposto saber que este lhe conferia que precisou clivar-se das forças destrutivas e malévolas de sua personalidade e projetá-las em seu irmão. Este usurpa o domínio do ducado e expulsa Próspero de seu nicho. Sem aprender com a experiência, Próspero prosseguiu utilizando a mesma linhagem defensiva: na ilha, novo claustro em que se abriga, continua a valer-se de poderes mágicos fornecidos por um manto miraculoso para dominar a natureza e os habitantes, seus novos súditos.

Entretanto, no epílogo da peça, em sua misteriosa fala final, quando resolve se separar dos livros e do manto protetor, notamos uma mudança. É como ser humano limitado, abrigando as qualidades e defeitos de todos os seres humanos, que ele se entrega a seus pares, na esperança de que estes, que também abrigam qualidades e defeitos, possam levá-lo a porto seguro. Vale a pena ler o monólogo:

"Agora, todos os meus sortilégios foram destruídos e, por força, só possuo a minha mesma que é bem fraca! Neste momento, em verdade, preciso ficar aqui como vosso prisioneiro ou, então, ser enviado para Nápoles. Como consegui recobrar meu ducado e perdoei ao traidor, não deixeis que eu continue preso nesta ilha deserta por meio de vosso sortilégio, mas libertai-me de tudo o que me prende com o auxílio de vossas boas mãos. Que vosso doce alento enfune minhas velas ou, então, falharão meus propósitos que eram de causar-vos prazer. Agora, não tenho mais espíritos que me ajudem, arte para encantar e meu fim será o desespero, a não ser que a oração venha em meu auxílio tão penetrante que assalte a própria Clemência e liberte todas as faltas. Se quiserdes que vossos pecados sejam perdoados, deixai que vossa indulgência me absolva".[5]

---

[5] Conforme tradução de Oscar Mendes e Carlos de Almeida Cunha.

15.
O HORROR NA BELEZA: COMENTÁRIO SOBRE
O DESERTO VERMELHO, DE MICHELANGELO ANTONIONI

Em consonância com o tema proposto para este encontro,[1] centrado na dialética entre o silêncio e o vazio, propusemo-nos a comentar *O deserto vermelho*, filme de Michelangelo Antonioni, procurando abordá-lo segundo o viés sugerido para o encontro. Para tanto, montamos alguns trechos do filme, produzindo seqüências que serviam para ilustrar nosso ponto de vista; quando fizemos a apresentação, nossa fala se apoiou na exibição desses trechos, com eles se intercalando. Entretanto, tal forma de interação não é passível de ser reproduzida em um comentário escrito. Como alternativa, resolvemos então expor a idéia central que orientou nossos comentários, esperando que o leitor, tendo sua curiosidade despertada, resolva assistir ao filme (encontrável com relativa facilidade em videolocadoras), vindo a testar e discutir as hipóteses aqui avançadas.

Produzido em 1965, *O deserto vermelho* é o primeiro filme a cores de Antonioni. Esta é uma informação relevante, porque o diretor vai conferir a elas uma intensa função dramática; ao longo do filme, as cores sublinham e dão forma aos aspectos expressivos da trama e das personagens. O enredo é simples: Hugo, diretor de uma indústria, recebe o amigo Zeller, que está à procura de operários especializados e equipamentos para implantar uma fábrica no sul da Argentina. Hugo apresenta Giuliana, sua esposa, a Zeller e lhe conta que ela, há alguns meses atrás, teve um acidente de automóvel. Os ferimentos foram irrelevantes, Giuliana praticamente não se machucou, mas o acontecimento terminara por causar nela profundas repercussões psicológicas. O impacto representado pela ameaça de morte, implícita no acidente, deixa como seqüela um estado de despersonalização intermitente, acompanhado de crises de angústia e desespero que desembocam em pensamentos suicidas. As relações de Giuliana com seu estado psíquico, a maneira como este é abordado por Zeller, Hugo e outros amigos e o meio

---

[1] Trata-se do III Encontro Bienal da Sociedade Brasileira de Psicanálise de São Paulo, que ocorreu em 16 e 17 de novembro de 1996, com o tema "Silêncio e luzes: sobre a experiência psíquica do vazio e da forma".

O horror na beleza

socioeconômico onde esses acontecimentos ocorrem constituem o eixo narrativo em torno do qual o filme evolui.

O deserto vermelho parece-nos uma obra à parte na filmografia de Antonioni, uma vez que se apresenta como um filme de tese, claramente engajado. Se, de um lado, ele retrata a alienação e a destruição da alma humana, tomando esse processo basicamente como manifestação psicótica cuja fenomenologia é mostrada ao longo do filme, por outro, este quadro é vinculado à dinâmica do capital, isto é, à sua forma de operar. O capital surge no filme com as características de uma pulsão: é natural (isto é, apresentado como fazendo *logicamente* parte da tessitura social), contínuo, incessante, alimenta-se do seu próprio movimento e tem como meta a expressão de sua força. Nos momentos iniciais do filme é mostrada uma chaminé expelindo uma chama pulsátil, acompanhada de um som estridente, conjunto que configura para o espectador uma *força* de caráter infernal, destrutivo, onipresente.

Se aceitarmos que o silêncio e o vazio são a pré-condição de toda possibilidade de expressão (na medida em que configuram a latência para o surgimento de alguma forma e conteúdo que darão sentido a este silêncio vazio), então o capital, na concepção de Antonioni, surge como o elemento impeditivo desse momento de suspensão e espera. Ele oblitera a possibilidade de criação, substituindo a expectativa iminente por uma presença sólida, totalizante, em-si e para-si. É uma força que, preenchendo todo hiato, torna Giuliana aderida a si mesma, contínua, sem recuo para debruçar-se sobre si própria. Tudo se passa como se o capital a empurrasse constantemente para fora de um possível vazio-pensante, de uma relação continente-contido que pudesse dar a ela a possibilidade de significar o que lhe acontece e, ao mesmo tempo, fosse obturando este vazio, bloqueando-o. Ao longo do filme, Giuliana vai viver e descrever a forma de ser de sua consciência vacilante: o mundo é vertiginoso, o chão cede, transforma-se em areia movediça, em plano inclinado, os quartos e ruas tornam-se irreais e fantasmagóricos.

Sendo pulsão, o capital não é, entretanto, qualquer pulsão. Se há uma face sua geradora de riqueza (não é ele que hoje, sobrevoando o mundo, decide o destino dos países onde aterriza?), que dá fôlego à fábrica (no filme, graficamente, ela é asséptica e colorida), há também a contraface que se presentifica através da destruição que seu mero funcionamento engendra. Antonioni nos mostra o interior dessa fábrica, organizado e impoluto, mas também o que vai resultar da produção: um mundo estragado. Para o diretor, o capital é a encarnação emblemática da pulsão perversa — aquela que apresenta o mal travestido de belo e produtivo.

A devastação da natureza, fruto desse mal, uma paisagem hibernal, cinzenta, fumegante, coalhada de dejetos e *débris*, que atravessa todo o filme, é metáfora e espelho do mundo interno de Giuliana. Esta, no seu desespero, sentindo o desmantelamento de seu psiquismo, volta-se para objetos externos (Hugo, o marido, e Zeller, o amigo deste) pedindo ajuda (basicamente uma acolhida para a perplexidade em que se vê imersa). O filme vai mostrar que junto a eles, ela não conseguirá obtê-la. É que Hugo e Zeller expressam e representam o funcionamento do capital, são seus agentes, seus postos avançados e relacionam-se com Giuliana segundo a percepção ditada pela estrutura do capital. Como diz o marido com todas as letras, descrevendo para Zeller as conseqüências do acidente de Giuliana: "ela des-engrenou". O importante agora é que re-engrene.

Em princípio, cada mal-estar de Giuliana, que assinala sua perturbação e angústia, deveria levar Hugo e Zeller a apreenderem o sofrimento que ela expressa a partir da relação que têm com Giuliana (marido e amigo). Em vez disso, eles adotam uma atitude funcionalista, destinada a promover a re-engrenagem planejada. Desse modo, a demanda de Giuliana é respondida por meio de despistamento, de verbosidade vazia (particularmente cínica é a fala de Zeller sobre sua posição política) ou de relação sexual, ministrada como medicação calmante.[2]

Há também uma outra razão que torna ineficaz a ajuda pedida: a estrutura do aparelho psíquico de Giuliana funciona ao modo do capital, produzindo dejetos a partir dos insumos que recebe. Quando externalizados, estes dejetos formam a paisagem estéril e ameaçadora que a envolve. Logo no início do filme, vemos Giuliana magnificamente bela, tomada de angústia, assustada, tendo a fábrica como pano de fundo, caminhando nessa paisagem soturna e opressiva. De um operário, ela compra um sanduíche já começado, se esconde e passa a comê-lo sofregamente, como se precisasse alimentar-se de algo puro, que tivesse o poder de despoluir seu mundo interno destruído e desorganizado. Entretanto, ao ser ingerido-digerido, o sanduíche sofre o mesmo destino dos demais insumos psíquicos: no mundo interno de Giuliana, ele é canibalizado por esta mente-capital-pulsão perversa, oco-

---

[2] A misoginia masculina e o isolamento da mulher são bastante evidenciados no filme, prenunciando de certa forma a necessidade (que poucos anos mais tarde seria atendida) de se criar um movimento que viesse a repensar a condição feminina. A destruição da natureza, o ataque à mãe-terra, também é sublinhado em *O deserto vermelho* que, desta maneira, é também precursor das denúncias que virão a ser formuladas pelos movimentos ecológicos.

O horror na beleza

continuadamente-preenchido, o que vai exigir nova ingestão, que cria novo acúmulo de dejetos, e assim por diante.

Outro momento que descreve exemplarmente esta conjuntura pode ser visto na cena onde Zeller e Giuliana comentam com Hugo, *jocosamente*, que foram comer peixe numa cidade vizinha e este tinha gosto de petróleo. Ora, a pessoa que tem fome, que se dá conta da poluição e que fala de modo brincalhão é a *mesma* que fabrica o veneno que está sendo jogado no mar. Todos sabem que o peixe de que falam resulta de uma cadeia produtiva, que ele representa uma relação de causa-e-efeito; permanecem, porém, surdos ao *sentido* que esta cadeia veicula. Aqui a negação onipotente deságua no riso maníaco: a alienação produzida pelo capital vai toldando o olhar das personagens para o que é humano e, portanto, para o significado de suas ações.[3] A greve dos operários torna-se transparente para Giuliana; os grevistas se desfocam defronte ao muro tal como o perfil das fábricas na apresentação do filme; face ao poderio do capital, a figura humana é enquadrada segundo uma escala que a torna frágil, diminuta, esmagada. Contra toda a evidência, representada pelo mundo lodoso e o miasma que formam a paisagem que envolve a fábrica, a força vulcânica do capital é apresentada como uma explosão controlada e controlável. A fumaça densa, veloz, ascendente, produzida pela sangria de uma caldeira, simboliza no filme esse sentimento de um poder que seria passível de contenção e balizamento. Mas essa nuvem que, em turbilhão, se desprende da máquina, evoca evidentemente o cogumelo atômico.

Como já dissemos, a fábrica — a representação mais grosseiramente material do capital — aparece no filme como impoluta, brilhante, organizada; seu espaço interno é pintado com cores vivas, a tubulação e as máquinas formam volumes bem distribuídos, harmoniosos. Por meio deste conjunto, Antonioni parece dar a entender que, de uma perspectiva moral, o capital não é apenas a *força* do mal; essa organização e formalização sofisticadas fazem dele igualmente a representação da *inteligência* do mal. Nessa inteligência há uma fascinação sedutora, uma grandiosidade que se apresenta como beleza e que no filme lentamente vai nos causando horror.

Na medida em que inexiste em Giuliana a possibilidade de criar e manter um vazio que possibilite à sua mente pensar o sentido de seu funciona-

---

[3] Na verdade, o filme não apresenta nada que seja prazeroso, degustável, aprazível, que evoque um interior caloroso. Não se vê uma refeição, uma cozinha, um banheiro, não há sequer um operário sujo de graxa. A casa é mostrada sob pequenos ângulos minimalistas, espaço inteiramente impessoal cuja função é apenas prover o sujeito de habitação, já que nesse contexto não existe a idéia de lar.

mento, na medida em que esse espaço opera como uma fábrica de dejetos que acabam por preenchê-lo e envolvê-lo, Giuliana termina procurando alívio na criação alucinatória: irrompe no filme, à guisa de história infantil, a descrição de uma praia deserta e limpa, espaço idealizado, à imagem da perfeição narcísica. É o segmento do mundo interno-externo formado pela mais absoluta pureza e beleza, mas que só é passível de ser habitado e usufruído em absoluta solidão e isolamento. O mundo narcísico é, entretanto, instável: o encapsulamento que o caracteriza é desafiado pela contínua incursão de objetos misteriosos que vêm do mundo externo (pelo simples fato desse mundo continuar a existir), tal como o veleiro negro que se aproxima da praia, espreitando, vindo não só de mares longínquos mas de um *outro* mundo.

É na penúltima cena, após uma série de desapontamentos e frustrações, que Giuliana alcança um certo entendimento do que lhe está acontecendo. Perambulando pelo cais da cidade, sentindo-se abandonada e incompreendida, ela consegue descrever sua situação de vida e a estranheza que a atormenta a um marinheiro desconhecido, que conversa com ela num idioma exótico que lhe é estranho. Duas pessoas que nunca se viram dialogam cada uma valendo-se de sua língua, que é desconhecida para a outra: a comunicação que resulta não pode se dar então ao nível semântico. Na medida em que ela acontece, devemos pensá-la como ocorrendo no plano da metalinguagem: com efeito, o que emerge neste encontro é uma fala que funciona como veiculadora da experiência emocional nela inscrita. O sentido dessa experiência poderá ser apreendido pelo sujeito que a vive, desde que sua palavra seja contraposta a uma outra, que vai funcionar como suporte. Não se trata, contudo, de um suporte neutro, especular, nem mesmo de um suporte interpretativo: trata-se de um suporte cuja função é a contenção. Assim, a fala "incompreensível" do marinheiro pode ser vivida por Giuliana como a resposta que a faz perceber que alguém a está ouvindo (é conveniente recordar que Hugo e Zeller destituíam a fala de Giuliana de todo sentido evocativo, emocional e relacional nela implicados). Agora um novo modelo é oferecido: apoiando-se *na escuta* do marinheiro, e através dela, Giuliana pode falar consigo mesma, pode falar-se, criando um espaço entre ela e si mesma. É uma extraordinária figuração daquilo que deve ocorrer num processo psicanalítico.

Quando o filme se aproxima do final, Giuliana pode dizer ao seu filho que os passarinhos, com o tempo e a experiência, aprenderam a evitar as nuvens venenosas, tão amarelamente bonitas, traiçoeiramente expelidas pelas chaminés das fábricas.

Gostaríamos de terminar com uma palavra sobre a dimensão estética do filme, e o envolvimento que ela provoca no espectador. Como já comen-

O horror na beleza

tamos, Antonioni parece utilizá-la como expressão da truculência do capital, de seu aspecto mais perverso ("produtivo"). Essa truculência apresenta o horror pulsional e as sucessivas experiências de horror conjugadas, de modo a que o olho do espectador se centre preponderantemente naquilo que, de *belo*, a forma expressiva vai, *forçadamente*, conter. Esta opera então de modo enfático, magnético, constante, segundo uma intencionalidade claramente planejada pelo diretor. Acredito que Antonioni tenha pretendido com esse procedimento sublinhar um gênero específico de alienação: aquele que, ao focar o belo do (no) objeto, o naturaliza. Contudo, esse objeto é, em última instância, evidência de que estamos diante de um produto humano, fruto do trabalho da mente e do capital.

16.
TROMPE-L'OEIL: A IMOBILIZAÇÃO DO IMAGINÁRIO

1.

Nos idos de 1995, fui passar a virada de ano no Rio de Janeiro. Fiquei alojado num apartamento pequeno e simpático, localizado num prédio modesto e antigo, de apenas três andares, incrustado numa viela escondida de Ipanema. Ao lado, ficava um imenso rochedo, em cujo topo podiam ser vistas, algo escondidas pela vegetação, as ruínas do que deveria ter sido um hotel turístico, jamais concluído. Escavados na pedra, inúmeros degraus formavam uma escada irregular que, ziguezagueando pela encosta, compunha caminhos cujos destinos se confundiam com a massa do relevo. As ruas laterais eram amenas, sombreadas por árvores frondosas e pelos "chapéus-de-sol", com suas folhas largas, flores amarelas gritantes, bordejadas por edifícios despretensiosos, de classe média, e por sobrados ainda intocados, protegidos por muros baixos de pedra, cujas fachadas em arco abrigavam terraços abertos onde brilhava o piso vermelho de lajota encerada. Na calçada, o movimento era pouco: um rumor difuso e distante e os gritos entusiasmados com que as pessoas habitualmente se cumprimentavam — expressão da jovialidade local — não assustavam nem perturbavam o sono.

O apartamento, situado entre a praia e a Lagoa, distava pouco daqueles lugares onde fervia a vida social. Com efeito, bastava caminhar três ou quatro quadras para que a paisagem se transformasse. Eu caía então no burburinho dos bares, com suas mesas nas varandas e nas calçadas repletas de gente conversando, discutindo, enquanto bebiam o *chopp* tradicional, sempre bem gelado e bem tirado. Restaurantes, farmácias, padarias, boutiques, lojas de bugigangas, chaveiros de emergência, livrarias, refúgios vegetarianos — a vitalidade da região imantava o ar, criando uma atmosfera calorosa e cativante, voltada para uma fruição contida. Tudo era muito moreno, jovial, ondulante, colorido, sorridente, musical — o mítico charme carioca se abrindo aos olhos do visitante. Fazendo como todos, também eu sentava, pedia meu copo, beliscava uns petiscos, puxava alguma conversa com o vizinho de mesa e me espreguiçava, olhando a curva das mulheres impossíveis e a agilidade das crianças equilibrando enormes garrafas de refrigerante sobre sacos de papel cheios de pãezinhos franceses.

Ao cabo de algum tempo — aproximava-se o *réveillon* —, uma certa intranqüilidade começou a alterar essa rotina prazerosa. Incipiente de início, mero desassossego, agitação interna, foi se transformando, com o passar dos dias, em apreensão, adensando-se em angústia, para finalmente ganhar a forma de um intenso sentimento de inquietante estranheza. Se minha rotina permanecera a mesma, algo parecia mudado no mundo que eu vinha contemplando. As pessoas, é verdade, continuavam a conversar, a comer, a beber, mas com uma espontaneidade decrescente: pareciam obedecer agora a alguma imposição que organizava e comandava os seus movimentos. Falavam umas com as outras, articulavam sons inteligíveis, mas as palavras — como direi? — saíam apenas da boca. E o que diziam parecia ser somente a reprodução do diálogo que haviam trocado na véspera, na antevéspera... Os gestos tornaram-se afetados; os sorrisos, mecânicos; o caminhar, estudado.

Também a paisagem e o entorno se transformaram, banhados por uma luz metálica que se derramava sobre os carros estacionados ao meio-fio, se estendia aos objetos dispostos na vitrina e lhes conferia um brilho artificial e excessivo.

As árvores adquiriram nova disciplina, enfileiradas umas após as outras, recortando-se nitidamente contra o céu numa rígida perspectiva. As trilhas, que antes se perdiam sobre a superfície da rocha contígua ao meu apartamento, agora sobressaíam destacadas, acessíveis, sem mistério. O próprio apartamento, que até então primara pela discrição, e cuja simplicidade era a razão mesma de seu encanto, perdera essa reserva: móveis e objetos agora se associavam criando uma decoração ostensiva, ligada ao gosto pretensioso de algum decorador da moda.

A compreensão do que estava sucedendo veio, acredito, instigada pela aflição e permeada pelo cansaço, no momento em que descobri ter adquirido a capacidade de antecipar cada acontecimento: o mundo perdera sua substância e fora transformado em mera representação. Ipanema era apenas um gigantesco cenário de telenovela onde os espectadores do capítulo da véspera perpetuavam o enredo segurando o copo, chamando o garçom, abrindo a porta, usando palavras e seguindo entonações exatamente como na TV se fizera e se fazia, atores-personagens-de-si-mesmos, num espelhamento infinito. O Rio de Janeiro natural deixara de existir: sua essência era agora formada pelas imagens continuamente geradas na telenovela; real era o Rio de Janeiro da ficção televisiva. O que me era possível fruir era tão-somente a *representação* que a TV fazia do Rio de Janeiro, com uma ressalva, é claro:

meu prazer também deveria corresponder ao modelo de prazer moldado na telenovela, vivido pela representação de turista-telespectador que eu me tornara. A cidade não se alimentava mais de sua própria história: o que a fazia possível e real eram os anúncios de cerveja que criavam sua paisagem.

Ao chegar em casa e ligar desatentamente a TV, me dei conta de que a mão que segurava o controle remoto agia como a personagem do próximo capítulo.

2.

A experiência autobiográfica acima relatada pode, é claro, ser compreendida segundo cânones clássicos da psicopatologia. Ela descreve um sujeito que se despersonaliza e experimenta um sentimento de desrealização do mundo. Estaríamos diante de um ego frágil, possivelmente marcado por algum evento particular na trajetória de sua biografia. Somados, estes fatores podem fornecer nexo — senão à sua experiência — ao menos à sua *Weltanschauung*. Entretanto, esta compreensão (mesmo sendo verdadeira), além de limitada, é certamente preconceituosa. Por associação, ela me traz à lembrança uma historieta que sempre me deu muito o que pensar. Em um vilarejo da Europa Central, em fins da Idade Média, vivia um homem douto, que se dedicava ao estudo dos corpos celestes. Surpreso, ele descobriu, certa noite, que em breve passaria sobre a cidade um cometa, cuja peculiar fulgurância teria o poder de tornar louco todo homem que o mirasse. Correu então a avisar as autoridades, instando-as para que prevenissem os habitantes, aconselhando-os a manter os olhos baixos à aproximação do astro. Naturalmente, não lhe deram ouvidos. Quando finalmente o cometa surgiu no céu, toda a cidade foi à praça contemplá-lo, enquanto nosso sábio, confiante na verdade de seu achado, protegeu-se sob o teto de sua casa. Terminada a passagem do cometa, os aldeões tinham-se tornado doidos — com exceção, é claro, do previdente astrônomo. Este, ao sair à rua, foi cercado pela turba e a bizarra sanidade de seu comportamento fez com que logo o identificassem como o único louco da cidade, o que o levou a ser devidamente trancafiado.

Se pudermos, pois, suspender o juízo psicopatológico, ao menos temporariamente, poderemos perceber que a questão central suscitada pela minha experiência talvez não resida em saber se eu estava são enquanto percebia o mundo na sua naturalidade, e mentalmente perturbado quando passei a vê-lo como campo da estereotipia; ou se, inversamente, era o estado de alie-

Trompe-l'oeil: a imobilização do imaginário

nação em que vivia mergulhado que me apresentava o mundo como natural, a emergente percepção da sua artificialidade sendo já sinal de que me havia recuperado. O que vivi e narrei pode muito bem contemplar os dois lados da moeda: afinal, a oscilação entre razão e desrazão é a forma *princeps* da presentificação do psiquismo.

Acredito com firmeza que a crise por que passei está ligada a um outro cerne: ao surgimento de um referente universal, onipresente — a imagem midiática televisiva —, cuja função é sustentar a equivalência entre o real e a sua representação, tornando-as indistintas. No contexto em que ela opera e cria, sujeito e realidade deixam de adquirir consistência através das trocas que os relacionam e diferenciam: a identidade de ambos passa a ser produto e função da imagem midiática televisiva, sendo por ela definida.

Este trabalho procura justamente apresentar alguma reflexão sobre esta nova ordem — e o tipo de organização psíquica que ela exige e determina.

3.

Foi certamente Walter Benjamin (1959), em um ensaio que se tornou clássico, "A obra de arte no tempo de suas técnicas de reprodução", quem primeiro chamou a atenção para o impacto gerado pela produção industrial da imagem. Embora o objeto de seu estudo — a obra de arte — se distancie do nosso, voltado para a imagem midiática, encontramos na argumentação que ele desenvolve elementos que ajudam a compreender a função e posição dessa imagem, tal como se apresentam hoje, em nossa sociedade. Entre esses elementos, ressalta o movimento de dessacralização do objeto e sua presença ubíqua, ambos fatores induzidos pelas técnicas de reprodução.

Benjamin aborda o desenvolvimento das técnicas de reprodução mostrando que elas vieram não só "modificar as formas de influência das obras de arte", mas também acabam por "impor-se, elas próprias, como formas originais de arte". A diatribe do autor dirigia-se ao cinema, tomado por ele como técnica reprodutiva, produção industrial que se apresenta com foro de criação artística. Não é o caso aqui de rastrearmos a evolução seguida pelo cinema e o quanto as idéias de Benjamin a seu respeito são ainda vigentes. Vamos nos ocupar daqueles aspectos do ensaio que auxiliam a compreender a relação que acabou se desenvolvendo entre um sistema gerador de imagens e o espectador que as consome.

Falando da originalidade da obra de arte, Benjamin escreve que "aquilo que faz a autenticidade de uma coisa é tudo que ela contém de originariamente transmissível, desde sua duração material a seu poder de testemunho histórico". Esse poder se liga à história da obra: seu corpo, o peso de sua idade, a natureza de suas relações (como, por exemplo, aquela estabelecida com seus proprietários). De tal concepção, surge uma noção de tradição compreendida não como história repetida, mas como construção de trajetória. Benjamin descreve de maneira poética o poder de transmissibilidade inerente à obra de arte original. Ele pede para que o leitor se imagine descansando no campo, tendo no horizonte uma linha de montanhas, postando-se sob a sombra da folha de uma árvore que o protege do sol. Dessa situação e relação, surge uma vivência peculiar: você sente a aura dessas montanhas e desse galho. Esta aura é uma presença e uma atmosfera, é o envolvimento com algo distante que paira sobre — é o sentimento de contato. Esta aura, "aparição de uma realidade longínqua [...] atualização de uma situação inabordável com o objeto, o sacraliza".

A aura liga-se à função original da obra de arte, ao valor de culto que lhe era intrínseco quando o contato com o divino ocorria como atividade privada, por ela mediada. Este valor de culto, entretanto, vai ser deslocado quando a expansão religiosa institucionaliza o culto e leva a obra a ser exposta e ter um público, o que lhe confere nova função e significado. Relembrando: a obra de arte produz uma aura que instaura o sentimento de contato; a continuidade deste sentimento dá corpo a esta obra, a sacraliza; esse valor congrega os seus cultuadores e se irradia a outros grupos, cria uma história da relação, que estabelece uma tradição. Parte dessa tradição já consiste na passagem do valor de culto para o de exposição. O fato novo, que Benjamin aborda em seu ensaio, é o surgimento de técnicas de reprodução que tornam a obra "transportável", que multiplicam sua presença e lhe retiram a aura, uma vez que esta requer o original, a encarnação da história no corpo mesmo da obra. O encontro do movimento que concebe a obra como objeto a ser exposto com o desenvolvimento de uma técnica, que multiplica de modo ilimitado a possibilidade de sua exposição, vai provocar uma modificação na própria maneira de conceber a obra: esta passa a se definir pela função expositiva. São obras que não carregam peso histórico — ou melhor, cuja história lhes é inteiramente externa. A carência de aura, a dessacralização resultante, não se deve ao conteúdo da obra, mas à peculiar intencionalidade de sua produção: são concebidas para serem pura exterioridade, ahistóricas.

Para Benjamin, a obra de arte que produz e carrega aura exige recolhimento por parte de quem a contempla. Fica claro, na descrição feita, que a aura não é intrusiva, e que não se apresenta segundo um conteúdo formalizado. Já a imagem midiática é puro divertimento. Quando a percepção ope-

Trompe-l'oeil: a imobilização do imaginário

ra numa atmosfera de recolhimento, o sujeito mergulha na obra de arte; quando impera divertimento, é a obra que penetra no sujeito (nas massas). Essa distinção me parece um pouco rígida, pois, ao penetrar-se na obra de arte, pode-se intuir que esta também penetre o sujeito. Parece-me que a diferença crucial entre as duas formas de relação reside no modo específico por meio do qual a imagem midiática penetra o sujeito: sendo ahistórica e pura exterioridade, assim mesmo ela simula uma história, aquela que julga necessária para manter seu poder de penetração. Não tendo tradição, fabrica uma trama que aparenta tradição — uma tradição aposta. A ausência do passado (falaremos mais adiante sobre as conseqüências desse fator) é preenchida pela permanência de si mesma, apresentada como história. A imagem midiática é inteiramente auto-referida. Esse conjunto de características vai dar à sua forma de penetrar o espectador uma nova complexidade: é um ato organizador, que cria e estabelece uma modalidade de relação na qual o sentimento de contato — aquele que Benjamin menciona ao falar do envolvimento com algo distante e que, ao mesmo tempo, paira sobre o indivíduo — foi extirpado. O que surge no lugar, alterando a forma perceptiva e as relações inter e intra-subjetivas (como descrevo no episódio por mim vivido) é a própria imagem midiática, enquanto substância do cotidiano. A estrutura dessa imagem, tal como a descrevemos, induz à continuidade de seu próprio consumo, banindo a distância crítica — na verdade, a distância entre o espectador e seu objeto, o todo tomando a forma da demanda de divertimento.

4.

Ao terminar a descrição da experiência por que passei no Rio de Janeiro, minha dedução foi a de que o acontecido estava ligado à dissolução da diferença entre realidade e representação, agenciada pela imagem midiática. Este gênero de dissolução se faz presente e afeta também outros campos do comportamento humano. Quando identidade e imitação tendem a indiferenciar-se, a definição de modelo sexual sofre um processo de borradura paralelo. Esta é uma questão que foi recentemente abordada por Barale e Ferruto (1997). A imagem midiática impõe ao sujeito a assimilação de alguma forma de identidade sexual, sempre a partir de elementos ficcionais organizados de modo a manter constante o consumo dessa imagem. Mesmo um eventual conflito entre os elementos ficcionais oferecidos e a demanda ou necessidade do espectador será também ficcional, isto é, já se encontra incluído como possibilidade na imagem midiática. Nesse contexto, a sexualidade deixa de ser trabalho de construção para tornar-se atividade de demonstração. O sujeito se faz indefinido e transparente para si e excessivamente visível para o outro, comportando-se em continuidade ao que está fora, ao que lhe é externo, exibindo contornos que refletem os da imagem midiática.

Esta descrição nos aproxima do conceito de fetiche, embora caiba assinalar a diferença com o modelo clássico proposto por Freud. Clinicamente, o fetiche é a solução encontrada pelo sujeito ante uma experiência conflitiva que o obriga a aceitar e recusar uma mesma evidência; o fetichista não confunde um objeto com outro, embora utilize um pelo outro. Já a sexualidade apensa à imagem midiática utiliza elementos ficcionais pré-construídos, oferecidos, que são fruídos e integrados vicariamente. Nessa situação, o sujeito não constrói uma solução (como ocorre na clínica), mas simplesmente consome um produto. É nisto que consiste a fetichização: o elemento ficcional oferecido — a imagem midiática — é apreendido como se fora a realidade conflitiva.

Uma situação onde opera uma dinâmica semelhante a esta é a da reprodução assistida, igualmente problematizada por esses autores. Interpretada de um ponto de vista psicanalítico, a reprodução assistida tem a função de "um intruso no palco da procriação": ela pode ser vista como uma atuação de cunho maníaco, "uma tentativa de reparação de um mundo interno vivido como destruído para sempre". Para os autores, ela tem caráter destrutivo e fecalizante, na medida em que "reduz o ser humano a partes intercambiáveis por meio de uma analidade onipotente". Ocorre aqui, simultaneamente, um ataque à cena primária e a instauração de uma cisão entre sexualidade e procriação — situação que os autores, num viés otimista, consideram passível de ser driblada pelo inconsciente, pois este não confundiria "primário" com "origem". Eles afirmam, ainda, que o triângulo originário consegue conservar sua significação por meio de uma ação contínua de resignificação, sob o efeito de repetidos *après-coups*... "não só em relação [ao real] mas também malgrado qualquer real".

É verdade que não devemos subestimar a força do inconsciente, mas tampouco a do "real", que está aqui operando. Este, como a imagem midiática, tem o dom da ubiqüidade, o que transforma o aspecto informativo de sua produção em força coercitiva; o mundo deixa de ser continente de informação para se tornar o espelho que a reflete. O espectador, para não se sentir em dissonância, ou melhor, para não se ver alijado de uma produção que cria e sistematiza a vida social, torna-se então, ele também, um espelho do sistema, passando a funcionar como personagem. O aspecto manipulatório da reprodução assistida pôde se tornar transparente por meio da

Trompe-l'oeil: a imobilização do imaginário

interpretação psicanalítica dos autores acima referidos. Mas a violência que a imagem midiática exerce não é, de modo algum, frontal; ela não enfrenta a cena primária, como faz a reprodução assistida, oferecendo uma trama alternativa, que conserva a eficácia "funcional" desta cena. Ao conferir-lhe excesso de visibilidade, onipresença, ela simplesmente drena seu significado, retira-lhe seu caráter simbólico sexual. Enquanto a reprodução assistida separa "filiação de sexualidade", a ação da imagem midiática separa sentimento de identidade do processo de identificação que a produziu.

5.

A ubiqüidade a que nos referimos é descrita por Maria Rita Kehl (1995) sob o nome de "efeito imagem". Segundo a autora, a perda de capacidade crítica do telespectador é devida não só "à indiferenciação qualitativa entre as imagens mais diversas", mas principalmente "à sua [da imagem] inserção sem descontinuidade no cotidiano das pessoas". São dois níveis diversos e complementares de funcionamento. Um diz respeito à indiferenciação interna, vigente entre os elementos que compõem o fluxo de imagens; o outro remete à indiferenciação resultante da impregnação da vida social pela imagem. Este último é o ponto-chave para compreendermos as seqüelas que ela acarreta. A "inserção sem descontinuidade" não significa apenas constância de presença; ela é basicamente a obstrução do espaço que deveria se interpor entre a imagem, como representação produzida, e o cotidiano vivido. Com a obturação desse espaço, desaparece o hiato onde ausência, diferença e carência são experimentadas e ganham sentido. Ao produzir uma realidade sem contradições e sem excludências (a não ser aquelas que — como vimos insistindo — fazem parte do seu programa), a imagem assume um papel totalizante e uma ação totalitária. Kehl escreve (falando da relação das crianças com a TV) que elas não têm indagações que pareçam ser respondidas pelo discurso onipresente da TV, o que, de certo modo, levaria a criança a "esquecer seus desejos". Parece-me que a ação da imagem midiática é mais perversa: é ela que fornece as indagações ao sujeito, e plasma um desejo que é concebido como desejo-de-imagem. O sujeito não é mais "si" nem o desejo é "seu": ele é apenas personagem imagético; no limite, suas protofantasias (concebidas segundo a teoria de Bion) seriam também televisivas, aspirações por ela determinadas. O totalitarismo da imagem é, entretanto, esquivo, quase impalpável; ele não proíbe o pensamento, ele simplesmente cria um contexto em que o pensamento é desnecessário.

6.

O que vimos descrevendo até agora pode ser expresso numa frase concisa: na medida em que a imagem foi se tornando autônoma, o sujeito foi se tornando caudatório da sua (da imagem) substância. Ao cabo, ele necessita dela, e exige sua presença para sobreviver, criando-se um círculo maligno que evoca a descrição kleiniana das relações esquizoparanóides. O sistema produtor da imagem — o capitalismo contemporâneo — não propõe ao sujeito que ele estabeleça relações-de-objeto, mas sim que as aparente. Num mundo ordenado pela aparência, o diálogo perde sua função de estabelecer confronto entre alteridades. O sujeito com quem o psicanalista vinha habitualmente lidando se reconhecia justamente nesta diferença com o outro e a auto-representação que ia construindo decorria da solução (muitas vezes sintomática, como nos ensinou Freud) dos conflitos intra e intersubjetivos com os quais se deparava. Já a auto-representação que estamos descrevendo, e que ora tende a surgir em nossos consultórios, é apenas *realização-de-imagem.*

Guy Debord (1987), em seu livro profético e seminal, *A sociedade do espetáculo*, publicado em 1967 e seguidamente retrabalhado, contextualiza o funcionamento desse sistema apontando sua relação com as forças que tornam possível sua existência. Ele escreve que "quando a necessidade econômica é substituída pela necessidade de desenvolvimento econômico sem limite, a satisfação das necessidades humanas primárias é substituída pela contínua fabricação de pseudo-necessidades que são reduzidas à única pseudo-necessidade de manter o reino da economia autônoma". Dito de outra forma: "a economia transforma o mundo, mas o transforma somente em um mundo de economia". A nova ordem imagética parece-me a expressão máxima dessa dinâmica. Sendo pura ideologia, seu esforço retórico se empenha em nos convencer que o que é bom para a imagem é bom para o homem. Este esforço em apresentar o mundo como unitário está no extremo oposto mesmo da concepção psicanalítica do humano. A psicanálise aprende o funcionamento psíquico como uma atividade contínua, voltada para a integração da diversidade e a instrumentação da fragmentação, trabalho que humaniza o tempo ao conferir-lhe sentido histórico. É justamente este sentido histórico que a imagem midiática precisa solapar para criar e manter seu "reino de economia autônoma". Ela o consegue através de uma técnica de funcionamento que instaura o presente como fruição absoluta ininterrupta — pura "fabricação de pseudo-necessidades" —, criando um sujeito sem memória, pois vive num meio onde não há nada para ser lembrado. Debord descreve com maes-

Trompe-l'oeil: a imobilização do imaginário

tria a situação desse telespectador "aprisionado em um universo achatado, circunscrito pela tela do espetáculo atrás da qual sua vida foi deportada e que conhece apenas *'fictionnal speakers'*".

7.

Jorge Ahumada (1998) problematiza de modo agudo questões muito próximas daquelas que estamos abordando, enfatiza a instauração, em nossa época, de uma "entronização da imagem" (evidentemente, da imagem a ser exibida). Esta entronização tende a substituir os discursos civilizatórios anteriores (orais e escritos) pela imagem. Em oposição a seus antecessores, empregados sobretudo para a crítica e o questionamento, o discurso da imagem midiática (Ahumada aqui pensa como Walter Benjamin) dirige-se somente à diversão. Creio que Ahumada está certo, mas é possível, mantendo-se os mesmos elementos dessa relação (imagem entronizada-diversão), equacioná-los sob outro ponto de vista: a diversão impregna a imagem midiática por ser a forma mais adequada para que ela alcance sua meta, que não é senão o seu próprio consumo. Este se mantém constante, na medida em que a diversão que o fomenta e a imagem na qual ela se encarna vão permitir ao espectador a experiência de ilusão participativa (que se opõe à crítica e ao questionamento). Esta ilusão lhe dá o sentimento de que estar *com* a novela é o mesmo que estar *na* novela, tornar-se personagem, ter acesso aos bens ficcionais que a imagem veicula (a exemplo do episódio por mim vivido, quando o aspecto virtual da representação assumiu o caráter de cotidiano real). Ahumada conclui que "na sociedade do espetáculo cada um se relaciona consigo como imagem, como personagem e se atenua ou se evapora a possibilidade de observação e introjeção na vida consciente, e de se pensar a si mesmo e aos demais como pessoas".

Para alcançar este efeito, a imagem a um só tempo pasteuriza o cotidiano e realça os benefícios advindos de seu próprio consumo; ela se organiza e se apresenta como pura sedução (o que, novamente, retira-lhe qualquer possibilidade de funcionar criticamente). Assim pressionado, o espectador abandona qualquer ambição à privacidade, a um espaço próprio por ele mesmo mobiliado, para se tornar o depósito (não o continente) do transitório e do efêmero (o consumo descartável) fornecidos em *continuum* pela imagem. Esta outra face da ilusão participativa induz à crença na presença contínua do objeto e na perenidade de sua função provedora. Conjuntamente com a privacidade, é a experiência de elaboração na/da relação que é substituída pela experiência de adição à imagem.[1] Ahumada, numa expressão feliz, escreve que esse universo "arrasta a mente para a superficialidade eufórica em expansão". A realidade se transforma no *videoclipe* da realidade.

Dissemos acima que a imagem midiática apresenta-se como um objeto em constante permanência, atraindo o espectador ao lhe oferecer a percepção de um mundo que pode funcionar sem brechas e sem faltas, no qual todo o acontecido é sempre presente, repetição de instantes equivalentes, pontuais, destinados a manter o poder sedutor da imagem. Tais instantes não se organizam numa seqüência histórica na qual o passado (a tradição, de Benjamin) apareceria como referência que situa a ação presente, pois tal encadeamento, se ocorresse, implicaria a percepção da noção de perda, a qual tornaria então impossível a contemplação do mundo como eterno presente. É por isso que Ahumada chama atenção para o fato central de "que na cultura do espetáculo a reelaboração dos lutos iniciais é sempre deixada de lado na adição à imagem e sendo fenômeno compartilhado torna-se invisível e configura uma neonormalidade social".

A institucionalização das manobras de evasão diante do luto (entre as quais encontramos a banalização do sofrimento através de sua transformação em mera informação midiática) traz problemas técnicos muito difíceis para o analista. Ele se vê compelido não somente a criar condições para que o paciente entre em contato com a dor psíquica — situação que faz parte da tradição de todo trabalho analítico —, mas também a apontar a existência da "neonormalidade social", na qual o paciente se acha envolvido e que seu próprio comportamento implementa. Para que esse trabalho interpretativo seja possível, é necessário que o próprio analista não funcione normativamente, como uma câmera de TV. A interpretação precisa funcionar oferecendo "conhecimento relevante, diferentemente de ser sentida como mensagem de ação, isto é, como sedução ou intrusão...".

Gostaria de mencionar um paciente que requer justamente este padrão interpretativo. Um sonho ajudará a ilustrar o funcionamento de sua estrutura mental, ajustada ao padrão da imagem midiática e espelhando suas exigências.

No sonho, *ele vai a uma fábrica conversar com alguém — uma assistente social — encarregada de lhe fornecer informações e discutir a respeito de uma questão que está ocorrendo em área de sua responsabilidade. Após falar com ela, tem sua atenção voltada para a fábrica vizinha, onde estaria*

---

[1] Prestando bem atenção, perceberemos que a imagem midiática funciona como a *rêverie*, porém às avessas. Seguindo a notação de Bion, poderíamos mesmo figurá-la como -R (menos *rêverie*).

Trompe-l'oeil: a imobilização do imaginário

acontecendo algo misterioso, eventualmente ilícito. Em seguida, ele se vê diante dos portões desta segunda fábrica, que são muito altos e se assemelham a grades de ferro. Coloca então sob os joelhos o travesseirinho de sua filha, criança de três anos, empunha um controle remoto e, ao acioná-lo, põe-se a voar sobre a fábrica, transpondo os portões, planando sobre a paisagem e manipulando as pessoas que permanecem em terra.

Ao narrar o sonho na sessão, o paciente é tomado por um estado extraordinário de euforia: o relato é permeado de gargalhadas, que transmitem o prazer intenso e o estado de jubilação vividos por ele. Não vou aprofundar aqui os aspectos mais evidentes do sonho, a cisão representada pela presença das duas fábricas, a apropriação do seio (travesseiro) e sua assimilação a um pênis onipotente, que lhe permite vencer todo obstáculo, o trunfo hipomaníaco etc. O que é relevante é que este paciente insiste, sessão após sessão, para que a fala do analista se converta em ação canônica, em simulacro de controle remoto. Se o analista se empenha para que a interpretação proceda "como descrição que ilumina uma faceta até então desconhecida do que acontece" (Ahumada, 1998), o paciente, por seu lado, faz um movimento contínuo para atribuir-lhe um caráter de ação, de indução a comportamento: ele repete o que eu digo, e retraduz imediatamente a compreensão que alcançara, conferindo a ela uma intenção segunda, de caráter corretivo e operacional. O paciente ordena, classifica e instrumentaliza as interpretações para torná-las "operacionais". Sua bissexualidade ressoa como mímese da imagem totalizante: ele adere a tudo oferecido porque o "tudo" abole a carência (no caso, a carência ligada à diferença sexual): e ele precisa que a análise seja também parte desse "tudo" porque assim pode-se valer dela como ferramenta de manipulação.

Sua mente tem algo de um almoxarifado, aonde ele vai procurar as mercadorias que julga estratégicas para manter o funcionamento de seu negócio, incluindo o psíquico. A questão não reside só no fato de que um almoxarifado é um ambiente pouco propício ao recolhimento — mas na manutenção de um contexto mental em que a idéia de recolhimento e privacidade é apresentada pelo sistema midiático, à qual a mente do paciente está aderida, como contrária à sociabilidade adequada e necessária ao seu mundo de relação, e nela vigente. O trabalho de revelação e investigação da análise, ao pôr em evidência a presença de um modelo de sociabilidade, cuja concomitância psíquica é calcada no padrão imagético, vai ter de se confrontar também com a adequação à "neonormalidade social" e a eficácia dela decorrente.

240   Rumor na escuta

8.

Uma das maneiras possíveis de se caracterizar o sujeito moderno é concebê-lo como o sujeito de sua angústia. A teoria kleiniana radicaliza este modo de ver, ao descrever a formação e o funcionamento do psiquismo como produtos da tensão e da oscilação entre angústias esquizoparanóides e depressivas. Esta tensão e essa oscilação operam como uma dialética investigadora, que amplia o campo das questões a serem enfrentadas pelo indivíduo e funciona como insumo para a formação de sua identidade. Nesse modelo, tanto o narcisismo como as relações de objeto valorizam a individualidade do sujeito, definem o perímetro de sua personalidade e do mundo no qual ele está inserido. Envolvendo e embasando esse movimento de mão dupla, encontramos sempre a angústia que permite ao sujeito pensar-se como consciência, mesmo de sua inconsciência.

Já o sujeito contemporâneo, a exemplo de meu paciente, caminha noutra direção: ele serve às forças que o incitam a tamponar a angústia, a substituí-la, e à sua função, por uma prótese.

Sua interioridade se imobiliza, tal como a cena em que o aparelho de vídeo "congela" a tela. Ele passa a ser, como lhe convém, pura exterioridade, rosto público num espaço público, poupado da experiência de vacilação, própria à angústia, e carente da humanização que ela possibilita.

Este sujeito televisivo incorpora uma "humanidade sem atributos [...] que prefere o simulacro à coisa, a cópia ao original, a imagem à realidade"; ele absorve a linguagem midiática, "meramente presentativa, cotidiana, navegando sobre e expondo apenas a superfície do sentido comum"; uma linguagem que espelha "o mundo dos objetos reencantados pelo mercado", no qual "tudo se conecta com tudo", de modo a excluir contradições ou então a apresentá-las já "pré-construídas", a fim de não ameaçarem o sentimento de inclusão e ilusão participativa.

Sendo mera circularidade, presente redundante, nada na imagem midiática pode nos desafiar. Essa natureza — sua essência — faz com que nela a profundidade inexista. Se porventura a percebermos, será mera fabricação: *trompe-l'oeil*.

Trompe-l'oeil: a imobilização do imaginário

17.
"VOCÊ SEMPRE ME ENGANOU":
NOTAS PSICANALÍTICAS SOBRE *CENTRAL DO BRASIL*

O filme brasileiro *Central do Brasil* — prêmio de melhor filme e melhor atriz no festival de Berlim de 1998 — narra uma peregrinação de certo modo anti-épica. Dora — Isadora Teixeira — é uma professora primária que agora ganha a vida trabalhando como escriba. Ela vem do subúrbio onde mora e, diariamente, na grande estação ferroviária do Rio de Janeiro, instala sua banquinha. Os analfabetos migrantes se socorrem dela para ditar mensagens aos parentes e amigos longínquos, cartas que ela escreve e se compromete a postar. Descobriremos, logo no início do filme, que poucas são as cartas realmente enviadas: Dora age como um juiz inescrupuloso e ressentido, escolhendo segundo critérios pessoais quais as que realmente colocará no correio.

Justamente uma das pessoas que a procura é Ana, acompanhada de seu filho — o menino Josué. Este pede à mãe que escreva ao pai, pois deseja conhecê-lo. É que, ainda grávida, Ana deixara o marido (pai de Josué) no norte do Brasil e migrara para o sul, abandonando um homem que descreve como bêbado e imprestável. Pouco depois da carta ser ditada, Ana morre acidentalmente na frente da estação e Josué se "cola" a Dora, instituindo-a como o instrumento para recuperar o pai. Dora se aproveita da orfandade do menino, leva-o para sua casa e depois o "vende" ao segurança brutal da estação para uma suposta adoção (na verdade, ele seria usado para o comércio clandestino de órgãos). Pressionada por Irene, sua amiga, Dora volta ao local onde deixara Josué, "rapta-o" e agora, perseguida pelos traficantes, é obrigada a fugir. Esta fuga vai dar-se em direção ao pai de Josué e o filme vai narrando os incidentes com que ambos se defrontam nesta caminhada Brasil acima: Josué se embebeda; Dora procura livrar-se sorrateiramente dele; são acudidos por um motorista de caminhão evangélico; ligam-se a uma peregrinação religiosa; Josué quase é entregue a um falso pai; etc. etc.

Ao longo da busca, esses incidentes exprimem tanto as questões pessoais dos personagens, ligados à organização de seu mundo interno (como, por exemplo, seus conflitos edipianos), quanto as formas peculiares de organização social do país (entre as quais se destaca os efeitos deletérios de um pai-

Estado negligente). No filme, as duas áreas — pessoal e social — interagem continuamente de forma a produzir uma também contínua resignificação de ambos os campos.

É justamente esta interação que torna o filme particularmente interessante ao olhar psicanalítico, motivando meu desejo de escrever sobre ele.

1.

A compreensão psicanalítica de um produto cultural — como o filme que abordaremos — corre o risco de tornar-se mera aplicação mecânica de conhecimentos teóricos que, ao cabo, servem mais para provar a justeza de suas afirmações do que para iluminar o objeto de estudo. É pouco provável que nosso empenho em mostrar a dinâmica que rege o comportamento dos personagens escape a esse viés. Mas, cientes desse obstáculo, tentamos, para alargar o espectro de nossa visão, contextualizar esta dinâmica, sublinhando o meio histórico-social onde ela se desdobra. Assim, a vida psíquica vai de certo modo marcar a geografia particular onde se ancora, recebendo dela, simultaneamente, seu alimento.

Nas sociedades mais igualitárias (digamos assim, politicamente alfabetizadas), os cidadãos comunicam seus anseios e exprimem suas demandas por meio de um jogo equilibrado entre representação e participação. Este jogo já é a expressão de seus direitos, ao mesmo tempo que lhes permite algum controle sobre eles.

Central do Brasil começa sob a égide do analfabetismo; este indica a existência de um povo (ou de uma ampla parcela deste povo) que foi destituída da capacidade de usar a escrita para interagir com o processo social. Para tornar-se agente nesse processo, para nele exprimir-se, ele precisa de um intermediador. Os analfabetos do filme se vêem forçados a delegar sua voz a alguém que os represente; eles necessitam desse intermediador mas não têm poder algum sobre a delegação que oferecem. É um contrato de mão única.

O desamparo dos analfabetos já se exprime na primeira carta ditada, em que se alude a um amor que deveria persistir "não importa o que você fez", isto é, de um amor condenado à reclusão; e continua na segunda carta, onde se repete enfaticamente "confiei em você e você me enganou", e culmina num desabafo quando a mãe de Josué afirma "você foi a pior coisa que me aconteceu, você não vale nada mas o menino quer te conhecer". Josué é pois "analfabeto de pai" e deseja liberar-se desta condição. O filme vai se desenvolver como a descrição dos obstáculos internos e externos que ele enfrenta no percurso que faz para alcançar seu objetivo.

Na sua solidez de edifício institucional, a estação Central do Brasil propunha-se a ser o centro de um Brasil "adulto", atento à vida social, voltado para seu atendimento, fluindo pelo corpo do país, atingindo suas fronteiras, difundindo e consolidando a noção de nacionalidade. Seu caráter "central" vai além de considerá-la como um ponto de origem "em relação ao qual se mediriam distâncias e proximidades" (J. Costa Freyre, 1998): ele é concebido como um ponto de irradiação. E também como um espaço da vida social urbana moderna (Pablo Fucks, 1998), onde circularia o homem-transeunte, em meio à mercadoria, a observar seus semelhantes num contato fugaz. Ao deixar de ser um centro de irradiação, a Central do Brasil trunca a projeção dessa sociabilidade para além de suas fronteiras, como havia sido originalmente planejado, ao mesmo tempo que degrada seu próprio espaço interno. O homem-transeunte é substituído pela massa compacta e desatendida. Assim a seqüência bastante espetacular da invasão caótica do trem, onde não há diferenciação entre as aberturas (portas e janelas são usadas de maneira idêntica), já nos informa desta degradação e da ordem confusa que ela instaura.

A cena seguinte no apartamento de Dora, onde ela e Irene, segundo uma lógica claramente cínica, decidem qual deve ser o destino das cartas, informa ao espectador o que vem dando força a essa nova ordem. A cena ganha relevância graças a seu poder de síntese: Dora, avalista e preposta da comunicação, substitui o cuidado, do qual deveria ser guardiã, pelo arbítrio, apoiada na certeza da impunidade. Quem ocupa agora o centro vale-se do poder que esta posição lhe confere para manter desinformada, desaglutinada, desvitalizada, analfabeta-enganada, enfim, a periferia necessitada. É também nessa conversa inicial entre Dora e Irene que o espaço periférico, desorganizado pelo arbítrio, mantido na condição de carente através de uma técnica que equivale à verdadeira institucionalização do descuido, é comparado à família: é esta que a carta da mãe de Josué visa recompor e é contra esta reunião que opera a manipulação das cartas. Opondo-se à argumentação de Irene, que apóia o reencontro, Dora decide que é melhor ficar sem pai do que ter pai bêbado (imposição disjuntiva que caracteriza o modo de agir desse novo centro). A família que pede para ser recomposta não é a "guardiã da moral cristã"; é a família edipiana, cuja construção, no caso reconstrução, exige o reconhecimento de hierarquias e limites, isto é, o trabalho de contenção do incesto e o efeito regulador da castração. É dessa ação conjunta que resultam as identificações funcionais que poderão conduzir o triângulo edipiano a um funcionamento integrador. A família se decompõe, ao modo de anomia do tecido social, quando a função provedora e continente da sexualidade adulta, alfabetizada e alfabetizadora, isto é, o vínculo edipiano do casal adulto, é substituído por um uso espúrio que leva o casal a valer-se da sexualidade para manter a criança "analfabeta", isto é, a um só tempo excitada, carente e ignorante. É uma situação na qual arbítrio e perversão se somam e complementam.

Quando a mãe de Josué retorna para fazer novo contato com Dora, ela acentua que o faz impulsionada pelo interesse do menino: ele precisa conhecer o pai. Podemos compreender esta preemência, impulso epistemofílico de Josué, na medida em que o conhecimento do pai é a condição para atingir a identificação sexuada.

Conhecimento aqui deve ser tomado no sentido psicanalítico, como contato com a experiência afetiva transformadora, em oposição a atuação. Esta vontade de conhecimento por parte de Josué é apresentada no filme — e enfatizada — como ligada à presença de uma falha identitária. O encobrimento dessa falha o mantém vazio de pai, vazio de identificação; o desvendamento da falha o encaminha à identificação mas o expõe à castração.

A maneira como Josué lida com este pai interno, ausente, desde o início apresentado como descontrolado, se manifesta já na maneira como Josué invade o espaço de Dora quando estão ditando a segunda carta: ele crava o seu pião na mesa, usando-o como arma de afirmação fálica. Trata-se, porém, de uma posse frágil: basta um esbarrão para que o pião se perca na rua e é sua recuperação que desemboca na morte da mãe, que ele assiste, impotente.

Esta morte da mãe cria um hiato, uma dramaticidade "em suspensão", latência que é acentuada pelo diretor quando ele se nega a deliberadamente inserir o luto na trama, enfatizando mesmo sua ausência. A negação desse luto opera através de uma manobra do menino que passa a perseguir Dora, "aderindo" a ela, isto é, investindo-a como o elemento que está impedindo a reunião com a família interna-externa e que, por isso mesmo, teria o poder de realizá-la. Em conseqüência, ele insiste com ela para que escreva ao pai, "vem para cá que mamãe se machucou".

A magnífica cena da grande estação noturna e vazia, mostrando as crianças sendo expulsas pelos seguranças, força no espectador a interrogação sobre o destino do menino, e sobre as características de funcionamento do espaço que o está abrigando. A resposta é imediata: o justiciamento público do jovem que roubara uma bagatela. Josué se encontra num espaço onde ausência de contenção, impunidade, justiça arbitrária, perfazem um *continuum*, o que relembra o modelo de família que mantém a criança excitada e analfabeta.

É comovente o esforço de Josué para se defender — sobreviver — sobretudo, porque essa defesa opera acompanhando sua determinação em negar o luto. Assim, quando Dora pergunta como ele se chama, ele declina seu nome inteiro (Josué Fontenele de Paiva), enfatizando no sobrenome que uma parte vem da mãe e outra do pai, isto é, que ele mantém o casal unido internamente para manter-se a si próprio inteiro. Já Dora — Isadora Teixeira — só carrega um sobrenome.

Essa necessidade de investir o casal — ou, melhor, de regular sua visão de mundo segundo a perspectiva do casal parental — ecoa também nas perguntas que ele faz ao entrar na casa de Dora ("onde está teu marido?" "e os filhos?" "não tem?"). Quando obtém as respostas, conclui interrogativamente: "Então posso ir ao banheiro?". É como se ele compreendesse que há uma hierarquia na ocupação de lugares, que esta hierarquia se liga à diferença de gerações e ele aspirasse a se incluir nesta ordem. O "então", que precede seu pedido, já é ditado por esse anseio de integração. Há aqui um contraste evidente com a atitude desafiante de que se valera ao fixar seu pião no tabuleiro de Dora. As perguntas que se seguem (por exemplo: quem cuidava delas?) e a avaliação da qualidade da comida mostram que está testando o terreno para saber se este é confiável, isto é, se ali vai encontrar apoio para o seu desejo de reunião familiar. É nesse contexto que vai ser atingido por uma dupla decepção. A primeira é motivada pela descoberta de que as cartas, ao invés de serem enviadas, são guardadas na gaveta, isto é, que ele está se ligando a um objeto regido pelo desejo de des-união. A segunda ocorre quando, ao elogiar o pai, dizendo que ele trabalha demais e faz tudo sozinho, escuta o juízo de Dora a respeito dos homens, dos pais: são todos cachaceiros. Assim golpeado, Josué é arrastado de volta ao ponto inicial, ao pai degradado pela mãe (que ele visava conhecer para reparar) e às ações arbitrárias "adultas", impeditivas desta reparação.

Quando Dora, finalmente, depois de lutar com o controle remoto, consegue ligar a TV nova que comprara com o produto da venda de Josué, surge de relance na tela o programa, "fisgado" pelo aparelho recém-adquirido: *"Topa Tudo Por Dinheiro"*. Aqui, o diretor, de forma direta e didática, torna evidente a relação entre a disposição de "topar tudo por dinheiro" e a presença institucionalizada do arbítrio, da impunidade e do cinismo apresentados no filme.

Creio entretanto que, tomada como um todo, a seqüência que se inicia com a entrega de Josué e termina com o surgimento do *Topa Tudo*, exprime mais do que um diagnóstico sobre o *status quo* presente. Ela alude à trajetória do desmantelamento do projeto original. Com efeito, o apartamento para onde Josué fora levado quando da "adoção" situa-se no conjunto residencial de Pedregulho, construção emblemática na, e da, história da arquitetura brasileira. Projetado pelo arquiteto Affonso Eduardo Reidy, ele visava proporcionar a servidores municipais de baixa renda, habitação barata e situada próxima aos lugares de trabalho. Não vou descrever aqui com detalhes as particularidades de cada habitação e as razões que levaram às escolhas específicas do partido arquitetônico finalmente adotado. Gostaria de salientar apenas que além dos vários blocos de habitação o projeto compreende edifícios de instalação para lavanderia, mercado, posto de saúde, creche, jardim de infância, escola primária, ginásio, piscina, clube e campos de jogos e recreação. A circulação dos pedestres foi estudada de modo a ficar completamente separada da de veículos, o que permite aos moradores transitar livremente entre todos os elementos do conjunto acima mencionado e os vários blocos de habitação, sem atravessar a rua. Foram confiados a Livio de Medeiros e Candido Portinari, respectivamente, os desenhos dos azulejos que revestem as paredes do posto de saúde e do ginásio, e o mosaico de vidro da escola, cabendo a Burle Marx o paisagismo. Na época de sua concepção, Pedregulho visava pois à instalação de uma comunidade harmônica, integrada, voltada para a vida familiar, onde seriam implantados os equipamentos básicos de lazer e cultura a serviço de seus habitantes. Um pouco como Brasília, Pedregulho alude a um momento de nossa história em que havia, ou se esboçava, um projeto para a nação, projeto no qual primava a esperança de um espírito comunitário, onde o edifício emblemático da Central do Brasil representava a esperança daquela capilaridade já aludida que iria partir de um centro irradiador e alcançar com a sua riqueza as regiões mais pobres e mais carentes. É isso tudo, este conjunto de ambições, esta perspectiva, que acabaram substituídas por um movimento que tem como eixo o *Topa Tudo Por Dinheiro*". É este movimento que vai minar a força e a esperança inerentes ao projeto Pedregulho. Agora, em Pedregulho, o espírito da adoção destinado a proteger a criança destituída é substituído pela utilização da criança como mercadoria. Escutamos aqui o eco da segunda carta: "você sempre me enganou" — assim como das outras cartas e outras vozes que se perderam no vazio ou na gaveta de Dora. E compreendemos a indignação de Josué que, diante da reaproximação de Dora, diz-lhe explosivamente que ela "não vale nada", pois, assim como sua mãe, também ela degradava os valores nos quais ele precisava acreditar. O cinismo de Dora, humano como qualquer cinismo, só ganha relevância, isto é, se infiltra de perversão, porque o contexto em que opera é o da impunidade. O diretor a vê (Jurandir Freyre Costa, 1998) como tendo uma relação a-ética com o universo social; mas é a receptividade do meio para com essa atitude, e não ela em si mesma, que a torna simbólica da degradação do projeto originário. Este, como temos insistido, caracterizava-se por uma centralidade que se irradiaria pelo território levando a razão capitalista aos pontos mais remotos, razão que prometia ao trabalho e ao trabalhador seu estatuto de respeitabilidade. Os sinais emblemáticos dessa proposta (o prédio da estação, o conjunto residencial) denunciam hoje, através do uso degradado que deles se faz, o destino espúrio a que foram condenados. E incentivam a descrença não só em qualquer proposta nova mas também o ceticismo quanto à autenticidade da proposta original.

O que teria motivado Dora a resgatar Josué do destino trágico para o qual ela o havia conduzido? Uma maneira possível de interpretar seu movimento é o de pensar que Dora e Irene representam aspectos do conflito edipiano, cindidos e complementares, que são atuados por identificação projetiva. Irene contém o aspecto erotizado da relação edipiana, mostrado de modo algo caricato no filme, mas o laivo amoroso a ele ligado lhe permite um contato mais próximo, uma certa empatia com os dramas contidos nas cartas. Dora, e disso seremos paulatinamente informados ao longo do filme, não pode viver este aspecto porque nela a relação edipiana remete seja ao incesto ou ao abandono, e culmina na morte da mãe. O que pode permanecer no interior de Dora é a identificação com os aspectos vingativos da mãe, que se transformam seja em comportamento predatório ("topa tudo por dinheiro"), seja em formação reativa contra sua impotência. É esta que a leva a operar como um demiurgo, regendo arbitrariamente o destino das pessoas que dela necessitam. A presença de Josué exacerba a cisão descrita a ponto de Irene dizer a Dora que "para tudo há um limite". Esta frase contém uma ameaça: Irene avisa que poderá romper o pacto inconsciente que rege a relação entre as duas, vindo a recusar o papel de continente dos aspectos excindidos de Dora. Isto implicaria no retorno para Dora dos aspectos do *self* que ela não tem capacidade de abrigar. Veremos como, ao longo do filme, eles sofrerão uma lenta transformação de modo a terminarem por adquirir uma feição capaz de torná-los passíveis de integração em Dora.

2.

Abandonado o trem, a Central, em sua inutilidade, começa então a viagem de ônibus em busca do pai. Josué cuida da aparência: prepara-se, surgindo limpo e de roupa nova. É uma manobra inútil, pois não consegue encobrir os conteúdos internos, "sujos", impeditivos de encontro, que são as verdadeiras barreiras para que se reconstitua a família. Estas nos são apresentadas de maneira sintética. O que surge nesta etapa como relevante é a incapacidade dos adultos de enfrentarem as pressões edipianas da criança de modo a se manterem numa posição organizadora, continente, central; incapacidade que os leva a fornecerem soluções perversas. Assim, Josué, coerente com o papel que lhe cabe, começa a fazer perguntas. Estas indicam que ele quer saber como o mundo é criado e organizado, isto é, como é a relação que os pais adultos têm entre si, como ela se desenvolve, exprimindo assim, a um só tempo, o sentimento de exclusão que o mantém ignorante e a vontade de participar, aprendendo. Ocorre nesse contexto um dos momentos mais contundentes do filme, e por isso mesmo extremamente revelador do universo que lhe deu origem e que ele visa descrever. Josué quer saber o que é "um quilômetro", qual sua lógica, que idéia rege sua concepção. Dora então responde que "eles inventam" o quilômetro, isto é, que as regras da cultura e do relacionamento são arbitrárias, mero produto voluntarioso. Ele volta à carga e insiste em saber "quem tem cara de pai", como que pedindo a Dora que passasse para ele as ferramentas edipianas maternas que lhe possibilitariam reconhecer, dentro de si, o objeto que está procurando. Dora responde brutalmente, descrevendo seu objeto como hipócrita, "bispo em casa, palhaço-bimbão na rua", contando com amargura que quando ela tinha a idade de Josué o pai abandonara a família, provocando a morte da mãe. Josué recebe de volta um pai bêbado, letal e, com ele identificado, se embriaga.

Dora agora precisa livrar-se desse Josué incômodo, que faz as perguntas inconvenientes que ela recalcou e/ou cindiu de si mesma; a curiosidade de Josué funciona como retorno do reprimido, como uma força visando integrar os aspectos cindidos da personalidade de Dora, como uma pressão para que se caminhe em direção ao objeto total e à posição depressiva, sentida como convívio forçado e ameaçador. Entretanto, o método de separação que ela utiliza, suborno e abandono, não funciona porque, a esta altura, já se criou uma complementaridade entre os dois. Dora pergunta: "por que você não quer largar de mim?" mas a resposta é óbvia: ela não pode livrar-se mais de Josué porque este passou a representar uma parte de si própria, o continente das indagações que ela também precisa fazer.

Mesmo que não tenha sido proposital, é muito eloqüente a escolha do ator Othon Bastos para personificar o motorista de caminhão, evangélico, aquele que carrega na traseira de seu caminhão o dístico "tudo é força só

Deus é poder" e que, no vidro de trás, tem colado o adesivo: "Deus siga o meu destino". Othon Bastos, como estamos lembrados, foi o intérprete do cangaceiro Corisco em *Deus e o Diabo na terra do sol*, o grande clássico do moderno cinema brasileiro. Perseguido por Antonio das Mortes, o matador de cangaceiro, que lhe gritava "Se entrega, Corisco", ele respondia, num estribilho, "Eu não me entrego, não". Basta vê-lo agora em nosso filme, solitário, no alto da rocha, em meio à aridez, agachando-se para lavar o rosto e beber água, para nos lembrarmos do cangaceiro na caatinga. A promessa de Glauber Rocha não se cumpriu: o sertão não virou mar nem o mar virou sertão. O que ocorreu é da ordem de uma formação reativa: a transmutação do cangaceiro em evangélico, eludindo a elaboração do arbitrário e da violência inerentes à injustiça social.

Josué prossegue com suas indagações e o ex-cangaceiro, agora servidor de Deus, responde como responderia Corisco: não moro em lugar nenhum, não tenho família, minha família é a estrada, o que leva Josué imediatamente a compará-lo a Dora, a irmanar as duas carências, e a reinvindicar que Dora se feminize — "você parece homem, você não tem pintura" — para que surja ali um embrião da relação familiar. É o que acontece quando Othon, face ao pedido de Dora, permite que Josué dirija o caminhão: assistimos à primeira situação triangular integradora, com o menino podendo se identificar com uma figura positiva masculina, sem "perder", entretanto, sua posição de criança. A construção da conjunção edipiana prossegue num crescendo quase vertiginoso, aludindo claramente à cena primitiva: Josué dentro do caminhão observa o par que vai se constituindo, o motorista atencioso que cobre — protege — Dora, a aquece, enquanto ele, Josué, permanece solitário na cabine, clamando por Dora, interferindo na cena, procurando se interpor na relação como a criança que, de noite, do seu quarto grita: "Manhêêê, tou com sede!". No restaurante, quando vão almoçar, a garçonete pergunta ao casal: "e o seu filho, o que vai beber?".

Entretanto, a família não pode se constituir apenas por cooptação, exclusão ou negação. Dora, para ficar com o motorista, expulsa Josué da mesa e persuade Othon Bastos a beber. Já havíamos escutado a fala anti-jovem, anti-sexo, anti-alegria, anti-prazer do motorista quando conversara com o dono da loja, para a qual viera entregar a mercadoria. O motorista vive num mundo polarizado, persecutório, no qual de um lado fica a pureza frágil e do outro o vício violento e ameaçador. Nesse universo esquizoparanóide não há lugar para a afeição erótica e ele foge, mesmo porque Josué já havia decidido desafiá-lo, exibindo para aquele pai-ignorante, quando estavam juntos no mictório, seu "profundo" conhecimento sexual: "você sabia que lá no Rio de Janeiro todas as mulheres transam antes de casar?" (o que, em termos verbais, corresponde ao seu gesto provocativo de invadir com o pião a mesa de Dora). Entretanto a vitória de Josué é uma vitória de Pirro: se Dora convive com a lembrança de um pai pinguço-hipócrita, Josué agora tem que se haver com um que ele classifica de medroso e veado.

Vamos agora abandonar de vez o Brasil urbano, central, e mergulhar na aridez ancestral e religiosa do nordeste, o território periférico. Mas antes da viagem Dora contesta a versão de Josué a respeito do motorista. Pensativa, ela responde: "não, ele não é veado", sendo a primeira vez que consegue tratar — e compreender — o homem como ambivalente, e não como mau. Josué lhe diz que, de batom, ela fica mais bonita. Começa aqui o processo de recuperação da feminilidade-maternidade de Dora, que até então, como sugerimos, havia se depositado em Irene. Essa recuperação implica numa série de "acertos" edipianos trabalhados por Dora e Josué conjuntamente. Eles se fazem ao longo da peregrinação, por meio de evocações cheias de afeição e esperança: "minha mãe sempre me dizia que meu pai iria me mostrar o sertão", recordação que alude a uma mãe que agora é lembrada como tendo introjetado um objeto masculino capaz de cuidar do filho e educá-lo. Face a esta mãe é possível então abordar o luto, enfrentar a mãe morta que permanecera insepulta. Josué pergunta a Dora se ela acha que fizeram um "enterro direito" para a mãe. Juntos vão então para a capelinha e no marco votivo depositam o lenço que ela havia deixado na banca de Dora.

A cena em que Josué encontra o suposto pai ilustra novamente a ausência de normas, produtora de confusão histórica, que cria um homem apatetado, passivo, face a um mundo onde as regras são tão arbitrárias que lhe tiram até a certeza de sua própria experiência. Ele parece não ter recursos internos para confrontar a informação de Dora ("vim do Rio [...] estou trazendo o menino, a mãe morreu, ele só tem o senhor"), tendendo a aceitá-la não só como fato consumado mas como fato verdadeiro. Mas este é também o momento da experiência edipiana onde se estrutura a rivalidade fraterna: o modo como ao longo do encontro os garotos se olham, cada qual farejando o outro como intruso, ilustra de maneira magnífica a desconfiança da criança quando se sente ameaçada pela chegada do novo irmão.

A cena no santuário e na sala de ex-votos funciona como o contraponto católico à solução evangélica. A cartilha reza agora que somos nós — o Povo — os culpados pela ausência do Pai; esta é a razão de nosso desamparo e só o apelo à onipotência divina deverá nos salvar. A atmosfera acusatória da procissão envolve Dora num clima fóbico do qual ela procura livrar-se projetando em Josué o elemento persecutório: "você é um castigo na minha vida"; "você é uma desgraça". A criança carente, com fome, é novamente utilizada como continente da impotência do adulto. A esta altura, entretanto, a fala impulsiva de Dora está ligada ao seu desespero e não ao seu cinismo: se arrepende e Josué tem suficiente compreensão para perdoá-la. E também para intuir que, ali na quermesse, a comunicação direta com a divindade poderia ser um bom negócio. Nossa dupla se organiza então como um poder intermediador (tal como a bancada religiosa no Congresso Nacional) entre o povo analfabeto e o Pai, Padre Cícero.

Parceiros na sacanagem criativa, eles formam agora um casal feliz, redimido pelas boas intenções de Dora, que já não joga as cartas fora e faz um jogo dúbio incestuoso ao dizer para Josué, deitado ao seu lado, que ela agora tem um homem de verdade na sua cama, um homem que, por sinal, afirma já ter transado várias vezes. Ela não o trata mais de "moleque", já sabe que ele é um bom menino, mas sua fala sedutora indica que ela ainda não introjetou um pai que a ajude a tratar o menino como criança-filho, isto é, como o aspirante à posição masculina, cuja consolidação requer o enfrentamento com a castração. Esse confronto está sendo curto-circuitado pela insistência com que a figura paterna surge cada vez mais degradada nas falas dos habitantes da cidade, como o pai bêbado e perdulário. Tudo parecia então caminhar para o apagamento-esquecimento desse pai, através da estabilização do *status quo*: Dora adotaria Josué deixando o pai de fora, deixando os homens de fora. Eles devem ser esquecidos porque ou são cachaceiros que largam os filhos ou são perversos que erotizam a relação com as filhas. Dora se lembra de que encontrara seu pai na rua e este, não a reconhecendo, a tratara como objeto sexual.

Mas, curiosamente, em Estrela do Norte, neste fim de mundo como a define o vendedor de passagens, as relações são diretas e solidárias, as pessoas todas se conhecem, as mensagens chegam a seu destino. Há intermediários que aproximam as pessoas que se procuram. A simplicidade e a inocência do mundo rural se contrapõem idealmente ao caos urbano. A câmera que enquadra a fachada lentamente se eleva na vertical e, quando sobrepassa o telhado, nos mostra um conjunto do BNH (Banco Nacional da Habitação), uma larga plantação de casas espalhada pela terra poeirenta, todas iguais, humildes, simétricas, resignadas em sua sequidão e seu isolamento: aí desaguou, estropiado, o projeto Pedregulho. A pasmaceira é algo ambígua, pois, como diz Isaías, "tudo aqui é invasão" (o que evoca a invasão desordenada do vagão de trem na estação Central). É também na seqüência do encontro com os irmãos que o pião será resignificado. Diante dos olhos de Josué, seu irmão Moisés lhe ensina como o pião é fabricado, mostrando que ele resulta de uma habilidade adquirida, que esta requer aprendizado, trabalho, e que a condição desse saber é a identificação introjetiva com os aspectos fálico-construtivos do pai. Nenhum desses passos é comandado pelo arbítrio. Isaías fala com entusiasmo das habilidades do irmão Moisés, e ao dizer que ele já sabe fazer mesa, cadeira, se vale do mesmo vocabulário que Josué usara para falar das capacidades do pai, quando o descrevera para Dora.

Percebemos que o pai havia plantado naqueles dois uma semente: os filhos, à sua imagem, haviam se tornado carpinteiros, e não bêbados. Somos também informados, através da carta que Jesus, o pai, havia escrito à "cabrita" Ana, que ele havia partido à sua procura, isto é, tomamos conhecimento de que ambos, pai e mãe, haviam tentado se reunir. A carta que Ana ditara visando reconstruir a família, entregue agora pelas mãos de Dora, e a carta que o pai enviara a Ana, contando que partira para o Rio à sua procura, vão ser colocadas lado a lado, formando um altar — pai e mãe num leito conjugal, alcova edipiana protegida e protetora; o nível simbólico assim alcançado paira sobre a casa como proposta de esperança, como modelo de união a ser introjetado. Dora de rosto e vestido novo, assegurada de sua condição de mulher, pode aproximar-se do objeto reparado e escrever a Josué que o pai dele vai (re)aparecer "e ele é tudo que você diz que ele é", recordando concomitantemente seu próprio pai, que é evocado como carinhoso ao permitir que ela puxasse o apito da locomotiva o tempo todo da viagem. Escutamos Dora dizer: "tenho saudade de meu pai, de tudo"— ter saudade é poder não apagar, é lembrar o casal sem culpa e sem raiva. É isso que ela pede a Josué, que não a esqueça, que conserve dentro de si o itinerário que ambos fizeram, o luto que elaboraram, o momento fundante em que ele guiou o caminhão pela primeira vez. Para lembrar disso não é realmente necessária uma fotografia.

3.

Central do Brasil estabelece uma correlação evidente entre o pai ausente, omisso e degradado, e a incapacidade do Estado em mostrar-se provedor e responsável. Como lembra Maria L. Homem (1998), "o pai [...] é operador dos elementos impostos pela lei, aquele que organiza e estrutura as vivências e as relações que de outra forma seriam caóticas — na vertente anarquista — ou corruptas — na vertente perversa [...]". A descrença no pai remete à descrença no Estado como organizador da sociabilidade dos cidadãos, como a instituição que vai zelar pela manutenção dos princípios éticos que vão reger as relações entre esses cidadãos. Luiz C. Figueiredo (1998) acentua que o pai (o Estado) aqui "parece nos escapar completamente deixando-nos entregues à loucura e ao desespero".

A busca do pai no filme vai desvelando suas modalidades de ausência e ocultamento assim como o modo de presentificar-se, vai aproximando o rosto doméstico e visível ("bispo em casa") de sua dinâmica interna ("topa tudo por dinheiro"). Na entrevista concedida a Jurandir Freyre Costa (1998), Walter Salles, o diretor do filme, diz que, em continuidade ao Cinema Novo, seu filme visa "mostrar o Brasil escondido ao Brasil oficial" — visa denunciar pois a cisão entre as duas faces da paternidade. Ele acrescenta: "Estas pessoas [os personagens do filme] não têm voz [...] pois seus rostos e modos de vida não fazem parte da iconografia televisiva". O filme se propõe a "mostrar o rosto do Brasil na tela". Seu cinema, ele sublinha, faz parte de um cinema que se dispõe a interrogar: "quem somos, de onde viemos, para onde vamos?"

Se, no entanto, justapusermos o filme realizado com as intenções aqui expressas, perceberemos, no mínimo, um descompasso, e, certamente, um resultado ambíguo.

O cineasta, é verdade, pergunta quem somos, por que funcionamos desta maneira, por que nossa história tomou este rumo. Mas há algo na sua forma de perguntar, de organizar a narrativa na qual expõe essas questões, que aponta para sua hesitação entre deixar-se impregnar pelo confronto com a realidade que o deixa perplexo e a necessidade de valorizar sua capacidade de narrá-lo. Esta hesitação faz com que a perplexidade passe a ocupar um plano secundário. Lembremos, por exemplo, a forma como é apresentado o monótono e pulverizado conjunto do BNH (Banco Nacional da Habitação) em Estrela do Norte: o movimento de câmera produz um impacto que se esgota na apreciação formal do enquadramento, negligenciando sua contextualização — no caso, o diálogo entre este conjunto que funciona como alojamento e Pedregulho, representante de uma proposta habitacional orgânica, aglutinadora. Lembremos, ainda, que as pessoas que se valiam de Dora para enviar suas cartas permaneciam passivas diante dela. Isto ocorre porque elas estão presas a uma rede social acrítica (o analfabetismo), impossibilitadas de se interrogar sobre o próprio fato de necessitarem de Dora, quanto mais de perceberem que ela as engana em seu modo de agir. Ora, o espectador do filme também está imerso numa rede social que doutrina sua percepção segundo "a iconografia televisiva" mencionada por Walter Salles. Não há por que pensar então que sua apreensão do filme possa se afastar desse viés, marcado pelo conformismo, a não ser — o que não acontece — que o diretor tivesse se valido de um processo narrativo que rompesse com o cânone televisivo e o denunciasse (como denuncia o arbítrio e a hipocrisia sociais). Mas, pelo contrário, o filme se desenvolve numa relação de continuidade com este cânone.

Na mesma entrevista já citada, aludindo ao filme *Gosto de cereja*, de Kiarostami, e à maneira vital como este fala de desesperança, Walter Salles observa que "o contraste entre aquilo que é dito e a maneira como é dito é que torna o paradoxo interessantíssimo". Percebemos então que é o uso da linguagem contrastante, aquela que opõe o que é dito à maneira de dizê-lo, que vai construir o paradoxo e conferir-lhe carga expressiva. Nesse contexto, o paradoxo adquire um valor retórico, que provoca perplexidade no espectador, forçando-o a interrogar-se sobre a realidade que lhe é apresentada. Esta opção inexiste em *Central do Brasil*, cujo partido narrativo é o linear. Em resumo: não se pode "mostrar o Brasil escondido ao Brasil oficial" valendo-se da própria linguagem desse Brasil oficial, sob pena de tornar a narração vazia.

No fio da navalha, o espectador do filme precisa dar um passo atrás para poder perguntar se também não estaria sendo enganado.

18.
TRAUMA E PEDOFILIA:
UMA TENTATIVA DE ENTENDER AS RAÍZES DA PEDOFILIA

No palco das perversões, a pedofilia vinha, até há pouco, ocupando um lugar discreto, habitando seus bastidores. Limitada em geral a padres e educadores — no mais das vezes, combinados —, ela parecia vigir em surdina nos colégios internos e sacristias, sem muito alarde nem relevância. A psicanálise tem se ocupado pouco dela — em parte devido a esta aparente escassez, e muito porque os pedófilos não consideram sua prática fonte de sofrimento nem verdadeiramente uma patologia. Daí ser parca a bibliografia sobre a questão.

Nos últimos anos, porém, esse quadro se transformou e uma série de acontecimentos projetou a pedofilia para o proscênio, onde foi acolhida pela mídia. O insumo que causa sensação é composto de grandes escândalos nas paróquias americanas (seguidas de vultuosas reparações monetárias) e crimes hediondos na Europa, que desvelam a presença de *serial killers* organizados em bando, aliciadores astutos e violentos. Assim, por meio de episódios do gênero, a pedofilia vem assinalando sua presença em forma e intensidade até então inéditas no mundo contemporâneo.

Mas, na verdade, não é esse tipo de visibilidade que estimulou meu interesse em estudá-la e discuti-la. Há uma outra, que está tomando corpo, mais poderosa e insinuante, mais organizada e eficiente. Ela se vincula à busca e à afirmação de singularidade que marcam nossa época, à reivindicação de uma neo-sociabilidade que coloca, para os psicanalistas, questões ainda em aberto.

A visibilidade a que me refiro é aquela produzida pela presença *pública* da pedofilia, pela articulação grupal que, dando ao desejo do pedófilo um caráter afirmativo, visa, em decorrência, legitimá-lo enquanto modalidade sexual corrente. Basicamente, o que ocorre em nossa época é o entrelaçamento do estímulo para a prática de um imaginário sexual liberado — no caso, tomando a criança como objeto — com a possibilidade praticamente ilimitada de sua difusão.

O terreno que propicia este encontro e sua potencialização é o universo informacional, cuja natureza aberta e estrutura acrítica, características que

Trauma e pedofilia

justamente lhe conferem poder e eficácia, são utilizadas pelo pedófilo para ostentar sua prática, visando sua legitimação. Talvez mais do que isso: ao se tornarem hóspedes da rede, os pedófilos estariam propondo a institucionalização da pedofilia, de modo a torná-la apenas mais uma das formas de individualidade que ali se presentificam.

Diante deste cenário, ocorreu-me que, enquanto psicanalista, eu deveria dar um passo atrás para criar uma perspectiva mais abrangente e assim poder contemplar com o distanciamento devido o panorama que está se formando. Desse recuo, e do ponto de observação que ele propiciou, ancorado na teoria e prática psicanalíticas, resultaram duas indagações centrais que estimularam minha curiosidade: 1) o que torna a criança um objeto de irrefutável atração sexual? (percebe-se que assim formulada, a questão extrapola a preferência do pedófilo, generalizando-a e inserindo esta atração no campo do desenvolvimento do prazer erótico); 2) de que modo o funcionamento *interno* da rede se articula com as necessidades criadas pela escolha pedófila?

Este trabalho vai se desenvolver procurando tensionar estas duas indagações. Na primeira parte, desenvolvo a hipótese de que existe um momento fundante na constituição do aparelho psíquico no qual se cristaliza uma estrutura que organiza a escolha pedófila; em seguida, na segunda parte, descrevo como esta estrutura e seus elementos se exprimem na rede.[1]

1. A ESTRUTURA PEDÓFILA

É corrente a afirmação na literatura — Schinaia o assinala em seu trabalho de 2000 e a maioria dos estudiosos do tema também o fazem — que os pedófilos vêm de famílias disfuncionais e freqüentemente foram eles mesmos vítimas de traumas ou abusos sexuais.

Assim a bibliografia dedicada à pedofilia tende a apresentá-la como tendo sua origem em um trauma, propondo um encadeamento que vai da criança vitimizada à sua transformação, quando adulto, em perpetrador.

A sombra da compulsão à repetição parece cair sobre essa trajetória construída seguindo um nexo de causalidade histórica, o trauma inicial sendo pontualmente responsabilizado pelo desenvolvimento posterior.

Esta não é a linha de pensamento que iremos adotar nesta apresentação. Gostaríamos de início, acompanhando Tutté (2004), de distinguir "trau-

---

[1] Ver definição de rede na segunda parte deste texto.

ma" de "situação traumática". Esta última é uma presença constante no devir psíquico, provocadora de dor e sofrimento, criadora de desequilíbrio e instabilidade. Mas é justamente a pressão conjunta destas ocorrências que força o aparelho psíquico a procurar um sentido para o que lhe está acontecendo, isto é, um sentido para a própria forma que este funcionamento assumiu, o que lhe fornece meios para apreender o processo em curso. Reisner (2003: 386) a concebe como "uma crise de experiência e significado mais do que apenas o resultado de uma imposição do meio ambiente sobre o ego enfraquecido".

A situação traumática implica numa interação oscilante entre o "fora" e o mundo interno do sujeito. O que vai marcá-la não é tanto o fato desencadeante e sim o modo como este vai ser psiquicamente experimentado, isto é, a interpretação que lhe é dada. O foco de interesse se desvia do evento para seu destino. Assim concebida, a situação traumática é estruturante do aparelho psíquico pois a busca que ela impõe a torna promotora do desenvolvimento deste aparelho.

Já o trauma propriamente dito surge como o fracasso operacional da situação traumática, isto é, como uma situação traumática que não consegue atualizar-se enquanto experiência e aprendizagem, que perdeu seu potencial de metaforização e historização. Aliás, a história do nascimento da psicanálise, de sua criação, segue este roteiro: Freud e Breuer se debruçaram sobre a histeria, que é identificada a uma neurose traumática. O trauma seria uma efração física, um ataque sexual ocorrido na infância. Conhecemos todos o rumo que as coisas tomaram: a virada de 1897, o reconhecimento da existência de fantasias sexuais na criança e do enredo por elas organizado, e a função reinterpretativa do "*aprés-coup*" que acentua o quanto "o incidente material é apenas a ocasião contingente do traumatismo psíquico e este último é traumático pela força do afeto em jogo e pelo caráter insuportável da representação associada" (Anzieu, 2004: 142).

Reisner escreve que Freud compreendera, levando em conta que "crianças são seres sexuais nascidos em um meio de superestimulação, que as experiências de infância, agindo em combinação com fantasia e desejo, colocam um desafio constante à integridade do ego" (pp. 389-91). Ele acrescenta:

"O trauma [a situação traumática] longe de ser excepcional
para o ego era formativo para ele, e que o mesmo era verdadeiro
para todo o gênero de respostas ao — e interações com o — meio
ambiente, do normal ao patológico [...] que existimos enquanto

seres humanos para fazer o melhor de nossas dificuldades e não para acalentar a fantasia de que é desejável, ou até possível desfazê-las [...] ser humano é interagir significativa e utilmente no interior de um meio ambiente potencialmente traumatizante" (p. 391).

Minha postulação é de que faz parte desse humano — e de todo o humano — ser exposto a uma situação traumática capaz de gerar uma estrutura, universalmente presente, que tem o potencial de estimular o desenvolvimento pedófilo. Ela está ancorada na concepção de que a própria sexualidade infantil é, *de per si*, traumática na medida em que a sexualidade adulta é o seu referente. O funcionamento desta sexualidade infantil, ou melhor, de certas tramas a ela inerentes, se decanta como um significado interno de cunho traumático — microfraturas imantadoras, no dizer de Schinaia. O macroevento traumático, o acontecimento histórico, o ato de agressão sexual à criança comumente descrito na bibliografia, revela esse núcleo latente interno estimulando a evolução rumo à perversão.

Socarides, em seus escritos sobre o tema (1959, 2004), propõe para a pedofilia uma classificação segundo sua pregnância, isto é, sua infiltração na personalidade do sujeito. Para o que nos interessa cabe sublinhar a presença da pedofilia em variadas patologias e circunstâncias. Ele separa a prática consolidada da pedofilia daquilo que descreve como "súbitos impulsos sexuais dirigidos à criança quando elas estão sendo cuidadas ou observadas e que são simples episódios passageiros". Percebe-se que essa separação, de certo modo, alude à presença de um fundo universal, de algo inscrito no desenvolvimento psíquico que é da ordem do humano, de uma fantasia inconsciente organizadora de uma relação de objeto específica que exprime e revela uma questão central da identidade e da sexualidade do sujeito. É a existência deste fundo atuante no adulto que nos ajuda a compreender o "escape" súbito e transitório que nele pode se manifestar diante da atração sensual que a criança representa.

O que seria esse momento fundante a que estou aludindo, que leva ao desenvolvimento de uma estrutura no aparelho psíquico que se prefigura como latência ou disposição para o comportamento pedófilo?

Freud, já em 1910, no artigo sobre Leonardo (p. 126), nos fornece a pista. Falando da infância e contestando que esse período seja um *continuum* de bem-aventurança, ele a descreve afirmando que

"ao contrário [as crianças], são aguilhoadas ao longo dos anos de infância pelo desejo de se tornarem grandes e fazer o que os adultos fazem. Este desejo é motivo de todas suas brincadeiras. Sempre [...] que as crianças sentem no curso de suas pesquisas sexuais [...] que há algo maravilhoso de que os adultos são capazes mas que elas são proibidas de saber e fazer, elas são invadidas por uma vontade violenta de serem capazes de fazê-lo [...]".

Esta breve e densa observação de Freud já aponta para os elementos que vão compor a estrutura cuja existência estamos propondo, básicos, potencialmente, para o desenvolvimento da pedofilia. Freud descreve uma conjuntura na qual as crianças são longamente aguilhoadas por um conjunto de desejos que, no entanto, convergem centripetamente para uma única meta: tornarem-se como os adultos e usufruírem de suas prerrogativas. Isto quer dizer que o desejo das crianças, sua pulsionalidade, é na verdade caudatário do contínuo reconhecimento que fazem da sua própria situação infantil, de uma diferença que é constantemente relembrada, de uma exclusão e interdição reiteradas.

O reconhecimento desse caráter infantil de sua existência, quando comparada com a do adulto, não configura para a criança uma mera distinção mas uma desigualdade tantalizadora ("elas são aguilhoadas"). Os adultos, como insiste Freud, são capazes de "algo maravilhoso" e às crianças não só esta capacidade é vedada mas também lhes é obstruído o conhecimento desse "algo", o que certamente as deixa confusas. O corolário dessa vicissitude é infundir na criança uma vontade "violenta" de realização, isto é, a diferença radical exacerba as manifestações da sexualidade infantil sem propiciar-lhes um desaguadouro.

A diferença mencionada e suas conseqüências são também abordadas no livro seminal de Donald Meltzer (1967a), *The Psychoanalytical Process*. Não há espaço aqui para mencionar o conjunto de idéias ali expostas; para o que nos interessa basta indicar que o autor assume que o processo analítico desenvolve-se como produto natural da estrutura da mente, ou melhor, ele espelha a organização e desenvolvimento dessa estrutura sendo por ela determinado. Isto implica dizer que este processo se desenrola seguindo uma seqüência essencial. É na descrição do terceiro momento dessa seqüência, que ele denomina "The Sorting of Zonal Confusions", que encontramos formulações que dão suporte à concepção da estrutura primária da pedofilia, cuja existência estamos postulando. Nesta etapa da evolução do processo analítico e da estrutura da mente, a criança, segundo Meltzer, já alcançou o significado da diferenciação entre *self* e objeto, conjuntamente com o de separação do objeto, isto é, ela é "forçada" a reconhecer sua dependência para com um objeto cujo controle lhe escapa. Mas é exatamente a apreensão desta al-

Trauma e pedofilia

261

teridade, de si mesmo como existente separado do provedor, que leva a criança a uma percepção agudizada e exacerbada de seu corpo e das sensações que ele produz. A criança pode agora ter a experiência de um corpo, seu corpo, auto-erotizável face a um outro corpo, o do adulto, cuja expressão erótica lhe escapa e que, no dizer de Freud, é conotada por "algo maravilhoso" e interdito.

A criança vive então um momento de excitação crescente (aguilhoada por seu corpo, poderíamos dizer, em paralelo a Freud) cuja distribuição é difusa e amorfa, procurando todo tipo de satisfação possível. A transferência, no processo analítico, espelhando a experiência do *self*, é inundada por uma excitação na qual as zonas eróticas são confundidas. A "vontade violenta" mencionada por Freud toma a forma de procura de contato corporal e de deleite sensual, de supervalorização da pele e de possessividade do objeto. Como o pano de fundo que estimula esta excitação é a percepção pela criança da diferença que separa a sua sexualidade (e sensualidade) da do adulto, ela vai colorir seu erotismo com um caráter exibicionista, sublinhando suas características superiores em detrimento às do adulto: sua pele é mais lisa e brilhante, suas curvas mais suaves, a ausência de pêlos mais atraente (o paciente descrito por Socarides [1959] diz explicitamente: "gosto da superfície lisa do corpo de meninos jovens [...] não gosto de pêlos [...] eles são feios"; o paciente analisado por Jean Arundale [1999] exprime uma rejeição completa do mundo adulto e suas características; um dos pacientes de Glasser [1988] diz que "um dos aspectos que achava atraente em meninos e meninas era sua falta de pêlos. Ele pensava que o pêlo era algo 'sujo', especialmente pêlo púbico").

Se o adulto, e o analista, mantêm na relação com a criança-paciente o primado da genitalização, isto é, remetem a criança às características infantis da sua sexualidade, esta tentará ainda outra forma de sedução: a afirmação de uma mutualidade idealizada, a formação de uma dupla fechada, de uma sociedade secreta onde se erradica a diferença entre os mundos adulto e infantil. Nas descrições de casos clínicos encontrados na literatura, é extremamente habitual a argumentação do pedófilo de que ele e a criança têm desejos e objetivos semelhantes e que, juntos, formam um par raro cuja beleza e bem-aventurança é impossível de ser compreendida pela hipocrisia do meio social que o condena. A erradicação da diferença geracional necessita de um *self* grandioso e de sua exaltação narcísica.

Penso que a estrutura pedófila, enquanto modelo possível de desenvolvimento, de escolha objetal, adquire nesse momento todo o seu potencial. Na maioria dos casos, a "resistência" do adulto ao assalto da criança abre caminho para a elaboração edipiana, para a dependência introjetiva com o objeto interno. Mas isso não impede a persistência de um fundo de ressentimento, de um resíduo ativo que continua alimentando as operações que, segundo a teorização exposta, são fundantes da estrutura pedófila: a idealização da sexualidade infantil e a borradura da diferença entre as gerações. A pedofilia atuada pode então ser compreendida como a necessidade incessante de pôr em prática essas operações, como a nostalgia de uma sensualidade que prometia apreender o mistério proposto pelo adulto, como a marca do desejo de um relacionamento específico, desde sempre frustrado.

É verdade que nem sempre o adulto resiste à criança e a pedofilia emerge então como a necessidade de reeditar e reconstituir este momento já vivido de triunfo, aquele em que a criança vitoriosa cooptou o adulto para ratificar a superioridade da sexualidade infantil. Schinaia resume com extrema precisão este projeto:

> "A pedofilia, pressupondo a mágica abolição das diferenças entre as gerações e negando o valor e a existência do papel e da função dos genitores, adere totalmente a um tipo de nicho de eterna juventude para o qual o mundo das relações é um nirvana infantil no qual o corpo e a beleza infantis se encontram idealizados e absolutizados, enquanto os corpos adultos simplesmente não existem nem como máquinas desejantes nem, ao menos, como objetos de desejo".

De Masi (1998), mencionado por Schinaia (2000), sustenta que "na base da pedofilia se situa um encontro traumático com o mundo do adulto que se elude e obriga a criança a criar uma nova ordem na organização da idade, do tempo, das relações. O futuro pedófilo [...] idealiza o mundo infantil e não aspira converter-se em adulto [...] que inconscientemente despreza".

Na verdade, há mais do que a negação da função dos genitores: Meltzer em seu livro *Sexual States of Mind* (1973) alude à presença, no mundo interno do perverso, de um estrangeiro que odeia a cena primitiva e a criatividade a ela inerente. É que a cena primitiva traz para o primeiro plano o "algo maravilhoso" mencionado por Freud, que a criança sente existir entre os pais, causadora não só de um sentimento de exclusão mas sobretudo de incapacidade. Sentindo-se humilhado e injustiçado, este estrangeiro-criança se empenha em atacar a união parental e se vale da atuação sexual para abolir a angústia depressiva e persecutória decorrentes desse ataque. A sexualização tem um duplo foco: infantilizar o adulto, tornando a sexualidade dele espe-

Trauma e pedofilia

cular à da criança, e retirá-lo da posição protetor-provedor que é a marca da diferença geracional.

Se compararmos e integrarmos nossas idéias com as de outros autores cuja filiação psicanalítica é diversa, como Glasser e Laplanche, veremos que é possível encontrar em suas teorizações a respeito da pedofilia elementos comuns, que convergem para alimentar um núcleo central provedor de sentido: a experiência inassimilável, não integrada ou elaborada, traumática, que a criança vive ao realizar a disparidade vigente entre sua sexualidade e a do adulto.

Glasser (1979), em seus estudos sobre a perversão sexual, propõe que é possível compreendê-la a partir do que ele chama de *"core complex"*. Trata-se de uma "ânsia bem estabelecida e profunda por uma proximidade intensa e muito íntima com outra pessoa, equivalente a uma 'fusão', a um estado de unidade, a uma união bem-aventurada". Esse estado almejado implica em "gratificação com segurança absoluta contra qualquer estado de privação" e uma "contenção confiável de qualquer sentimento destrutivo dirigido ao objeto". A eventual obtenção deste objetivo implica, entretanto, em um paradoxo: é que a proximidade intensa, a fusão, produz a perda permanente do *self*, um sentimento de inexistência em separado, uma experiência de ser tragado pelo objeto. A reação defensiva face à angústia de aniquilamento que esta fusão produz é o distanciar-se do objeto. Na verdade, estabelece-se uma dinâmica "em gangorra": desejo de fusão, pânico de aniquilamento, distanciamento, dor mental causada pelo isolamento, necessidade de contato com o objeto, de segurança e gratificação, que levam a uma re-aproximação extrema, com "fusão", recuo, novo distanciamento etc. Para Glasser, o perverso basicamente transforma "proximidade e intimidade em fusão, separação e independência em isolamento solitário". Ele cita algumas defesas que são construídas progressivamente para lidar com esta situação: reação agressiva intensa contra o objeto (mãe, casal parental), o que por sua vez provoca abandono e desamparo; ex-cisão do comportamento agressivo e sua projeção no objeto que se torna assim engolfante e intrusivo; internalização da agressão como deslocamento somático. E a defesa *princeps*: o uso generalizado da sexualização sob a forma de sadismo controlador do objeto. O todo, como vemos, exprime a impossibilidade de estabelecer uma dependência introjetiva com o casal parental interno que é substituída pelo ato sexual triunfante e aliviante.

É possível aproximar o *"core complex"* de Glasser à teorização já exposta, calcada em Meltzer (encontro da criança com seu próprio corpo erotizado, confronto com o corpo sexuado do adulto, excitação difusa, confusões zonais). Para fazê-lo, devemos atribuir o estímulo para a dialética fusão-afastamento que Glasser descreve à relutância da criança em conviver com o reconhecimento da diferença que a separa do adulto, ao seu movimento para obturar o espaço que assinala esta diferença. Glasser diz do pedófilo que, "em sua auto-imagem interior, ele nunca cresceu (marca registrada de toda desordem narcísica de personalidade). Consoante com isto, observamos que ele permanece engajado de modo intenso em suas relações infantis com os pais. É como se ele nunca tivesse atravessado a adolescência", e aqui podemos entender relações infantis como aquelas marcadas pela sensualidade e sedução já citadas. A ânsia por uma proximidade intensa revela não só o desejo de fusão com o objeto mas também a tentativa de arrastá-lo para uma relação horizontal, persuadindo-o simultaneamente da superioridade do prazer inerente à sexualidade infantil. Entretanto, a percepção final pela criança da sexualidade adulta, daquele "algo maravilhoso" — a genitalidade orgástica —, como situando-se inapelavelmente fora dela, de seu alcance, a obriga a abandonar a idealização da sexualidade infantil, marcada por seu caráter maníaco e narcísico. Aliás, este é um aspecto que é também acentuado por Anzieu (p. 134), que assinala a defasagem existente entre a rapidez do desenvolvimento psíquico da criança e sua lenta maturação biológica: se de um lado a criança pode representar para si e a seu modo toda uma sexualidade diversificada, por outro sua capacidade de realização é limitada e seu corpo acena para uma fruição que é por este mesmo corpo negada.

No pedófilo adulto a "interdição" dessa sexualidade infantil onipotente, que a criança viveu como humilhação e submissão, e que Glasser equipara à angústia de castração, aciona reativamente a defesa pedófila, que vai atribuir então à criança um amor idealizado — e, sobretudo, o poder erótico de que fora privada na infância. "É sua auto-imagem infantil idealizada, investida narcisicamente, que ele encontra em seu objeto infantil, sobre quem ele derrama um amor paternal idealizado".

O ato pedófilo reúne um conjunto complexo de cisões e deslocamentos: ele restitui, no adulto, o narcisismo da auto-imagem da criança desprezada, que agora se vinga da traição das expectativas sexuais não satisfeitas; ele ataca na criança a dependência e carência geradoras de angústia e sentimento de abandono e a excitação e privação de que foi vítima e que no adulto estão sendo agora ex-cindidas e projetadas. Ele provê esta criança de amor idealizado; ele encena a cooptação do casal-parental pelo modelo sexual infantil; ele sanciona o apagamento da diferença de gerações, assim como a sexualização como modo de alívio da angústia provocada pelo sentimento de inferioridade face à sexualidade adulta.

Trauma e pedofilia

Laplanche, descrevendo a relação pedófila por outro viés (1980, 1988), chama a atenção para o fato de que, "para a criança, de um ponto de vista quantitativo, é traumática uma contribuição externa que provoca uma excitação forte demais para que a criança possa ligá-la;[2] de um ponto de vista qualitativo, é traumática a inadequação existente entre a capacidade de elaboração da criança neste momento, a bateria intelectual que ela tem à sua disposição e o nível do problema que lhe é colocado". Lembremos que Freud, no artigo sobre Leonardo, chamou a atenção para o aspecto passivo de sua recordação, na qual a introdução da cauda da ave entre seus lábios é assimilada a um ato de *fellatio*. Para Laplanche a passividade da criança não deve ser compreendida a partir da ação intrusiva do adulto mas "pelos meios de que dispõe o pequeno ser humano para tentar controlar o que lhe vem do mundo [...] A passividade está toda inteira na inadequação [da criança] para simbolizar o que lhe ocorre [...] vindo da parte do outro".

Ora, o que provém do outro, como estamos sublinhando, é o assinalamento de uma diferença, que não é apenas vivida como dependência, mas transmutada em impotência e sonegação. A teorização de Laplanche aqui exposta evoca o artigo de Férenczi (1933), "The Confusion of Tongues between Adults and the Child". Férenczi, entretanto, descreve uma ação traumática concreta do adulto sobre a criança que resulta em uma imposição de sentido à sua sexualidade, já que este despeja sobre ela seus próprios impulsos recalcados. Ora, este "despejar" pode ser compreendido como resultante de uma identificação projetiva por meio da qual a criança sexualmente excitada e carente que existe no adulto é cindida e projetada no seu objeto. É por isto que Férenczi diz que o adulto interpreta a linguagem (amorosa) da criança como sendo a da paixão. De nossa parte, o que estamos enfatizando é o impacto vivido pela criança face à sua percepção da diferença entre as sexualidades. Mesmo que a criança, manobrando maniacamente, procure tornar-se ela própria a causa da turbulência que sente face ao adulto (como descreve Meltzer quando menciona as confusões zonais), é a própria existência da relação e da diferença que a impregna, a imputação que o adulto faz à criança de seu status infantil, que é impossível anular. O adulto, insiste Laplanche, dirige à criança mensagens que a questionam mas que ela não compreende e justamente o trabalho "do infantil" é respondê-las e dar-lhes sentido.[3] En-

---

[2] Por exemplo, como sugeri, a percepção confusa, pela criança, das características da sexualidade adulta, mencionadas por Freud.

[3] A descrição que Melanie Klein faz da criança face à cena primitiva, já em 1928, é

tretanto, como essas mensagens estimulam o sentimento de dependência, submissão e rejeição face a um adulto percebido como detector de poderes e prazeres secretos que lhe são sonegados, o sentido que vai ser construído pela criança é marcado por angústia persecutória, pela experiência de fracasso, de não existência, de abandono e, como aponta Green (1997), de raiva e humilhação.

A pedofilia atuada pelo adulto pode então ser compreendida como uma construção defensiva complexa cujo significado reativo abarca, de início, sua perplexidade vivida quando criança face à experiência disruptiva de sua própria sexualidade, a especificidade que esta adquiriu face à sexualidade do adulto, os antigos sentimentos de desamparo, dependência, raiva, humilhação daí decorrentes — construção defensiva que culmina na tentativa desesperada, na "vontade violenta" a que alude Freud, de reverter esse quadro. O comportamento pedófilo, como escreve Schinaia (2000), é portanto também uma forma de defesa da relação com um objeto percebido como inalcançável. A sexualização e a passagem ao ato emergem como tentativas de livrar-se de uma angústia primitiva e desestruturante inerente a esse quadro.

Esta defesa se organiza basicamente redirecionando a dialética de poder adulto-criança, valendo-se de mecanismos de ex-cisão e identificação projetiva.[4] Estes permitem ao pedófilo ter prazer com a criança e, ao mesmo tempo, viver este prazer como o triunfo da criança sobre o adulto. O paciente de Socarides dizia que precisava "fazer tudo que quisesse com a criança, controlá-la, dominá-la. Ele não a machucaria mas devia tê-la em seu poder". Percebe-se aqui, com clareza, que a criança-humilhada-impotente-no-adul-

---

extremamente ilustrativa, *como modelo*, da confusão que esta vive e da perplexidade da qual procura se livrar. Eis o que ela escreve: "Descobrimos que conseqüências importantes decorrem do fato de o ego ainda estar pouco desenvolvido quando é assaltado pelo início das tendências edipianas e a incipiente curiosidade sexual relacionada a elas. O bebê, cujo intelecto ainda não está bem desenvolvido, é exposto a uma avalanche de problemas e indagações. Um dos maiores sofrimentos que encontramos no inconsciente é que essas perguntas esmagadoras — que parecem ser apenas parcialmente conscientes e, mesmo quando são conscientes, ainda não podem ser expressas em palavras — permanecem sem resposta. [...] A sensação inicial de *não saber* está ligada a vários elementos. Ela se une à sensação de ser incapaz, impotente, que logo resulta da situação edipiana. A criança também sente essa frustração de forma mais aguda porque *não possui um conhecimento* claro sobre os processos sexuais. Em ambos os sexos, o complexo de castração é acentuado por essa sensação de ignorância" (pp. 217-8).

[4] Ao modo da teorização que Freud sugere para a compreensão da homossexualidade em Leonardo.

Trauma e pedofilia

to, é cindida, e seu lugar é tomado pela criança vitoriosa. O que é encenado no ato pedófilo é a sedução do adulto pela criança: ele é retirado da câmara nupcial e vai servir à sexualidade da criança que se torna o centro de seu desejo, de sua fascinação. Este adulto claramente está identificado com, ou melhor dizendo, "tomado" pela criança sedutora. Há, pois, sempre na atuação pedófila cisão e identificação projetiva: vítima e perpetrador são vividos pelo pedófilo como uma só pessoa, desdobrada e reunida no ato pedófilo. É isto que faz com que os pedófilos afirmem que as crianças que eles abordam estão cheias de desejos sexuais que eles satisfazem amorosamente: o que ele projeta na criança (Szwec, 1993) é a parte do *self* infantil capaz de fascinar o adulto e de demonstrar a superioridade da sua sexualidade. Ao passar ao ato, o pedófilo adere ao valor sexual proposto pela criança-no-adulto.

2. O DESENVOLVIMENTO DA REDE E A NEO-INSERÇÃO DA PEDOFILIA

Na apresentação deste trabalho, justificando meu interesse pelo tema, aludi à crescente visibilidade da pedofilia, obtida basicamente por meio de sua presença na rede, o que, a meu ver, visa forçar sua aceitação social tornando-a uma escolha sexual anódina, carente de patologia.

Pretendo mostrar nesta parte do trabalho de que modo os elementos intrínsecos à estrutura pedófila, já descrita, se valem da rede para manter e ampliar os aspectos defensivos que ela aciona.

É necessário, porém, delinear antes o que entendo por rede[5] e que aspectos de sua constituição são relevantes para a nossa discussão. A grande maioria dos conceitos aqui emitidos sobre ela provém de leitura de Castells (1998). Este autor sublinha que está em curso uma revolução tecnológica, cujo im-

---

[5] Para melhor compreender a noção de rede, que transcende amplamente a de internet, transcrevo a definição de Castells (1998a: 470-1): "Redes são estruturas abertas capazes de expandir de forma ilimitada, integrando novas [mensagens e conteúdos de comunicação] desde que compartilhem os códigos de comunicação (por exemplo, valores ou objetivos de desempenho). Uma estrutura social com base em redes é um sistema aberto altamente dinâmico, suscetível de inovação sem ameaças ao seu equilíbrio. Redes são instrumentos apropriados para a economia capitalista baseada na inovação, globalização e concentração descentralizada; para trabalho, trabalhadores e empresas voltadas para a flexibilidade e adaptabilidade, para uma cultura de desconstrução e reconstrução contínuas; para uma política destinada ao processamento instantâneo de novos valores e humores públicos; e para uma organização social que vise a suplantação do espaço e a aniquilação do tempo. A morfologia da rede é ainda uma fonte de drástica reorganização das relações de poder".

pacto todos sentimos, onipresente e infiltrante, centrada em tecnologias de informação que estão dando nova forma às bases matriciais da sociedade. O adjetivo "informacional", aposto a sociedade,

> "indica o atributo de uma forma específica de organização social na qual a geração, processamento e transmissão de informação, tornam-se fontes fundamentais de produtividade e poder devido a novas condições tecnológicas emergentes neste período histórico [...] Como o informacionalismo é baseado na tecnologia do conhecimento e informação, existe uma ligação especialmente próxima entre cultura e forças produtivas, entre espírito e matéria, no modo de desenvolvimento informacional. Disto se segue que devemos esperar a emergência de novas formas históricas de interação social, controle social e mudança social".

O autor prossegue afirmando que neste

> "período histórico caracterizado por ampla desestruturação de organizações, deslegitimização de instituições, enfraquecimento de movimentos sociais mais expressivos e expressões culturais efêmeras" [que é também] "um mundo de fluxos globais de riqueza, poder e imagens, a procura de identidade, coletiva ou individual, construída ou designada, torna-se a fonte principal de significado social [...] As pessoas, de modo crescente, organizam seu significado, não em torno do que fazem mas na base do que são, ou acreditam que são".

Esta identidade é definida por Castells como "o processo pelo qual um ator social se reconhece e constrói significado primariamente na base de um atributo cultural dado, ou conjunto de atributos, a ponto de excluir de uma referência mais ampla as outras estruturas sociais". Citando Alain Touraine, Castells escreve que em nossa sociedade industrial a "defesa do sujeito, de sua personalidade, na sua cultura, contra a lógica do aparato e do mercado, substitui a luta de classe". Assim, "os primeiros degraus históricos da sociedade informacional parecem se caracterizar pela premência da identidade como seu princípio organizador", premência esta que visa também "a afirmação de identidades excluídas como publicamente boas e politicamente importantes".

A pedofilia é certamente uma destas "identidades excluídas" que recentemente vem se apropriando da rede de modo agressivo e ostensivo. Através da rede os pedófilos trocam informações, reafirmam seus objetivos, divulgam suas idéias e ideais, intercambiam seus objetos de desejo, reivindicam liberdade de ação, constroem um elo social que reafirma a sua singularidade e criticam a forma de tratamento que recebem, classificada como discriminatória, pois, como observa Schinaia (2000), "o pedófilo está convencido dogmaticamente do acerto e da licicitude de suas inclinações" e considera injusta esta sociedade que o impede do "gozar plenamente da criança e à criança de gozar do amor do adulto". A presença da pedofilia na rede funciona então como denúncia de uma falsidade e subseqüente reparação por meio da publicação da verdade.

Penso que o uso que os pedófilos fazem da rede pode, *grosso modo*, ser distribuído em dois registros: no primeiro deles, a rede opera como instrumento que visa à integração e aceitação do pedófilo no meio social, agindo ainda como estímulo à vinculação e relacionamento entre seus seguidores, propiciando então, por meio dessa interação facilitada, que os laços assim construídos também constituam uma rede. Num segundo registro, a rede tem, digamos assim, uma "função psicoterápica" ainda que espúria, já que seu uso muitas vezes pode, através do gênero de contato que possibilita, funcionar como alternativa para a passagem ao ato.

A rede — o universo informacional — permite então que os pedófilos formem um conjunto relacional, propiciando um diálogo potencializador entre interlocutores aparentemente desconhecidos, distantes e anônimos. Digo *aparentemente* porque há um solo comum que os sustenta e aproxima: o próprio uso da rede, a consciência de si como usuários, estimulada pela necessidade de afirmação da identidade pedófila. A sociabilidade "virtual" que a rede possibilita, funcionando como um *meeting point*, desloca a experiência de exclusão e isolamento e serve como barreira protetora face à perseguição (interna e externa).

Através do uso da rede o pedófilo cria uma comunidade que tanto tem a função de acolher o seu discurso quanto de avaliá-lo. A própria continuidade de funcionamento da rede a transforma num espaço institucionalizado que confere à preferência sexual do pedófilo um status de escolha partilhada, caracterizando os que nele participam como uma minoria que reivindica direitos e prerrogativas. Desse modo, o uso e participação na rede terminam por adquirir uma dimensão política, ou de manobra política, cuja finalidade é dar credibilidade ao discurso psicológico do pedófilo e à sua ideologia, que, como já vimos, enaltecem os méritos de seu comportamento, a atração estética que impregna os sujeitos em relação, a complacência de ambas as partes e os benefícios resultantes.[6] A rede então, digamos, pela própria inércia de seu funcionamento, difunde e sustenta uma argumentação voltada para destruir o sentido inerente à diferença de gerações, diferença que constitui a base da experiência traumática vivida pelo pedófilo em sua infância.

A complexidade da situação pedófila e dos sentimentos que a caracterizam, basicamente o aspecto defensivo e sintomático de sua dinâmica, é assim abordada de modo reducionista. As mensagens informacionais que marcam a pedofilia na rede têm um caráter concreto e utilitário, de modo a fazer tábula rasa da assimetria presente na relação pedófila. Este procedimento visa impedir o contato com a dimensão traumática e dolorosa da pedofilia para fixá-la numa representação aproblemática, consolidada, como uma forma de existência não questionável. A globalização da pedofilia, via rede, a uniformiza retirando-lhe seu caráter dramático, ligado à história original do sujeito que, como já vimos, é marcada por uma situação traumática infantil cuja base é a inamovibilidade do adulto. Dela deriva uma experiência de impotência, transparência, inexistência, abandono. Ora, a rede vem justamente em auxílio a esta criança-no-adulto em estado de penúria, ou melhor, ao adulto que está primariamente identificado com ela. A rede possibilita ao pedófilo uma ampla gama de práticas através da manipulação dos elementos informacionais e a reificação contínua de seu objeto que, por sua natureza virtual, é, em princípio, intercambiável e complacente. Essa reificação opera por meio da oferta de respostas padronizadas, que negam a dimensão pessoal de sofrimento e oferecem uma solução de mercado, sugerindo ao pedófilo que o objeto de seu desejo, e a realização do mesmo, estão ali, alcançáveis, na condição de mercadoria disponível, midiática.

Mas é justamente essa condição de mercadoria, de valor de troca agregado, que incrementa o narcisismo de quem a possui. Exibida na rede, a criança atrai o olhar adulto mesmerizado pelo encanto e poder da sexualidade infantil: a criança-no-adulto sente-se agora cobiçada por mil olhos libidinosos que a contemplam conferindo-lhe o status de padrão erótico. Curiosamente, a rede então funciona como um terceiro que media o espaço da relação de objeto, atenuando a ferida narcísica infantil e, ao mesmo tempo, se não impedindo, ao menos retardando a passagem ao ato.

---

6 "Quero sublinhar que, quando um fenômeno tal como a pedofilia [...] passa do terreno privado e secreto da personalidade individual para adquirir formas quase coletivas [...] e se converte em mercado [...] é preciso preocupar-se porque o fenômeno corre o risco de adquirir conotações de epidemia social [...] [de] socializar a transgressão" (De Masi, 1998, mencionado por Schinaia, 2000).

Schinaia, em texto inédito enviado ao autor, pondera que a produção iconográfica, particularmente a pornográfica, presente na mídia, como a da rede, poderia agir indutivamente como um catalisador, organizando um cenário erótico interno onde antes havia apenas ilhas de sexualização, desorganizadas. Essa integração interna atua então como uma pressão, como procura de satisfação, via passagem ao ato; mas, ao mesmo tempo, é um dique face à perda da realidade que aconteceria na eventualidade de uma descompensação psicótica. Ele está enfatizando que o ato perverso, como sabemos da clínica, é muitas vezes uma defesa contra a desorganização psicótica e que a rede pode tornar-se um elemento do qual o *borderline* se vale para construir e atuar esta perversão defensiva. Schinaia, entretanto, logo a seguir no mesmo texto contra-argumenta, aproximando-se do que escrevemos acima. Ele diz: "a visão do vídeo com cenas de sexo pedófilo poderia pôr à margem a violência, controlar a possível passagem ao ato através do consumo *voyeuristicamente* passivo do sexo virtual".

Sabemos que o ato perverso, para obter satisfação, exige toda uma programação obsessiva, feita de passos que devem ser seguidos à exatidão, devendo o objeto submeter-se à execução de um roteiro minucioso que corresponda à realização da fantasia narcísica do sujeito — que nela trata o objeto como a mera extensão de seu desejo. A pedofilia, é claro, não foge a essa ritualização: a criança deve aceitar o adulto-pedófilo como benemérito, buscar sua proteção, excitar-se, deixar-se acalentar. Deve se comportar como a criança triste e renegada que vai agora ser resgatada. Quando descrevemos a estrutura de funcionamento do pedófilo e da atuação que ela organiza, sublinhamos o quanto ambas podem ser compreendidas como uma "vingança" da criança ultrajada, como um redirecionamento corretivo concreto da experiência traumática da sexualidade infantil. Fonagy, mencionado por Schinaia (2000), descreve o pedófilo como alguém que não pode recordar, elaborar, mas apenas "ser". A rede oferece ao pedófilo a possibilidade dessa encenação, pois o universo informacional funciona como um instrumento manipulável, ferramenta para uma re-encenação, agora vitoriosa, do que fora traumático. A repetição infindável de um cenário programável avaliza o desejo do pedófilo, e lhe dá uma figurabilidade de caráter "*readymade*", encaixável na forma comunicacional da rede. Desse modo, é bloqueado qualquer pensamento representativo e metafórico do acontecimento traumático, que é substituído por um mundo relacional "concreto" (ainda que virtual), fixado a uma solução repetitiva que se auto-sanciona. A rede universaliza e socializa o comportamento pedófilo transformando-o em encenação compartilhada.

Retroalimentando a pedofilia, a rede lhe confere nova amplitude expressiva, conjuntamente com uma extensão universalizante e um contato entre seguidores praticamente ilimitado. A pedofilia encontra assim seu nicho no amplo hedonismo contemporâneo do qual a rede é um dos instrumentos. É este hedonismo que, por meio de um *merchandising* contínuo, transforma a liberdade de fruição sexual e do individualismo que é sua base, conquistas centrais do movimento moderno ocidental, em um ruído de fundo que pressiona nossas vidas para aderirmos ao consumo liberal, à desregularização das barreiras sexuais. Ao mesmo tempo, para participar desse nicho, o pedófilo deve abrir-se à rede, revelar sua intimidade, colocar sua sexualidade na vitrina, pasteurizá-la, torná-la pura exterioridade, em suma: deserotizá-la. Mas é por essa via também que a rede oferece ao pedófilo uma oportunidade para a realização de um projeto de estabilidade relacional. Ele almeja ser reconhecido como praticante de uma neo-sexualidade pessoal e grupal, como membro de uma *fratria* cujos laços grupais visam o reconhecimento da sexualidade infantil como sendo toda a sexualidade (é o que aponta Schinaia ao escrever que o ato pedófilo pretende levar a criança à posição sexual adulta, um adulto em miniatura, borrando as diferenças, funções e prerrogativas geracionais).

A interatividade em rede possibilita ao pedófilo uma afirmação de individualidade, uma participação ainda que segmentada numa sexualidade universalizada. Ao tornar-se ser-de-rede ele se torna também ser-de-cultura, dessa cultura capaz de usar a seu favor o universo tecnológico e informacional e de adaptá-lo às suas necessidades. Assim, através da rede, as mensagens pedófilas se enredam — incluem-se enquanto rede — às outras mensagens ali presentes, a elas se integrando, utilizando os padrões comunicacionais que as caracterizam: fotos, filmes, músicas, mensagens proselitistas, divulgação de eventos, críticas, salas de encontro e bate-papo, anúncios, troca de informações, auxílio mútuo, enfim, participam do universo de possibilidades infinitas que a rede desenvolve e valoriza.

A conquista e sedução do objeto relutante, a capacidade de estimular o seu desejo, a sexualização infiltrante e intensa da relação, estão agora como que organizadas e "estabilizadas" pela rede e na rede. O pedófilo sente-se um participante das formas gerais de cultura que nela se exprimem. Através da rede a pedofilia encontra sua secularização.

Trauma e pedofilia

19.
ACASO, DESTINO, MEMÓRIA

Quando eu era bem criança, ia freqüentemente de trem noturno ao Rio de Janeiro, onde morava Esther, minha jovem madrinha. Zelosa de seu papel, ela insistia com meus pais para que eu passasse com ela longas temporadas. "Tia" Raquel e "tio" Hyman, de quem era filha, possuíam um casarão em Copacabana. O térreo de sua fachada era composto por um terraço estreito, revestido de pedras rústicas, que ficava muito próximo à rua. Esse terraço era quase todo ocupado por um sofá-balanço cujo assento era feito de fitas de aço multicores. Nele sentada, minha tia iniciava as compras do dia negociando com os vendedores ambulantes de peixe, de frutas e de legumes, que baixavam dos ombros seus balaios e os dispunham no chão da entrada. Mas a primeira a chegar era a carrocinha do leite, esperada pelas empregadas que corriam para encher as jarras a serem usadas no café-da-manhã. Já a varanda que dava para os fundos era bem mais ampla, correndo por toda a largura da casa, e nela ficavam dependuradas várias gaiolas com passarinhos. Era meu tio mesmo que, de manhã, alimentava os bichinhos e trocava o papel que as forrava. Depois, à guisa de instruir-me sobre hábitos alimentares saudáveis, quebrava dois ovos crus na ponta dos dentes e os fazia escorrer goela abaixo, mostrando seu muque fortalecido. Mais além dessa varanda se estendia um pequeno pomar: Leonel, o motorista, usava para colher as frutas uma vara comprida em cuja ponta amarrara uma tesoura de mola, um barbante e uma cestinha; manobrando com astúcia, cortava os talos das mangas e, amparando-as delicadamente, as fazia cair na caçapa. Depois a festa era conosco.

Era uma gente abastada, generosa, rodeada de empregados e agregados, que ali permaneceriam por anos, e que me envolveu em uma atmosfera de carinho e afeição. Ademais, única criança da casa, eu merecia a atenção continuada de todos.

Tomávamos o trem — chamava-se "Cruzeiro do Sul" — na Estação do Norte e ocupávamos uma cabine com dois leitos. O adulto que me acompanhava explicava o trabalho do chefe da estação apontando como ele inspecionava as rodas dos vagões com uma lanterna de acetileno e as testava, nelas batendo com um martelo de ferro. Às dez da noite ele se perfilava, dava um longo apito, o trem respondia, tocava o sino e começava a se mover. O sono vinha fácil.

Foi então que, numa dessas viagens — eu devia ter pouco mais de três anos —, antes de chegar ao Rio, já de manhã, o trem parou numa pequena estação quase deserta. Aproximei-me da janela e vi na plataforma dois meninos um pouco mais velhos do que eu. Estavam descalços, vestiam uma roupa gasta e escura, pareciam sujos, pobres, mal cuidados. Permaneceram em silêncio, imóveis, alçando para mim olhares fixos, intensos e por demais tristes. Separado dos garotos pelo vidro da janela, fiquei a olhá-los de dentro da cabine durante um tempo indefinido, tomado por um sentimento de impotência, um peso depressivo, uma dor debaixo da unha. Quando o trem partiu, senti, sem compreender bem, que minha vida havia mudado profundamente.

O vagar da memória produz evocações, no mais das vezes associativas, que trazem à mente situações diversas e dispersas. Procuramos encadeá-las de modo a firmar e confirmar nosso eixo identitário, criando uma trajetória biográfica que possa ser abordada "em perspectiva". Nela apoiados, falamos de nós mesmos ao interlocutor do momento — eventualmente, nossos próprios botões. Entretanto, o que penso abordar aqui não é o eventual fluxo de reminiscências, o despertar de recordações iniciado por alguma percepção ou circunstância aparentemente fortuita, que nos dirige para uma experiência afetiva singular (o circuito podendo, é claro, ocorrer no sentido inverso: é quando uma experiência desse gênero faz aflorar toda uma corrente de evocações). O campo de meu interesse é outro: nos últimos anos foi surgindo em mim uma crescente curiosidade sobre as lembranças de acontecimentos que as pessoas consideram determinantes no encaminhamento do sentido de suas vidas. A reflexão se iniciou a partir de uma atenção mais concentrada no evento que acabei de descrever, por mim considerado um divisor de águas, um marco que acabou por determinar a forma como passei a conceber as relações humanas.

O que me atrai, então, é a lembrança retida, como um registro disponível à consciência, evocável, ao qual o sujeito atribui, sem hesitação, um valor fundante na determinação de seu destino.

O que lhe dá peso não é tanto o efeito traumático — eventualmente presente —, mas a crença pessoal assentada com firmeza, isto é, sem nenhum traço de ilusão, de que aquela experiência pontual despertou uma compreensão interna, uma descoberta intuitiva que, olhada em retrospecto, organizou a sua visão de mundo. Quando evocada, a recordação sempre confirma a carga reveladora e transformadora que motivou sua inscrição. É o que me leva a afirmar que ali, naquela estação de subúrbio, revelaram-se para mim a injustiça social, e o desamparo e a desesperança que ela causava. Percebi que eu devia apenas ao acaso ter sido colocado do lado protegido da barreira. Nenhum mérito próprio justificava as benesses que eu usufruía; fora o destino cego, e não algum valor pessoal, que me colocara dentro do trem, e aos meninos, na plataforma da estação. Era preciso corrigir isso; era necessário organizar um mundo que desse as mesmas oportunidades a todas as crianças. Então, aí sim, os mais dotados e capazes ocupariam os lugares que lhe eram devidos. Foi assim, amparada nesse projeto, que a melancolia nascente refluiu e cedeu lugar à construção de um ideal de ego.

Fosse essa a fala de um paciente numa sessão, eu certamente afiaria a minha escuta. É que o narrador parece empenhado em "convencer" o interlocutor, ordenando seu discurso de forma racional, concatenada, assertiva, detalhista, conferindo-lhe uma continuidade que parece obstruir qualquer escape inconsciente. Por outro lado, o material se apresenta como um relato claramente desdobrado em dois tempos: no primeiro se descreve uma felicidade fluida, um paraíso habitado; já o segundo é um corte que desestabiliza e contextualiza o primeiro.

Assim, malgrado o tom sincero com que é contado, uma aura de artificialidade parece envolver e impregnar o conteúdo da história do paciente, provocando no analista uma sensação de desconforto: de um lado, ele experimenta uma certa empatia em face da situação vivida pelo narrador; de outro, ele desconfia dessa atração e do foco algo estreito que lhe é oferecido para pensar. Um campo com esse tipo de configuração, e a ambivalência dela decorrente, podem levá-lo a pensar que sua atenção está sendo atraída para uma cena cuja finalidade é encobrir outra, que o paciente não pode ou não consegue revelar. Ele estaria então diante de uma recordação encobridora, verdadeira "ilha isolada" de lembrança, como a chamam tanto Greenacre (1949) como Castelnuovo (1978), e que indica a presença de uma experiência afetiva inassimilada "no continente perdido da experiência infantil" (Greenacre, 1949: 73).

Freud (1889), ao estudar o tema, vê na recordação encobridora mais do que uma ilha: há aí um momento imobilizado de vida. Para ele, sua construção se faz retroativamente, a partir de uma necessidade provocada pelo presente. Assim, Freud escreve:

"Nossas memórias de infância nos mostram nossos anos iniciais não como eles foram, mas como pareceram em períodos posteriores, quando as memórias foram despertadas. Nestes períodos de surgimento, as memórias de infância não emergem, como as pessoas costumam dizer, elas são formadas nesse momento. E um número de motivos, sem relação com a exatidão histórica, tem uma parte na sua formação, assim como na seleção das próprias memórias" (Freud, 1889/1962: 322).

Aparece já aqui a menção a "um número de motivos" alheios "à exatidão histórica" que põe em dúvida a veracidade do que é lembrado e, portanto, de nossa crença no que é evocado. Freud pensa que essa auto-ilusão segue a mesma dinâmica do sintoma; o paciente procura um substituto, usado como compromisso, para ocupar o lugar da lembrança perturbadora:

"O resultado do conflito é, portanto, que, no lugar da imagem mnêmica que se justificaria pelo acontecimento original, é produzida uma outra em algum grau deslocada associativamente pela anterior. E, uma vez que os elementos da experiência que provocaram a objeção foram precisamente os importantes, à memória substitutiva necessariamente faltarão aqueles elementos importantes e, em conseqüência, muito provavelmente nos dará a impressão de ser trivial. Ela parecerá incompreensível para nós porque somos propensos a procurar a razão de sua retenção no seu próprio conteúdo enquanto, de fato, a retenção é devida à relação existente entre seu conteúdo e um outro, diferente, que foi suprimido" (Freud, 1889/1962: 307).

É fácil perceber, contudo, que meu relato não se encaixa com facilidade no conceito freudiano de recordação encobridora nem na descrição que dela faz habitualmente a literatura sobre o tema. Esta a representa formada por imagens intensas, luminosas, distintas, recortadas; o narrador que as presencia se comporta como um observador desengajado. E, como Freud assinala, em contraste com a força desse impacto visual o conteúdo é inócuo, trivial, incongruência que por si mesma já apontaria para a existência de uma distorção.

Ora, no meu caso a eventual deflexão de foco não ocorre sobre um fato familiar ou inexpressivo. Pelo contrário: ela investe uma cena dramática, flagrando um momento de miséria e depressão que emana da postura dos meninos, captados como pequenos personagens de um romance de Dickens. A escolha de uma cena tão perturbadora faz pensar que talvez, menos do que evitar o intolerável, eu estivesse procurando uma alternativa para experimentá-lo e exprimi-lo, ocultando, porém, a origem do meu sofrimento.

A bem dizer, a intuição de que minha tão contundente e iniciática experiência infantil pudesse abrigar uma intenção segunda só me ocorreu tardiamente, já adulto, quando o relato do episódio parecia estabilizado e comodamente incluído no rol de meus mitos pessoais. A mudança foi estimulada pela leitura de um momento da autobiografia de Joaquim Nabuco (que abordo em seguida) e se consolidou com o convívio mais próximo junto à minha mãe, nos últimos anos de sua vida, do qual falarei mais adiante.

Em *Minha formação*, Nabuco (1900) nos fala, de modo reflexivo, como um intelectual, sobre os pensadores que o influenciaram e ajudaram a definir suas escolhas políticas, sobre os conflitos ideológicos que viveu; sobre as viagens que fez, sobre os personagens que encontrou, sobre suas ambições e frustrações. Em contraste, o capítulo XX, mais confessional, denominado "Massangana", narra um acontecimento crucial de sua infância e os desdobramentos que a ele se seguiram. O título faz menção ao nome do engenho de sua madrinha, em Pernambuco, com quem vivera os primeiros oito anos de sua vida, já que sua família permanecera no Rio de Janeiro.

Nabuco inicia a narrativa com uma reflexão sobre o papel que a infância desempenha na definição da personalidade do sujeito, verdadeira teoria psicanalítica *avant-la-lettre*:

> "O traço todo da vida é para muitos um desenho da criança esquecido pelo homem, e ao qual este terá sempre que se cingir sem o saber [...] Os primeiros oito anos da vida foram assim, com certo sentido, os de minha formação instintiva, ou moral, definitiva... [...] só eles conservam a nossa primeira sensibilidade apagada... Eles são, por assim dizer, as cordas soltas, mas ainda vibrantes, de um instrumento que não existe mais em nós. [...] Meus moldes de idéias e de sentimentos datam quase todos desta época".

Em seguida, ele passa a descrever o ambiente protegido, poético e acolhedor do engenho:

> "Na planície estendiam-se os canaviais cortados pela alameda tortuosa de antigos ingás carregados de musgos e cipós, que sombreavam de lado a lado o pequeno rio Ipojuca [...] Durante o dia, pelos grandes calores, dormia-se a sesta, respirando o aroma, espalhado por toda a parte, das grandes tachas em que cozia o mel. O

declinar do sol era deslumbrante, pedaços inteiros da planície transformavam-se em uma poeira de ouro; a boca da noite, hora das boninas e dos bacuraus, era agradável e balsâmica, depois o silêncio dos céus estrelados, majestoso e profundo".

O lugar na verdade pode ser compreendido como a extensão e a representação do carinho que sua madrinha lhe dedicava e que ele retribuía:

"Fiz, há pouco, menção de minha madrinha... Das recordações da infância a que eclipsa todas as outras e a mais cara de todas é o amor que tive por aquela que me criou até os meus oito anos como seu filho... Sua imagem, ou sua sombra, desenhou-se por tal modo em minha memória, que eu a poderia fixar se tivesse o menor talento de pintor...".

É nesse ambiente idílico que ocorre o incidente perturbador que vai marcá-lo:

"Eu estava uma tarde sentado no patamar da escada exterior da casa, quando vejo precipitar-se para mim um jovem negro desconhecido, de cerca de dezoito anos, o qual se abraça aos meus pés suplicando-me, pelo amor de Deus, que o fizesse comprar por minha madrinha, para me servir. Ele vinha das vizinhanças, procurando mudar de senhor, porque o dele, dizia-me, o castigava, e ele tinha fugido com risco de vida... Foi este o traço inesperado que me fez descobrir a natureza da instituição, com a qual eu vivera até então familiarmente, sem suspeitar a dor que ela ocultava".

A instituição que ele descobre é a escravatura que seu olhar havia naturalizado. Inesperadamente ela se desvela — dor oculta que fora até então — ali, no patamar da escada. Essa revelação se transmuta de imediato em força moral, em embrião de um empenho missionário:

"[...] a escravidão para mim cabe toda [nesse] quadro inesquecido da infância, em uma primeira impressão, que decidiu, estou certo, do emprego ulterior de minha vida. [...] Assim eu combati a escravidão com todas as minhas forças, repeli-a com toda a minha consciência, como a deformação utilitária da criatura [...]".

Não foi à toa que o texto de Nabuco prendeu minha atenção, já que, de certa forma, ele espelhava minha própria experiência. Ambos acabamos por conceber, em retrospecto, a infância como o território de vivências fundantes, decisórias. Cada um de nós vivia imerso num universo protegido, impregnado de uma beleza tranqüila, desatentos à tensão presente na vida social que nos envolvia. Fomos, os dois, despertados desse alheamento pelo confronto abrupto com uma realidade inescapável, impregnada de inquietante estranheza, criadora de uma angústia desconhecida cuja resolução vai se alcançar através da promessa elevada de travar o bom combate.

O evidente paralelismo entre as duas experiências deve, pois, ter desaguado na minha identificação com o que Nabuco vivera. Mas até aqui nada existe que levante a suspeita de estarmos diante de uma recordação encobridora. A luz virá na continuação do relato do líder abolicionista, quando ele evoca outra experiência dolorosa, criadora de uma perspectiva inteiramente nova para entendermos o que lhe ocorrera:

> "A noite da morte de minha madrinha é a cortina preta que separa do resto de minha vida a cena de minha infância. Eu não imaginava nada, dormia no meu quarto com a minha velha ama, quando ladainhas entrecortadas de soluços me acordaram e me comunicaram o terror de toda a casa. No corredor, moradores, libertos, os escravos, ajoelhados, rezavam, choravam, lastimavam-se em gritos; era [...] uma cena de naufrágio; todo esse pequeno mundo, tal qual se havia formado durante duas ou três gerações em torno daquele centro, não existia mais depois dela: seu último suspiro o tinha feito quebrar-se em pedaços".

Nabuco já escrevera que a madrinha o tratava de "filhinho" e que ela vinha acumulando um pecúlio — "[...] parte das suas sobras em moedas de ouro que ela guardava, sem que ninguém soubesse" — que lhe seria oferecido quando fosse adulto. Ele conta também que "os velhos servidores [...] me reputavam o herdeiro presuntivo do pequeno domínio de que faziam parte". Com a morte da madrinha, todas essas expectativas se desmantelam. Não só "o tesouro acumulado parcela por parcela não veio a minhas mãos, nem teria podido vir por uma transmissão destituída das formas legais", como também, tal como os escravos, ele deve agora "mudar de senhor", trocar a "velha santa" que o havia perfilhado "para as mãos de uma família até então estranha".

Acaso, destino, memória

"Eu também tinha que partir de Massangana, deixado por minha madrinha a outro herdeiro, seu sobrinho e vizinho; a mim ela deixava um outro de seus engenhos, que estava de fogo morto, isto é, sem escravos para trabalhar... Ainda hoje vejo chegar, quase no dia seguinte à morte, os carros de bois do novo proprietário... Era a minha deposição... Eu tinha oito anos. Meu pai pouco tempo depois me mandava buscar [...]".

O texto é praticamente auto-explicativo. Nabuco dormia o sono dos inocentes e "não imaginava nada", tal como nada suspeitava sobre a escravidão. Ele então é desperto não só *pelo* "temor de toda a casa", mas *para* o temor figurado na perda da mãe-madrinha, na troca de família e na posição de deserdado. A emoção que o acomete necessita ser expressa em termos fortes: era "uma cena de naufrágio"; "era minha deposição".

Doze anos mais tarde — aos vinte, portanto —, Nabuco volta a Massangana. Visita a capelinha onde fora enterrada sua madrinha, observa a substituição do engenho pela usina, atravessa o cemitério dos escravos coberto de urtigas, é tomado por uma onda de reminiscências na qual evoca os negros pelos nomes e revela que:

"Foi assim que o problema moral da escravidão se desenhou pela primeira vez aos meus olhos em sua nitidez perfeita e com sua solução obrigatória".

Dali mesmo, entre os túmulos que considera sagrados, ele resolve:

"[...] formei a resolução de votar a minha vida, se assim me fosse dado, ao serviço da raça generosa entre todas que a desigualdade da sua condição enternecia em vez de azedar e, por sua doçura no sofrimento, emprestava até mesmo à opressão de que era vítima um reflexo de bondade...".

A redenção "do problema moral da escravidão" se confunde com a forma encontrada por Nabuco para elaborar sua própria destituição. A "solução obrigatória" está fundida com a necessidade de alcançar a própria alforria através da liberação dos cativos.

Na época, quando terminei a leitura do capítulo, um tanto desconcertado pelo elogio de Nabuco à passividade dos negros, fui assaltado — esse foi o sentimento — por uma lembrança que teve o significado de um *insight*.

Veio-me à memória que as idas ao Rio de Janeiro ocorreram justamente ao longo da gravidez de minha mãe e persistiram algum tempo após o nascimento de minha irmã. Agora a história de Nabuco se rebatia como que por extenso sobre a minha, esclarecendo a suposição que eu fizera de que havia um elemento de recordação encobridora na evocação da cena da estação. O fato é que eu fora destronado da posição de filho único e que as viagens visavam então propiciar descanso a minha mãe e deixar-lhe mais tempo para cuidar da recém-nascida. Eu estava sendo afastado de casa, meu lugar fora tomado por uma intrusa e nem sequer a perspectiva de encontrar minha madrinha aliviava o sentimento de exílio e exclusão. A visão dos meninos, plantados na estação, sem destino, era a representação viva do que se passava na minha alma. Dedicar-me a eles era uma maneira de restaurar seus direitos, encontrar alívio para meu sofrimento.

Resta falar agora da outra influência — o convívio mais estreito mantido com minha mãe no fim de sua vida —, relacionada com o interesse despertado em mim por esse gênero de lembrança.

A morte de meu pai, com quem fora casada por mais de cinqüenta anos, a afetou, como seria de esperar, profundamente, e em mais de uma maneira. Ela passara a vida sob suas asas, numa dependência extremada, e ao perdê-lo sentiu-se confusa, além de desamparada. Seu trabalho de luto apoiou-se na idealização do falecido e na esperança de segui-lo em breve. Como a primeira não se sustentasse e a segunda não se realizasse, ela aceitou, passo a passo, experimentar certa autonomia antes não vivida e retomar as relações e sobretudo as aflições — seu verdadeiro combustível — relativas à vida familiar (filhos, netos, bisnetos).

A reconquista dessa rotina e sua estabilidade abriram caminho para um novo conteúdo expressivo que, em crescendo, ocupou boa parte das suas falas nos dez anos que lhe restaram de vida. Minha mãe começou a evocar sempre que a oportunidade surgia — e não foram poucas as ocasiões propícias — as circunstâncias de sua partida de Drohobiz (a aldeia em que vivia na Polônia) rumo ao Brasil, para encontrar-se com o noivo e futuro esposo. O relato, pungente e atormentado, pouco variava: num dia em que a neve cobria as estradas, foram todos de trenó — pais, irmã, tios, primos — acompanhá-la à estação para tomar o trem que a levaria ao porto. Constante era a menção à frase de seu pai: "Com você vai junto nossa felicidade". A família morreu toda, pouco depois, no Holocausto, e com a viuvez, que veio a ocorrer cinco décadas mais tarde, descobriu-se uma sobrevivente. Creio que essa condição foi tornando cada vez mais patética a evocação da figura do pai na

Acaso, destino, memória

estação, acentuando o tom acusatório da frase que este lhe dissera no momento da partida. Então ela se lastimava: "Fui uma filha ingrata, abandonei-os; por que não os trouxe para o Brasil?".

Passou a sonhar todas as noites com Drohobiz, vendo com nitidez as ruas, as casas, os campos e, naturalmente, os pais e a irmã. À mesa, quando eu ia visitá-la, ela me contava esses sonhos, se surpreendia com os detalhes e elevava o tom auto-acusatório. A figura do marido antes tão exaltada (conseguira salvar a própria família do extermínio) foi ficando esmaecida e o proscênio foi então ocupado pela despedida e a culpa a ela atrelada. Depois de um certo tempo, acrescentou à cena da partida um novo episódio, que contava com intensa emoção. Quando o trem parou numa cidadezinha próxima, viu, surpresa, o pai subir no vagão e lhe entregar um candelabro votivo de prata, peça moderna, estilizada, que cairia bem no *décor* de um filme expressionista alemão.

Já gravemente doente, no hospital, voltou à carga com o mesmo empenho: não devia tê-los abandonado. Argumentei que ao deixá-los ela havia se reunido com meu pai e constituído uma bela família, de variada descendência, da qual poderia se orgulhar. Olhou-me nos olhos e foi peremptória: "Deveria ter ficado lá e morrido com eles".

A narrativa de minha mãe é persuasiva, mas em certo momento, sem perder essa característica, vai se tornar inconsistente. Não é crível que meu avô, com seu trenó, conseguisse alcançar o trem na estação seguinte. O adendo à história — uma recordação encobridora — não está ligado à ordem factual mas à necessidade de construir um cenário que fosse continente das emoções contraditórias que ela estava vivendo e que pudesse ser traduzido numa narrativa que as cimentasse coerentemente.

Penso que minha mãe ficou ressentida porque seu pai nada fez para retê-la. Ela ia se entregar a outro homem, num país distante, e ele parecia aceitar aquilo como se a separação e a partida subseqüente fossem um fato consumado. Mais ainda: talvez ela suspeitasse que o desejo dele fosse mesmo o de ficar a sós com a mãe e a irmã mais nova.

"Com você vai junto nossa felicidade..."; "Fui uma filha ingrata, abandonei-os, por que não os trouxe para o Brasil?"; "Deveria ter ficado lá e morrido com eles" são frases que podem muito bem ter como contraface: "Não suporto deixar você para minha mãe e minha irmã"; "Você me traiu, deixando que eu partisse para o Brasil"; "Teu dever era ficar ao meu lado e impedir que eu viajasse".

É essa dor edipiana que a impele a agregar um novo episódio à despedida, remanejando a seu favor, numa ilusão consentida, a trama que tanto a afetava. O que ela descreve é uma cena íntima: no vagão-alcova, num *tête-à-tête*, uma declaração de amor daquele pai que deixara para trás as outras mulheres. Dar-lhe o candelabro, em segredo, era entregar-lhe o cetro, era revelar-lhe o seu desejo que fosse ela a encarregada de acender as velas nas noites de *Shabbat*.

Desde sempre, em minhas recordações esse candelabro ocupa o centro da mesa, as cinco velas acesas em todas as celebrações da casa de meus pais. De algum jeito ele chegou às mãos de minha mãe. De alguma maneira a morte de meu pai permitiu que eu me aproximasse de sua história.

* * *

Numa conversa com colegas nossos, transcrita no livro *Conferências brasileiras* (Green, 1990), pediram a André Green que falasse sobre a questão da verdade material e da verdade histórica (esta última entendida como aquela que transpira do processo transferencial). Green discorre dizendo que, ao longo da obra de Freud, a psicanálise foi identificada com o levantamento da amnésia infantil e que a metáfora arqueológica permaneceu sempre muito presente em Freud. Essa metáfora implicaria na permanência íntegra da lembrança recalcada, que vai ser reencontrada pelo trabalho analítico tal qual havia sido perdida. Conforme esse modelo, o passado está constituído e o que a análise faz é descobri-lo. Já, prossegue ele, segundo uma outra concepção, a constituição do sujeito histórico na análise sucede à descoberta do passado: feita esta, é necessário construir este passado. A situação transferencial funciona como um modelo analógico, "de forma que uma lembrança se constitua retroativamente no passado". Não se trata de "desenterrar" (através do vínculo transferencial) uma lembrança, mas de: "recriar na atualidade da sessão as condições da constituição da lembrança" (Green, 1990: 128).

Penso que essas condições são formadas por uma confluência complexa, "um número de motivos sem relação com a exatidão histórica" (como escreve Freud), alimentadas pela organização do mundo interno do sujeito, cujo funcionamento, ao mesmo tempo que é influenciado pelo aporte factual, confere a este último um sentido único, vinculado à estrutura daquela organização.

É esta que escolhe e discrimina o objeto e/ou a situação que lhe dá a cobertura mais adequada para exprimir as questões que está enfrentando e que foram criadas pelo seu próprio funcionamento. Sem postular, por exemplo, a presença de um vínculo objetal marcado pelo desejo — meu, de Nabuco e de minha mãe — de manter a posse única do objeto primário e de controlá-lo, *e sem acompanhar o destino dado a esse desejo*, nossa compreensão careceria de uma dimensão metapsicológica.

Creio que o vínculo transferencial que estabeleci com o texto de Nabuco, foi, inicialmente, de natureza projetiva. O trabalho interpretativo que se seguiu permitiu o desvendamento de alguns componentes das "condições de constituição", vinculando-as basicamente a experiências afetivas infantis que permaneceram vivas, acessíveis, porém deslocadas para outro campo, que lhes deu uma forma de expressão produtiva.

Existe então uma dinâmica que orienta a escolha e a fixação de uma lembrança específica. As "condições de constituição da lembrança" devem implicar uma afinidade entre a atmosfera afetiva produzida pela trama das relações com os objetos internos (e desses entre si) e o evento que é flagrado para exprimi-la. Se, por um lado, é verdade que as relações com os objetos externos e os acontecimentos históricos nos impactam, criando uma memória afetiva que é determinante para a organização de nossa personalidade, por outro é também verdade que nós podemos infundir em objetos e acontecimentos (alguns dos quais, de outra maneira, pareceriam anódinos) uma carga afetiva peculiar que termina por lhes conferir uma relevância inesperada.

É justamente a essa forma particular de tratar o objeto que Meltzer (1988) dedica o terceiro capítulo do seu livro *The Apprehension of Beauty*, intitulando-o "On First Impressions". Ali ele procura entender a mecânica interna daqueles encontros em que ocorre, de modo subitâneo, uma abertura sem barreiras para o outro, o desejo de uma comunhão afetiva imediata, o amor à primeira vista. Ele se interroga sobre a natureza do impacto provocado pela presença de um estrangeiro que nos impele ao desvelamento quase instantâneo de nossa intimidade e ao estabelecimento de uma simpatia apaixonada (ou, também, de um ódio repentino e uma hostilidade impetuosa), situações todas que nos deixam nus e vulneráveis. Afinal, quais os critérios que orientam a varredura feita pelo mundo interno da pessoa quando a dispõe à experiência do *coup-de-foudre*?

À guisa de compreensão, Meltzer sugere tentativamente que

> "o inconsciente faz um sonho envolvendo a outra pessoa, o estrangeiro [...] nosso sonho primal de amor [...] no qual atribuímos ao estrangeiro o papel de protagonista e avaliamos sua adequação para o papel, do mesmo modo que o faz um diretor de teatro [...] Nossas mentes estão cheias de personagens à procura — não de um autor, já que nós mesmos o somos —, mas de atores que se encaixem nos papéis [...] Assim a transferência povoa a área íntima de nossas vidas" (Meltzer, 1988: 37-8).

Como se trata de um modelo assentado no "sonho" de amor com o objeto primário, o enredo decorrente será conotado pelas variantes do vínculo amoroso, o que em termos psicanalíticos se traduz basicamente pelos registros infantil e adulto. O primeiro vai espelhar a *impossibilidade* de aceitar a desilusão acarretada pela perda das expectativas oniscientes e onipotentes junto aos pais. Assistiremos, em decorrência, a um drama fixo que leva os atores à exaustão, impondo a substituição do elenco (ou, no pior dos casos, quando os atores são incansáveis, leva-os à repetição infindável da peça). Quando o registro é adulto, a perda da ilusão mencionada não desemboca na tentativa obsessiva de recuperá-la nem em acusações ressentidas ao "desentendimento" dos pais. Isso permite que se engajem novos atores para representar novos papéis em novas peças cujo enredo e montagem são a expressão das vicissitudes que a companhia enfrentou para manter-se produtiva.

Não terá escapado ao leitor o encadeamento que procuro estabelecer entre o contexto que cria as condições para a constituição de uma lembrança, a concepção desta como produto de uma relação transferencial imediata e fulgurante e as três experiências aqui narradas. Há uma correspondência acentuada entre o modo de Meltzer compreender o impacto produzido por certas impressões iniciais e a forma como as três pessoas evocam os acontecimentos por elas consideradas indutores de uma mudança radical em suas vidas. O escravo desesperado que precisa de um senhor confiável, os meninos cujos olhares pedintes e sofredores mesmerizam o meu, o pai lastimoso que deixa escapar seu queixume na estação, são todas *gestalten* que funcionam como atores a um só tempo escolhidos por se encaixarem às exigências do papel e conformados para o servirem.

Trata-se de continentes finamente elaborados que se oferecem à projeção atraindo e fixando o sofrimento. Se por um lado eles o revelam, por outro encobrem sua origem transferencial, permitindo que a pessoa se identifique com a dor que neles projetara. É essa identificação que vai balizar o projeto seminal de Nabuco e permitir a mim a elaboração de um distanciamento crítico ambivalente diante da onipresente ordem burguesa.

Se a Nabuco e a mim foi dada a possibilidade de organizar um projeto de vida a partir da "primeira impressão", minha mãe não teve a mesma sorte: a História tomou um curso que impediu qualquer encaminhamento nessa direção ao separar as duas partes de sua vida. Entretanto, sua ruminação tardia, na qual imaginava mil artimanhas retroativas para trazer os pais para o Brasil (viriam como turistas; entrariam furtivamente por alguma fronteira mal guardada; ficariam escondidos; com nosso jeitinho obteriam papéis...), testemunha seu desejo de voltar ao objeto para repará-lo e aliviar-lhe o sofrimento. Vista dessa maneira, a cena da entrega do candelabro ganha um significado complementar: o pai vem dizer-lhe que reconhece seus esforços para resgatá-los e que, por isso mesmo, continua a amá-la como sempre o fez.

Um dos riscos de publicar um texto como este — que abriga um tom confessional — é vê-lo tratado como psicobiografia. Por esse viés, as idiossincrasias pessoais e os fatos que delas emanam acabam abordados pelo prisma de uma psicologia explicativa, pronta para reduzir ideais a idealismo, fantasia a ilusão, e a conceber as versões aqui narradas como mera produção sintomática, já agora esclarecida por um raciocínio de causa-e-efeito: ao cabo, o que nos fica na mão são vidas sem poesia.

Gostaria de ter evitado essa armadilha e apostar que o foco de uma eventual discussão vai se concentrar na misteriosa elevação que está presente no encaminhamento que cada um tentou dar ao momento seminal de suas vidas.

REFERÊNCIAS BIBLIOGRÁFICAS

ABADI, Mauricio (1986). "Que es interpretar?", *Revista de Psicoanálisis*, vol. 43, n° 6.

_____ (1987). "Respuestas de Abadi a sus discutidores", *Revista de Psicoanálisis*, vol. 44, n° 3.

AHUMADA, L. Jorge (1998). "O papel do analista na era da imagem: problemáticas e desafios", *Boletim de Novidades*. São Paulo: Pulsional, janeiro.

ANZIEU, Didier (2000). "Découverte par Freud du traumatisme sexual précoce". In: *Psychanaliser*. Paris: Dunod.

ARAICO, J. R. (1992). "La escisión en el campo de la transferencia-contratransferencia en el análisis didáctica", *Revista Argentina de Psicoanálisis*, 49(2): 373-86.

ARANTES, Paulo Eduardo (1989). "Certidão de nascimento", *Novos Estudos CEBRAP*, n° 23, março.

ARAY, J. (1990). "Lo 'excepcional' en el análisis didáctico". Manuscrito.

ARUNDALE, Jean (1999). *Notes on a Case of Paedophilie in Psychoanalytic Psychotherapy in the Kleinian Tradition*. Stanley Rusczynski e Sue Johnson (orgs.). Londres: Karnac Books.

ASSIS, Machado de (1959a). *Memórias póstumas de Brás Cubas*. Obras completas, vol. I. Rio de Janeiro: Aguilar.

_____ (1959b). "As bodas de Luiz Duarte". Obras completas, vol. II. Rio de Janeiro: Aguilar.

AUCHINCLOSS, E.; MICHELS, R. (2001). "Uma reavaliação da educação psicanalítica: controvérsias e mudanças", 10ª Conferência de Analistas Didatas, França.

BACHARACH, Henry (1980). "Analysability: A Clinical Research Perspective", *Psychoanalysis Contemporary Thought*, 3(1): 85-116.

BACHARACH, Henry; LEAFF, Louis A. (1978). "Analysability: A Systematic Review of the Clinical and Quantitative Literature", *The Journal of The American Psychoanalitic Association (JAPA)*, 26(4): 881-920.

BADARACCO, Jorge E. Garcia (1986). "Identification and its Vicissitudes in the Psychoses. The Importance of the Concept of 'Maddening Object'", *International Journal of Psychoanalysis*, vol. 67, p. 133.

BALINT, M. (1948). "On the Psychoanalytic Training System", *International Journal of Psychoanalysis*, 29(3): 163-176.

BARALE, Francesco; FERRUTO, Anna (1997). "But is Paris Really Burning?", *International Journal of Psychoanalysis*, vol. 78, p. 373. (Tradução brasileira: *Revista Brasileira de Psicanálise*, 1996, 30(3): 571-78.)

Referências bibliográficas

BARANGER, W. (1969). "Interpretación e ideología: sobre la regla de abstención ideológica". In: W. BARANGER e M. BARANGER. *Problemas del campo psicoanalítico*. Buenos Aires: Kargieman.

_____ (1971). "Estatuto metapsicológico del objeto". In: *Posición y objeto en la obra de Melanie Klein*. Buenos Aires: Kargieman.

BARANGER, W.; BARANGER, M.; MOM, J. (1978). "Psicopatología del proceso didáctico", *Revista Argentina de Psicoanálisis*, 35(1): 181-90.

BARANGER, W.; MOM, J. (1966). "Síntesis general del tema material clínico", 6° Congresso Psicoanalítico Latino-Americano, Montevidéu. In: *Revista Uruguaya de Psicoanálisis*, 7(4): 347.

BARROS, Elias Rocha (1995). "The Problem of Originality and Imitation in Psychoanalytic Thought: A Case Study of Kleinian Thinking in Latin America", *International Journal of Psychoanalysis*, vol. 76, n° 4.

_____ (2000). "Affect and Pictographic Image: The Constitution of Meaning in Mental Life", *International Journal of Psychoanalysis*, vol. 81, p. 1.087.

_____. "En busca de una cierta crítica o repensando la Educación Psicanalítica". Conferência apresentada na APA. Manuscrito.

BELLAK, Leopold; MEYERS, Barnett (1975). "Ego Function Assessment and Analyzability", *International Review of Psychoanalysis*, 2(4): 413-27.

BENJAMIN, Walter (1959). "L'oeuvre d'art au temps de ses techniques de reproduction". In: *Oeuvres choisies*. Paris: Julliard.

BERNARDI, R. (2002). "The Need for True Controversies in Psychoanalysis", *International Journal of Psychoanalysis*, vol. 83, p. 851.

BERNARDI, R.; NIETO, M. (1992). "What Makes the Training Analysis 'Good Enough?'", *International Review of Psychoanalysis*, vol. 19, p. 137.

BERNFELD, S. (1962). "On Psychoanalytic Training", *Psychoanalytic Quarterly*, vol. 31, pp. 453-82.

BIANCHEDI, Elisabeth e col. (1984). "Beyond Freudian Metaspsychologycal Points of View of the Kleinian School", *International Journal of Psychoanalysis*, vol. 65, pp. 389-98.

_____ (1988). "Problemas epistemológicos en la obra de W. R. Bion", *Psicoanálisis*, vol. 10, n° 3, pp. 473-504.

BION, W. R. (1961). *Experiences in Groups*. Londres: Tavistock Publications.

_____ (1962a). "A Theory of Thinking". In: *Second Thoughts*. Londres: William Heinemann Medical Books, 1967.

_____ (1962b). "Chapter Twenty-Three [Selected Fact]". In: *Learning from Experience*. Londres: William Heinemann Medical Books, pp. 72-5.

_____ (1962c). *Learning from Experience*. Londres: William Heinemann.

BIRMAN, J.; NICEAS, C. A. (1982). "Constituição do campo transferencial e o lugar da interpretação psicanalítica". In: *Transferência e interpretação*. Rio de Janeiro: Campus.

BLEGER, J. "Psicoanálisis del encuadre". In: *Simbiosis y ambiguidad*. Buenos Aires: Paidós, s/d.

BRITTON, R. (1966). "In Favour of Training Analysis and Training Analysts". Manuscrito.

CANDIDO, Antonio (1976). "Literatura e cultura de 1900 a 1945". In: *Literatura e sociedade*. São Paulo: Companhia Editora Nacional.

_____ (1987a). "Literatura e subdesenvolvimento". In: *A educação pela noite e outros ensaios*. São Paulo: Ática.

_____ (1987b). "O ato crítico". In: *A educação pela noite e outros ensaios*. São Paulo: Ática.

CAPER, R. (1999). "On Alpha Function". In: *A Mind of One's Own*. Londres/Nova York: Routledge.

CASTELLS, Manuel (1998a). *The Rise of the Network Society*. Cambridge (MA): Blackwell Publishers.

_____ (1998b). *O poder da identidade*. São Paulo: Paz e Terra, 2000.

CASTELNUOVO-TEDESCO, P. (1978). "The Mind as Stage: Some Comments on Reminiscence and Internal Objects". *International Journal of Psychoanalysis*, vol. 59, pp. 19-26.

CATALAN, Carlos (1996). "La televisión: el éxtasis del presente", *Revista Universitaria*, n° 53, Tercera Entrega. Santiago do Chile: Pontificia Universidad Católica de Chile.

CHASSEGUET-SMIRGEL, J. (1981). "Loss of Reality in Perversions — with Special Reference to Fetishism", *JAPA*, vol. 29, pp. 511-34.

CHAUI, Marilena (1980). "Ideologias autoritárias e filosofia". Palestra pronunciada na 32ª Reunião da Sociedade Brasileira para o Progresso da Ciência (SBPC). Rio de Janeiro. Manuscrito.

COSTA, Jurandir Freyre (1986). *Violência e psicanálise*. Rio de Janeiro: Graal, 2ª ed.

_____. Entrevista do psicanalista ao diretor Walter Salles, "Mais!", *Folha de S. Paulo*, 29/3/1998.

CRUZ, Juarez Guedes (1995). "Sonho e percepção estética", *Revista Brasileira de Psicanálise*, vol. 24, n° 1.

DEBORD, Guy (1987). *The Society of the Spectacle*. Londres: Rebel Press/Aim Publications.

DELGADO, A. G. (1991). "Del análisis terapéutica al análisis didáctica, una exigencia para la transmisión psicoanalítica". In: Moisés LEMLIJ (org.). *El múltiplo interés del psicoanálisis — 77 años después*. Lima: Biblioteca Peruana de Psicoanálisis.

DE MASI, F. (1998). "Il mondo del pedófilo", *Famiglia Oggi*, n° 12, pp. 20-7.

DIATKINE, R. (1969). "Indications and Contraindications for Psychoanalytical Treatment", *International Journal of Psychoanalysis*, vol. 49, p. 266.

Einaudi Enciclopédia. "Fetiche". Versão portuguesa, Imprensa Nacional, n° 3, p. 361.

ERLE, Joan B. (1979). "An Approach to the Study of Analyzability and Analysis: the Course of Forty Consecutive Cases Selected for Supervised Analysis", *Psychoanalytic Quarterly*, vol. 48, pp. 198-288.

ETCHEGOYEN, R. H. (1983). "Fifty Years After the Mutative Interpretation", *International Journal of Psychoanalysis*, vol. 64, p. 445.

FAINBLUN, E.; GOIJMAN, L.; MILMANIENE, J. E.; RESNICOFF, B. (1987). Discussão do artigo "Que es interpretar?", de ABADI (1986), *Revista de Psicoanálisis*, vol. 44, n° 3.

Referências bibliográficas

FÉDIDA, P. (1978). "D'une essentielle dissymétrie dans la psychanalyse". In: *L'absence*. Paris: Gallimard.

_____. (1986). "Introdução a uma metapsicologia da contratransferência", *Revista Brasileira de Psicanálise*, vol. 20, p. 613.

FENICHEL, Otto (1964). *Teoria psicoanalítica de las neurosis*. Buenos Aires: Paidós.

FÉRENCZI, Sandor (1933). "Confusion of Tongues between Adults and the Child". In: *Final Contributions to the Problems and Methods of Psychanalysis*. Londres: Maresfield Reprints, 1980.

FERRO, A. (1995). *A técnica na psicanálise infantil*. Rio de Janeiro: Imago.

_____ (1997). *Na sala de análise*. Rio de Janeiro: Imago.

_____ (2000). *A psicanálise como literatura e terapia*. Rio de Janeiro: Imago.

_____. "L'aprés-coup et la cigogne: champs analytique et pensée onirique". Conferência, Paris, 2000.

_____. "De la tyrannie du surmoi à la democratie des affects: le transit transformatif dans l'appareil psychique de l'analyste". Conferência, Paris, 2000.

_____. "Pensamento onírico e narração". Conferência, Ribeirão Preto. In: FRANÇA, Maria Olympia de A. F. e PETRICCIANI, Marta (orgs.) (2003).

_____. "Cultura de *rêverie* e cultura de evacuação". Conferência, Campinas, s/d.

FIGUEIREDO, Luiz Cláudio (1998). "O apelo ao pai e o pai como apelo no Brasil contemporâneo", *Percurso*, ano XI, nº 21.

FRANÇA, Maria Olympia de A. F.; PETRICCIANI, Marta (orgs.) (1998). *Antonino Ferro em São Paulo*. São Paulo: Sociedade Brasileira de Psicanálise de São Paulo.

_____ (2003). *O pensamento clínico de Antonino Ferro: conferências e seminários em Ribeirão Preto e São Paulo*. São Paulo: Casa do Psicólogo.

FREUD, S. (1895). *Studies on Hysteria*. Standard Edition, vol. II. Londres: Hogarth Press.

_____ (1900). *The Interpretation of Dreams*. Standard Edition, vols. IV e V. Londres: Hogarth Press.

_____ (1904a). "Freud's Psychoanalytic Procedure". In: *A Case of Hysteria*. Standard Edition, vol. VII. Londres: Hogarth Press.

_____ (1904b). "On Psychotherapy". In: *A Case of Hysteria*. Standard Edition, vol. VII. Londres: Hogarth Press.

_____ (1905). "Fragment of an Analysis of a Case of Hysteria". In: *A Case of Hysteria*. Standard Edition, vol. VII. Londres: Hogarth Press.

_____ (1910). "Leonardo da Vinci and a Memory of his Childhood". In: *Five Lectures on Psychoanalysis, Leonardo da Vinci and Other Works*. Standard Edition, vol. XI. Londres: Hogarth Press.

_____ (1914). "Remembering, Repeating and Working-Through". In: *The Case of Schreber, Papers on Technique and Other Works*. Standard Edition, vol. XII. Londres: Hogarth Press.

_____ (1915). "Instincts and their Vicissitudes". In: *On the History of the Psychoanalytic Movement*. Standard Edition, vol. XIV, p. 117. Londres: Hogarth Press.

_____ (1916/1917). *Introductory Lectures on Psychoanalysis*. Standard Edition, vol. XVI. Londres: Hogarth Press.

_____ (1918). "From the History of an Infantile Neurosis". In: *An Infantile Neurosis and Other Works*. Standard Edition, vol. XVII. Londres: Hogarth Press.

_____ (1924a). "Neurosis and Psychosis". In: *The Ego and the Id and Other Works*. Standard Edition, vol. XIX. Londres: Hogarth Press.

_____ (1924b). "The Resolution of the Oedipus Complex". In: *The Ego and the Id and Other Works*. Standard Edition, vol. XIX. Londres: Hogarth Press.

_____ (1927). "Fetishism". In: *The Future of an Illusion, Civilization and its Discontents, and Other Works*. Standard Edition, vol. XXI. Londres: Hogarth Press, p. 149.

_____ (1937). "Analysis Terminable and Interminable". In: *Moses and Monotheism, an Outline of Psychoanalysis and Other Works*. Standard Edition, vol. XXIII. Londres: Hogarth Press.

_____ (1938, 1950). "The Problem of Training Analysis". In: *The Writings of Anna Freud: Indication for Child Analysis and Other Papers (1945-1956)*, vol. IV. Nova York: International Universities Press.

FREUD, S.; BREUER, J. (1889). *Screen Memories*. Standard Edition, vol. III. Londres: Hogarth Press, 1962, pp. 303-22.

FUCKS, Mario Pablo (1998). "Vicissitudes da subjetivação: *Central do Brasil*", *Percurso*, ano XI, n° 21.

GÁLVEZ, M. J. (2002). "Notas sobre aspectos actuales de la transmisión del psicoanálisis". Apresentado no XXIV Congresso Latino-Americano de Psicoanálisis, Montevidéu, 2002. (Edição brasileira: "Notas sobre aspectos atuais da transmissão da psicanálise", *Revista Brasileira de Psicanálise*, 2002, 36(3): 679-702.)

GARZA-GUERRERO (2002). "The Crisis in Psychoanalysis: What Crisis are We Talking About?", *International Journal of Psychoanalysis*, vol. 83, pp. 57-83.

GIOVANETTI, M. F. (1991). "O divã e a medusa", *Ide*, n° 21.

GITELSON, M. (1954). "Therapeutic Problems in Analysis of the 'Normal' Candidate", *International Journal of Psychoanalysis*, XXXV, pp. 174-83. *Apud*: D. KAYRIS (1964). "The Training Analysis. A Critical Review of the Literature and a Controversial Proposal", *Psychoanalytic Quarterly*, vol. 33.

GLASSER, Marvin (1974). *Some Aspects of the Role of Agression in the Perversions in Sexual Deviation*. Oxford: Edited by Ismond Rosen, Oxford University Press.

GOMBEROFF, M. (1998). "Psychodynamic Aspects of Paedophilia", *Psychoanalytic Psychotherapy*, 3(2): 121-35.

_____ (2002). "Crisis y análisis didáctico". Apresentado no XIX Pré-Congresso Didáctico, I Pré-Congresso de Institutos (Fepal). Montevidéu.

GREENACRE, P. (1949). "A Contribution to the Study of Screen Memories". In: *Psychoanalytic Study of the Child*, vol. 3, pp. 73-84.

_____ (1966). "Problems of Training Analysis", *Psychoanalytic Quarterly*, vol. 35, pp. 540-67.

Referências bibliográficas

GREEN, A. (1966). "What Kind of Research for Psychoanalysis?", *The Newsletter of the International Psychoanalytic Association*, vol. 5, n° 1.

_____ (1975). "The Analyst, Symbolisation and Absence in the Analytic Setting (on Changes in Analytic Practice and Analytic Experience)", *International Journal of Psychoanalysis*, vol. 56, pp. 1-22.

_____ (1990). *Conferências brasileiras de André Green: metapsicologia dos limites*. Rio de Janeiro: Imago.

_____ (1997). "Note sur la paedophilie in Les Chaînes D'Éros". In: *Actualité du sexuel*. Paris: Odile Jacob.

GREESPAN, Stanley; CULLANDER, Cecil C. H. (1973). "A Systematic Metapsychological Assessment of the Personality: Its Application to the Problem of Analyzability", *JAPA*, 21(2): 303-27.

GROTJAHN, M. (1954). "About the Relation Between Psychoanalytic Training and Psychoanalytic Therapy", *International Journal of Psychoanalysis*, vol. 35, pp. 254-62. *Apud*: D. KAYRIS (1964). "The Training Analysis. A Critical Review of the Literature and a Controversial Proposal", *Psychoanalytic Quarterly*, vol. 33.

HERRMANN, F. (1986a). "Convergências das várias teorias psicanalíticas", *Revista Brasileira de Psicanálise*, vol. 20, pp. 553-65.

_____ (1986b). "Sobre a formação, sobre um velho desabafo", *Ide*, n° 13.

_____ (1991). *Andaimes do real*. Livro Primeiro. São Paulo: Brasiliense.

_____ (1993). "Análise didática: uma história feita de críticas", *Jornal de Psicanálise*, vol. 26, n° 50.

_____ (1998). "Análise didática em tempo de penúria teórica", *Revista Brasileira de Psicanálise*, vol. 32, pp. 697-709.

HINSHELWOOD, R. D. (1989). *A Dictionary of Kleinian Thought*. Londres: Free Association Books, p. 374.

HOMEM, Maria L. (1988). "Um dos centros de *Central do Brasil*: a busca do pai e daquilo que ele constitui", *Jornal Psiconews*, ano III, n° 9, pp. 6-7.

JUNQUEIRA FILHO, Luiz Carlos Uchôa (org.) (1994). *Perturbador mundo novo: história, psicanálise e sociedade contemporânea. 1492, 1900, 1992*. São Paulo: Escuta, p. 370. Apresentado no I Encontro Bienal da SBPSP: Perturbador Mundo Novo. São Paulo, 25-27 de setembro de 1992.

_____ (org.) (1998). *Silêncios e luzes: sobre a experiência psíquica do vazio e da forma*. São Paulo: Casa do Psicólogo, p. 381. Apresentado no III Encontro Bienal da SBPSP. São Paulo, 16-17 de novembro de 1996.

KAYRIS, D. (1964). "The Training Analysis. A Critical Review of the Literature and a Controversial Proposal", *Psychoanalytic Quarterly*, vol. 33.

KEHL, Maria Rita (1995). "Imaginar e pensar". In: *Rede imaginária: televisão e democracia*. São Paulo: Companhia das Letras.

KERNBERG, O. F. (1986). "Identification and its Vicissitudes as Observed in Psychoses", *International Journal of Psychoanalysis*, vol. 67, pp. 147.

_____ (1992). "Autoritarisme, culture et personnalité dans la formation psychanalytique", *Revue Internationale d'Histoire de la Psychanalyse*, vol. 5, pp. 341-54.

_____ (1996). "Thirty Methods to Destroy the Creativity of Psychoanalytic Candidates", *International Journal of Psychoanalysis*, vol. 77, p. 1.031.

_____ (2000). "A Concerned Critic of Psychoanalytic Education", *International Journal of Psychoanalysis*, vol. 81, p. 97.

_____ (2001). "Some Thoughts Regarding Innovation in Psychoanalytic Education". Apresentado no IPA Executive Council Meeting, Puerto Vallarta, 7 de janeiro de 2001. Também apresentado em: AUCHINCLOSS, E.; MICHELS, R. (2001). "Uma reavaliação da educação psicanalítica: controvérsias e mudanças", 10ª Conferência de Analistas Didatas, França.

KLEIN, M. (1928). "Early Stages of Oedipus Complex". In: *Love, Guilt and Reparation and Other Works*. Londres: Hogarth Press, 1975.

_____ (1930). "The Importance of Symbol-Formation in the Development of the Ego". In: *Love, Guilt and Reparation and Other Works*. Londres: Hogarth Press, 1975.

_____ (1931). "A Contribution to the Theory of Intellectual Inhibition". In: *Love, Guilt and Reparation and Other Works*. Londres: Hogarth Press, 1975.

_____ (1932). *The Psychoanalysis of Children*. Londres: Hogarth Press, 1975.

_____ (1933). "The Early Development of Conscience in the Child". In: *Love, Guilt and Reparation and Other Works*. Londres: Hogarth Press, 1975.

_____ (1940). "Mourning and its Relation to Maniac-Depressive States". In: *Love, Guilt and Reparation and Other Works*. Londres: Hogarth Press, 1975.

_____ (1945). "The Oedipus Complex in the Light of Early Anxieties". In: *Love, Guilt and Reparation and Other Works*. Londres: Hogarth Press, 1975.

_____ (1946). "Notes on Some Schizoid Mechanisms". In: *Envy and Gratitude and Other Works*. Londres: Hogarth Press/The Institute of Psychoanalysis, 1975, pp. 1-24.

_____ (1957). "Envy and Gratitude". In: *Envy and Gratitude and Other works*. Londres: Hogarth Press, 1975.

KUIPER, P. C. (1968). "Indications and Contraindications for Psychoanalytic Treatment". *International Journal of Psychoanalysis*, vol. 49, pp. 261-64.

LAPLANCHE, J.; PONTALIS, J. P. (1967). *Vocabulaire de la psychanalyse*. Paris: PUF.

_____ (1980). *Problematiques III: la sublimation*. Paris: PUF.

_____ (1987). *Problematiques V: le baquet — transcendance du transfert*. Paris: PUF.

_____ (1988a). "Traumatismo, tradução, transferência e outros tran(s)es". In: *Teoria da sedução generalizada e outros ensaios*. Porto Alegre: Artes Médicas.

_____ (1988b). "Da teoria da sedução restrita à teoria da sedução generalizada". In: *Teoria da sedução generalizada e outros ensaios*. Porto Alegre: Artes Médicas.

LAUAND, J. (1998). "Nota introdutória ao 'Sermão sobre o filho pródigo' (112A)". In: *Cultura e educação na Idade Média*. São Paulo: Martins Fontes.

LIBERMAN, David (1978). "Affetive Response of the Analyst to the Patient's Communications", *International Journal of Psychoanalysis*, vol. 59, p. 335.

LIEKIERMAN, Meira (1989). "Clinical Significance of Aesthetic Experience", *International Review of Psychoanalysis*, vol. 16, p. 133. (Tradução portuguesa: "Significado clínico da experiência estética", *Revista Brasileira de Psicanálise*, vol. 28, nº 2, 1994.)

LIMENTANI, A. (1972). "The Assessment of Analyzability: A Major Hazard in Selection for Psychoanalysis", *International Journal of Psychoanalysis*, 53(3): 351-61.

_____ (1992). "What Makes Training Analysis 'Good Enough'", *International Review of Psychoanalysis*, vol. 19, p. 133.

LOBO, Reinaldo (1994). "As mudanças históricas e a chegada da psicanálise no Brasil". In: *Álbum de família*. São Paulo: Casa do Psicólogo.

MASUR, C. (1978). "The Training Analyst Function: Asset or Liability", *JAPA*, 46(2): 59-79.

MATOS, Olgária (1998). "A história por anti-mitos ou quase heróis: *Central do Brasil*". In: *Percurso*, ano XI, nº 21.

MCDOUGALL, J. (1972). "Scène primitive et scénario pervers". In: *La sexualité perverse*. Paris: Petit Bibliothèque Payot.

MCLAUGHLIN, F. (1967). "Addendum to a Controversial Proposal. Some Observations on the Training Analysis", *Psychoanalytic Quarterly*, vol. 36, pp. 230-47.

MELTZER, Donald. Carta pessoal a Carlos Alberto Paz, s/d.

_____ (1964). "The Origins of the Fetishistic Plaything of Sexual Perversions". In: *Sexual States of Mind*. Perthshire: Clunie Press, 1973.

_____ (1967a). *The Psychoanalytic Process*. Perthshire: Clunie Press.

_____ (1967b). "Terror, Persecution and Dread". In: *Sexual States of Mind*. Perthshire: Clunie Press, 1973, pp. 99-106.

_____ (1968). "Tyranny". In: *Sexual States of Mind*. Perthshire: Clunie Press, 1973, pp. 143-50.

_____ (1973). *Sexual States of Mind*. Perthshire: Clunie Press.

_____ (1973a). "Perversion of the Transference". In: *Sexual States of Mind*. Perthshire: Clunie Press.

_____ (1973b). "The Architectonics of Pornography". In: *Sexual States of Mind*. Perthshire: Clunie Press.

_____ (1978a). "Freud's Clinical Development". In: *The Kleinian Development*, Parte I, Capítulo X. Perthshire: Clunie Press.

_____ (1978b). "A Note on Introjective Processes". In: *Sincerity and Other Works*. Londres: Karnac Books, 1994.

_____ (1984a). "Recovery from Analysis and the Self-Analytic Method". In: *Dream-Life: a Re-Examination of the Psychoanalytical Theory and Technique*. Perthshire: Clunie Press, pp. 170-7.

_____ (1984b). "The Klein-Bion Expansion of Freud's Metapsychology". In: *Dream-Life: a Re-Examination of the Psychoanalytical Theory and Technique*. Perthshire: Clunie Press.

_____ (1988). *The Apprehension of Beauty*. Strath Tay: Clunie Press (Roland Harris Educational Trust).

MELTZER, D; WILLIAMS, M. H. (1988). "The Problem of Violence". In: *The Apprehension of Beauty*. Strath Tay: Clunie Press, pp. 63-83.

MEYER, L. (1992). "Dora: uma perspectiva Kleiniana". In: Chaim Samuel KATZ (org.). *A histeria: o caso Dora*. Rio de Janeiro: Imago.

MICHELS, R. (1999). "Training Analyst Function: Requirements and Philosophy". Apresentado no congresso de Santiago, 25 de julho. Manuscrito.

MORRIS, J. (1992). "Psychoanalysis Today", *JAPA*, 40(4): 1.185-210.

NABUCO, J. (1900). *Minha formação*. Rio de Janeiro: Topbooks.

NACHT, S. (1954). "The Difficulties of Didatic Psychoanalysis in Relation to the Therapeutic Analysis", *International Journal of Psychoanalysis*, vol. 35, pp. 250-53. *Apud*: D. KAYRIS (1964). "The Training Analysis. A Critical Review of the Literature and a Controversial Proposal", *Psychoanalytic Quarterly*, vol. 33.

NAMNUM, A. (1980). "Trends in the Selections of Candidates for Psychoanalytic Training", *JAPA*, 28(2): 419-38.

ORTIGUEZ, E. (1987). "Interpretação". In: *Enciclopédia Einaudi*, vol. XI. Lisboa: Casa da Moeda.

PAZ, Carlos Alberto (1971). *Analisabilidad*. Buenos Aires: Editorial Paidós.

RAMOS, M. D. C. (2000). "La deformación/formación del didacta". Apresentado no XXIII Congresso Latinoamericano de Psicanálise, Gramado.

RASCOVSKY, L. (1992). "Reflexiones sobre la formación analítica y el análisis didáctica", *Revista Argentina de Psicoanálisis*, 29: 801-28.

REISNER, Steven (2003). "Trauma: the seductive Hypothesis", *JAPA*, 2003, 51(2): 381.

ROSENFELD, H. (1971). "A Clinical Approach of the Psychoanalytic Theory of Life and Death Instincts: an Investigation into the Aggressive Aspects of Narcissism", *International Journal of Psychoanalysis*, vol. 52, p. 169-78.

_____ (1987). *Impasse and Interpretation*. Londres: Tavistock Publications

LEWIN, B.; ROSS, H. (1960). *Psychoanalytic Education in the USA*. Nova York: W. W. Norton. Referências em: D. Kayris (1964). "The Training Analysis. A Critical Review of the Literature and a Controversial Proposal", *Psychoanalytic Quarterly*, vol. 33.

SACHS, D. M. (1992). "What Makes a Training Analysis 'Good Enough'?: Freud's Science and the Syncretic Dilema", *International Review of Psychoanalysis*, vol. 19, p. 147.

SANDLER, Joseph; TYSON, Robert (1971). "Problems in the Selection of Patients for Psychoanalysis: Comments on the Application of the Concepts of 'Indications', 'Suitability' and 'Analyzability'", *British Journal of Medical Psychology*, 44(3): 211-28.

SCHINAIA, Cosimo (2000). "Pedofilia, pedofilias", *Revista de Psicoanálisis*, Número Especial Internacional, *Violenzia y perversidad*, nº 4, 2000, p. 7.

_____ (2003a). "La relazione pedófila". Trabalho apresentado no 43º Congresso da IPA. Nova Orleans, 2004.

_____ (2003b). "Apresentação". In: *Pedofilia, pedofilie*. Torino: Bollati Boringhieri, 2003, 3ª ed.

Referências bibliográficas

SCHRÖTER, M. (2002). "Max Eitingon and the Struggle to Establish an International Standard for Psychoanalytic Training (1925-1929)", *International Journal of Psychoanalysis*, vol. 83, p. 875.

SCHWARZ, Roberto (1977). "As idéias fora do lugar". In: *Ao vencedor as batatas*. São Paulo: Livraria Duas Cidades.

_____ (1987). "Nacional por subtração". In: *Que horas são?*. São Paulo: Companhia das Letras.

SECHAUD, E. (1999). "Function de l'analyste formateur: exigences et philosophie", Réunion du COMPSED, IPA Congress, Santiago, 25 de julho de 1999. Manuscrito.

SEGRE, C. (1989). "Estilo". In: *Enciclopédia Einaudi*, vol. 17. Lisboa: Imprensa Nacional/ Casa da Moeda, p. 131.

SHAPIRO, D. (1974). "The Training Setting in Training Analysis: A Retrospective View of the Evolution and Reporting Role and Other 'Hampering' Factors", *International Journal of Psychoanalysis*, vol. 55, p. 297.

"Síntesis" (2002). XIX Pre-Congreso Didáctico, I Pre-Congreso de Institutos (Fepal). Montevidéu.

SOCARIDES, Charles W. (1959). "Meaning and Content of a Pedophilic Perversion", *JAPA*, 1954, vol. 7, pp. 84-94.

SOCARIDES, Charles W.; LOEB, Loretta R. (2004). "Introduction". In: *The Mind of the Paedophile: Psychoanalytic Perspectives*. Londres: Karnac.

SPRUELL, V. (1983). "Kuhn's 'Paradigm' and Psychoanalysis", *Psychoanalytic Quarterly*, vol. 52, pp. 353-63.

STEWART, S. (1972). "Quelques aspects theoriques du fetichisme". In: *La sexualité perverse*. Paris: Petite Bibliothèque Payot.

STOLLER, R. J. (1970). "Pornography and Perversion", *Archives of General Psychiatry*, vol. 22, junho.

STONE, Leo. (1954). "The Widenning Scope of Indications for Psychoanalysis", *JAPA*, vol. 11, n° 4.

STRACHEY, James (1969). "The Nature of Therapeutic Action on Psychoanalysis", *International Journal of Psychoanalysis*, vol. 50, n° 3, pp. 275-92.

SZASZ, T. (1958). "Psychoanalytic Training: A Socio-Psychological Analysis of its History and Present Status", *International Journal of Psychoanalysis*, 39(6): 598-613.

SZWEC, G. (1993). "Faudra mieux surveiller les petits", *Revue Française de Psychanalyse*, 52(2): 591-603.

TAGLIACOZZO, R. (1984). "Analisi Didatico", *Revista di Psicoanalisi*, vol. 30, n° 4.

THOMÄ, H. (1993). "Training Analysis and Psychoanalytic Education: Proposals for a Reform", *The Annual of Psychoanalysis*, vol. 31, pp. 3-75.

THOMÄ, H.; KÄCHELE, H. (1999). "Memorandum on a Reform of Psychoanalytic Education", *International Psychoanalysis*, 8(2): 33-5.

TORRES DE BEÁ, E. (1992). "Towards a 'Good Enough' Training Analysis", *International Review of Psychoanalysis*, vol. 19, p. 159.

TUTTÉ, C. Juan (2004). "The Concept of Psychical Trauma: A Bridge in Interdisciplinary Space", *International Journal of Psychoanalysis*, vol. 85, pp. 897-921.

VIÑAR, M. (2002). "External Reality: Is it External?". Disponível no site: http://www.epf-eu.org (articles online).

WEATHEHILL, Rob (1994). *Cultural Collapse*. Londres: Free Association Books.

WHITTING, C. (1960). "Psicopatología de una denominación: análisis didáctica", *Revista Latinoamericana de Psicoanálisis*, 1(2): 15-9.

ZAPPAROLI, G. C. (1976). "Suitability for Analysis and Therapeutic Zeal", *International Review of Psychoanalysis*, vol. 3, pp. 223-30.

ZECCHI, Stefano (1974). "Quitter le XX Siécle". In: Stefano ZECCHI e Giancarlo RICCI, *La belezza*. Givors: Institut pour l'Art et la Ville — Maison du Rhône, Cahier 7.

SOBRE OS TEXTOS

1. "Analisabilidade". Apresentado no X Congresso Brasileiro de Psicanálise, Rio de Janeiro, 23-27 out. 1985. Publicado na *Revista Brasileira de Psicanálise*, vol. 21, n° 1, 1987, pp. 109-20.

2. "Dora: uma perspectiva kleiniana". Publicado em *A histeria, o caso Dora: Freud, Melanie Klein, Jacques Lacan*. Chaim S. Katz (org.). Rio de Janeiro: Imago, 1992, pp. 131-70.

3. "O método psicanalítico". Publicado em *Investigação e psicanálise*. Maria Emília Lino da Silva (org.). Campinas: Papirus, 1993, pp. 27-48.

4. "Limites da análise — limites do analista". Apresentado no XIV Congresso Brasileiro de Psicanálise, Rio de Janeiro, 8-11 out. 1993.

5. "Rumor na escuta: um depoimento". Apresentado no XXXVIII Congresso Internacional de Psicanálise, Amsterdã, 25-30 jul. 1993. Publicado na *Revista Brasileira de Psicanálise*, vol. 27, n° 1, 1993, pp. 89-98.

6. "Cinqüenta minutos: crença e convenção. Discutindo a constância do tempo da sessão". Publicado na *Revista Brasileira de Psicanálise*, vol. 28, n° 3, 1994, pp. 497-507.

7. "Realidade psíquica nos estados psicóticos". Apresentado no XXXIX Congresso Internacional de Psicanálise, São Francisco, EUA, 30 jul.-4 ago. 1995.

8. "O sonhar do analista: comentários sobre um seminário de Antonino Ferro". Apresentado no Ciclo de Debates: Da Clínica às Hipóteses Psicanalíticas, São Paulo, 23 abr. 2003.

9. "Vida onírica e auto-análise: uma experiência clínica". Apresentado, em versão reduzida, no XLIII Congresso Internacional de Psicanálise, Nova Orleans, EUA, 10-14 mar. 2005.

10. "O que faz fracassar uma formação?". Publicado na revista *Percurso*, vol. 7, n° 12, 1994, p. 83-8.

11. "Psicanálise: evolução e ruptura. Breve nota indagativa". Apresentado no Simpósio Bion em São Paulo: Ressonâncias, São Paulo, 13-15 nov. 1996. Publicado em *Bion em São Paulo: ressonâncias*. São Paulo: SBPSP, pp. 403-6, 1996.

12. "Psicanálise subalterna". Publicado com o título de "Análise subalterna" na *Revista Brasileira de Psicanálise*, vol. 36, n° 1, 2002, pp. 145-59.

13. "Identidade e originalidade da produção psicanalítica: uma visão a partir de São Paulo". Apresentado, em versão reduzida, no XIII Congresso do Brasileiro de Psicanálise, São Paulo, 30 mai-2 jun. 1991; e publicado, com o título de "Método, estilo e prática da psicanálise no Brasil", na *Revista Brasileira de Psicanálise*, vol. 25, n° 2, 1991, pp. 329-39. Apresentado na versão atual no encontro internacional Marcas Identificatórias da Psicanálise na Latinoamerica, Rio de Janeiro, 18-19 jun. 2004.

14. "UM PARADOXO VITAL: ÓDIO E RESPEITO À REALIDADE PSÍQUICA". Apresentado no I Encontro Bienal da SBPSP, São Paulo, 25-27 set. 1992. Publicado em *Perturbador mundo novo: história, psicanálise e sociedade contemporânea 1492, 1900, 1992.* Luiz Carlos Uchôa Junqueira Filho (org.). São Paulo: Escuta, 1994, pp. 179-91.

15. "O HORROR NA BELEZA: COMENTÁRIO SOBRE O *DESERTO VERMELHO*, DE MICHELANGELO ANTONIONI". Apresentado no III Encontro Bienal da SBPSP, São Paulo, 16-17 nov. 1996. Publicado em *Silêncios e luzes: sobre a experiência psíquica do vazio e da forma.* Luiz Carlos Uchôa Junqueira Filho (org.). São Paulo: Casa do Psicólogo, 1998. pp. 259-63.

16. "*TROMPE-L'OEIL*: A IMOBILIZAÇÃO DO IMAGINÁRIO". Apresentado no XXII Congreso Latinoamericano de Psicoanálisis, Cartagena, 1998. Publicado na *Revista Latinoamericana de Psicoanálisis*, vol. 2, n° 1, 1998, pp. 106-14; e no *Jornal de Psicanálise*, vol. 36, n° 66/67, 2003, p. 131-49.

17. "'VOCÊ SEMPRE ME ENGANOU': NOTAS PSICANALÍTICAS SOBRE *CENTRAL DO BRASIL*". Publicado na *Revista Latinoamericana de Psicoanálisis*, vol. 34, n° 3, 2000, pp. 131-49.

18. "TRAUMA E PEDOFILIA: UMA TENTATIVA DE ENTENDER AS RAÍZES DA PEDOFILIA". Apresentado no XLIV Congresso Internacional de Psicanálise, Rio de Janeiro, 28-31 jul. 2005.

19. "ACASO, DESTINO, MEMÓRIA". Publicado na revista *Ide: Psicanálise e Cultura*, vol. 29, n° 42, 2006, pp. 42-8.

Sobre os textos

SOBRE O AUTOR

Luiz Meyer nasceu em São Paulo e formou-se em Medicina na Escola Paulista de Medicina, em 1961. Seu interesse pela Psiquiatria levou-o, em 1964, a trabalhar no Hospital Psiquiátrico de Franco da Rocha, SP, e, em seguida, a receber uma bolsa de estudos para a França, onde trabalhou inicialmente com o professor Jean Delay no hospital Sainte-Anne, em Paris. Durante o ano de 1965, trabalhou no Hospital Psiquiátrico de Bonneval, no serviço do professor Henri Ey. Em 1966 foi contratado como assistente para trabalhar no Hospital Psiquiátrico de Belair, dirigido por Julian de Ajuriaguerra e vinculado à Universidade de Genebra, pela qual recebeu o diploma de especialização em Psiquiatria e Psicoterapia.

Voltou ao Brasil em 1970 para implantar o ensino de Psiquiatria na recém-fundada Faculdade de Ciências da Saúde da Universidade de Brasília. Desde o princípio, seu trabalho foi acompanhado por um interesse profundo pela Psicanálise, tendo se analisado em Brasília com Virgínia Leone Bicudo, uma das fundadoras da Sociedade Brasileira de Psicanálise. Em 1976, com o clima político adverso, desligou-se do magistério na UNB e, com uma bolsa de estudos, iniciou doutorado em terapia de família na clínica Tavistock, em Londres, do qual resultaria o livro *Família: dinâmica e terapia. Uma abordagem psicanalítica* (Casa do Psicólogo, 1980). Na Inglaterra, frequentou grupos de estudos e seminários com professores e colegas da Associação Britânica de Psicanálise, e fez análise com Donald Meltzer.

Retornou ao Brasil em 1980 e, desde então, tem tomado parte em grande número de atividades no campo da clínica e no do ensino, sobretudo na Sociedade Brasileira de Psicanálise de São Paulo, da qual é Membro Efetivo e onde ministra regularmente cursos e seminários. Tem vários artigos publicados em revistas especializadas do país e do exterior, e diversas conferências apresentadas em congressos da Federação Brasileira de Psicanálise, da Federação de Psicanálise da América Latina e da International Psychoanalytical Association.

ESTE LIVRO FOI COMPOSTO EM SABON, PELA
BRACHER & MALTA, COM CTP DA FORMA
CERTA E IMPRESSÃO DA BARTIRA GRÁFICA E
EDITORA EM PAPEL PÓLEN SOFT 80 G/M² DA
CIA. SUZANO DE PAPEL E CELULOSE PARA A
EDITORA 34, EM SETEMBRO DE 2008.